有栖川有栖の密室大図鑑

有栖川有栖［文］

一［画］

的な要素のひとつ、密室トリック。犯行状況を思い浮かべたり、作品に挿入されている図版に心躍らせたりする読者の方も多いはず。本書は、1892年～1998年に発表された国内外の名短編、名長編、中でも魅惑的な密室が登場する作品を有栖川有栖がセレクトし、磯田和一の詳細なイラストとともに贈るブックガイドである。発表順に“世界最初の長編密室ミステリ”といわれるイズレイル・ザングウィル『ビッグ・ボウの殺人』をはじめとした海外20作、横溝正史『本陣殺人事件』など国内20作、さらに有栖川作品から磯田がセレクトした『スウェーデン館の謎』を加えた全41作を紹介する。密室ファン必携の書。

有栖川有栖の密室大図鑑

有栖川有栖［文］
磯田和一［画］

創元推理文庫

AN ILLUSTRATED GUIDE TO LOCKED ROOMS

by

Alice Arisugawa

Kazuichi Isoda

1999

目次

はじめに　一〇
新潮文庫版まえがき　一九

海外ミステリ

ビッグ・ボウの殺人（一八九二）
〈密室トリック〉を発案したのは誰か？　イズレイル・ザングウィル　二六
十三号独房の問題（一九〇五）「思考機械」の監獄からの脱出　ジャック・フットレル　三四
黄色い部屋の謎（一九〇八）世界で最も有名な殺人現場　ガストン・ルルー　四二
急行列車内の謎（一九二〇）
走行中の列車から犯人はどのように消えたのか？　F・W・クロフツ　五〇
八点鐘（一九二三）名探偵として活躍する「怪盗」ルパン　モーリス・ルブラン　五八
犬のお告げ（一九二六）
鮮烈なまでの視覚イメージと見事な聴覚イメージ　G・K・チェスタトン　六六
密室の行者（一九三一）断食の果ての飢餓殺人　ロナルド・A・ノックス　七四
エンジェル家の殺人（一九三二）
優れたプロットが生む異様な舞台装置と密室トリック　ロジャー・スカーレット　八二
三つの棺（一九三五）あまりにも有名な〈密室の講義〉　ジョン・ディクスン・カー　九〇

帽子から飛び出した死（一九三八）　クレイトン・ロースン　九八
ミスディレクションとしての密室トリック
チベットから来た男（一九三八）　クライド・B・クレイスン　一〇六
横溢する東洋趣味のペダンチズム
妖魔の森の家（一九四七）〈密室の巨匠〉の短編最高傑作　カーター・ディクスン　一一四
北イタリア物語（一九四八）残酷な異世界のおとぎ話　トマス・フラナガン　一二二
51番目の密室（一九五一）　ロバート・アーサー　一三〇
〈豪快系ベスト5〉の大掛りなトリック
帝王死す（一九五二）パズル派クイーンの密室殺人　エラリー・クイーン　一三八
はだかの太陽（一九五七）　アイザック・アシモフ　一四六
SFと本格ミステリの面白さを合体
ジェミニー・クリケット事件（一九六八）　クリスチアナ・ブランド　一五四
スリルあふれる謎解きのやりとり
そして死の鐘が鳴る（一九七三）　キャサリン・エアード　一六二
伝説となった破天荒で豪快な密室トリック
投票ブースの謎（一九七七）　エドワード・D・ホック　一七〇
異常な状況下で起きた事件の意外な結末
見えないグリーン（一九七七）　ジョン・スラデック　一七八
冴えたトリックと様々な謎が楽しい本格ミステリの宝石

国内ミステリ

D坂の殺人事件（一九二五）〈お茶漬け風密室〉の名作　江戸川乱歩　一八八
蜘蛛（一九三〇）〈本格〉命名者の建物殺人　甲賀三郎　一九六
完全犯罪（一九三三）エキゾチズムあふれる異界の犯罪　小栗虫太郎　二〇四
燈台鬼（一九三五）とびきり魅力的な舞台で起きた惨劇　大阪圭吉　二一二
本陣殺人事件（一九四六）国産の純粋本格ミステリへの転向第一作　横溝正史　二二〇
刺青殺人事件（一九四八）最も日本的な本格ミステリ作家の第一作　高木彬光　二二八
高天原の犯罪（一九四八）ストイックに過剰なまでに短い傑作　天城一　二三六
赤罠（一九五二）明治維新期を舞台にした洒落た構成　坂口安吾　二四四
赤い密室（一九五四）冴え渡った頭脳が創案する究極の奇想　鮎川哲也　二五二
名探偵が多すぎる（一九七二）
細部にまで遊戯精神に満ちたマニアへの贈り物　西村京太郎　二六〇
花の棺（一九七五）紙と木でできた〝堅牢〟な密室　山村美紗　二六八
ホロボの神（一九七七）トロピカルムードに隠された逆転の発想　泡坂妻夫　二七六
求婚の密室（一九七八）騎士物語をミステリにアレンジ　笹沢左保　二八四
天外消失事件（一九八八）リフトが列車プラス飛行機の不可能興味を演出　折原一　二九二
人形はテントで推理する（一九九〇）〈柔らかい密室〉の柔らかさ　我孫子武丸　三〇〇
緑の扉は危険（一九九二）説得力と奇天烈さが同居する結末　法月綸太郎　三〇八

哲学者の密室（一九九二）二つの三重密室が時を超えて結びつく　笠井潔　三一六
ローウェル城の密室（一九九五）
実行不能性において他を圧倒する破天荒なトリック　小森健太朗　三二四
すべてがFになる（一九九六）
トリックの破壊力はシリーズ・ナンバーワン　森博嗣　三三二
人狼城の恐怖（一九九八）
四千枚を超える世界最長の本格ミステリ巨編　二階堂黎人　三四〇
文庫版特別編
スウェーデン館の謎（一九九五）オープンエアの白い密室　有栖川有栖　三五〇
あとがきに代えて……　磯田和一　三五六
参考文献　三五八
創元推理文庫のためのはしがき　三六二
創元推理文庫版解説　松浦正人　三六五

彼は自分のなかに、外部へ拡《ひろ》がりたいという欲求、
自己を実現し乗りこえたいという高まる欲望、
また壁の向こう側からの呼びかけに似た郷愁のようなものを感じた。

マルセル・エイメ『壁抜け男』より（中村真一郎・訳）

はじめに

エドガー・アラン・ポーが「モルグ街の殺人」を発表したのは一八四一年のことである。この短編小説で描かれているのは、パリのとあるアパルトマンで起きた猟奇事件だ。四階の部屋からけたたましい悲鳴や何語とも知れない叫び声がしたことに驚き、住人たちが駆《か》けつけてドアを抉《こ》じ開けてみると、絞め殺された娘が煙突に押し込まれており、母親は剃刀《かみそり》で切り刻まれた上、裏庭に転落して死んでいた。目を覆いたくなるような惨状。しかし、そんな血腥《ちなまぐさ》さよりも真に恐ろしいことがあった。――そう。今、本書を手にしている方なら先刻ご承知のとおり、現場のドアや窓には内側から錠が掛かっており、煙突から人間が出入りすることもできないという密室だったのである。

十九世紀の初め、パリのアパルトマンの最上階の部屋でローズ・ドラクールという若い女性が胸を刺されて殺されるという事件があったそうな。ポーは迷宮入りになったその事件に想を得たと言われている。また、ジョルジュ・ウォルシュは『名探偵ポオ氏』という評論の序文で、ポーが読者の興味を惹きそうな現実の事件を材料に小説を書いていたことを指摘して、「モルグ街」の〈犯人〉についてもイギリスの新聞に掲載されたある窃盗事件が元ネタでは、と推測している。何の関連もないその二つの事件をつなぎ合わせて「モルグ街」が書かれたのだとしたら、私などは完全な無から有を創《つく》ったに勝る神秘的な力を感じてしまうのだが、いかがだろうか？

モルグ街の奇怪な事件を新聞記事で読んだ勲爵士《シュバリエ》オーギュスト・デュパンは、分析とはいかなるものかを友人（語り手）に示すため、不可解な謎を推理によって解体する。思いもかけなかった真相が無明の闇から引きずり出されてくる時の衝撃、興奮、感動。これこそが本格ミステリという特殊な文芸の誕生した瞬間だとされている。そして密室は、名探偵とともにそこに立ち会っていたのである。

以来、百六十年近い歳月が流れた。ミステリは様々な可能性を取り込みつつ、拡散しながら変遷を続けている。名探偵とともに、密室はなおも健在だ。現代のトリック小説の第一人者であるエドワード・D・ホックは、『密室大集合』というアンソロジーの序文で、密室は「長い高貴な歴史」を持っていると書いた。「密室での犯罪、不可能な人間消失、何十人もの目撃者を前に魔術のような殺人――こういうものこそ、本格推理小説の本質なのだ」とも。

こういうためらいのない文章を目にすると、私は一抹《いちまつ》の居心地の悪さを感じる。そう考える人が大勢いてもかまわないが、はたして「イエス」と言い切ってよいものかどうか判《わか》らないのだ。私だって密室ものは好きだ。読むのも好きだし、実作者として両手の指に余るほどの密室トリックを作品に嵌《は》め込んできた。腰が砕けるような空振りの密室もたいていはご愛敬《あいきょう》だと楽しめる（ようになった）。それでも、「密室ものがないミステリなんて考えられない」というほどの拘《こだわ》りはない。もうたっぷり楽しませてもらったし、密室がミステリから引退するというのなら、お別れ列車の出発のように花束を贈り、ちょっと目を潤《うる》ませるぐらいで、翌日からはまた元気で生きていける……ような気もする。

歯切れが悪くて申し訳ない。私は密室に強く惹かれてはいるものの、やはり「本格推理小説の本質」という考え方に素直に賛同できなくて、密室なんてたまたま〈ミステリ誕生の現場〉に都合よくいただけじゃないのか、と疑っている。「密室とは、×××である」と安心できるキャッチフレーズを創って片づけられるものでもなさそうだし、腕組みをして呻吟《しんぎん》しても答えが簡単に見つかりそうにない。そこで、密室ものを書きながら「何なんだろうなぁ、これ」と考えているというのが実情だ。

ある日、そんな私のところに現代書林編集部の源《みなもと》良典《よしのり》さんから本書の企画が持ち込まれた。「ビギナーにもマニアにも楽しめる密室のガイドブックで、読んでも観ても楽しい本」というコンセプトだ。源さんの頭にあったのは、『名作文学に見る「家」』(朝日文庫)という本だった。これは〈日本と世界の傑作から、その舞台となった「家」や「店」などのイメージを読みとって、具体的な間取り図を描きおこしてみせる〉〈楽しい文学ガイド〉で、「愛と家族編」と「謎とロマン編」の二冊がある。著者は小幡陽次郎《おばたようじろう》氏(文)と横島誠司《よこしませいし》氏(図)。密室とは何なのだろう、と折に触れて考えていた私は、この企画に乗ろうとすぐに決めた。これまでつらつら考えてきたことを少しなりと吐き出すチャンスだ、と思ったのだ。

企画に乗った理由は他にもいくつかある。まず、楽しい本を作る自信があったこと。こういう本があったら自分は読みたい、という本がイメージできたのだ。もちろん、本当に「楽しい本」になっているかどうかは、読者の厳正な審判を俟《ま》つしかない。

また、本格ミステリが興隆している昨今、ミステリに関する情報が氾濫《はんらん》しているわりには、オールドファンとビギナーファンをつなぐガイドブックが少ないことを物足りなく感じていた、という事情もある。私には「ミステリファンは年齢も性別も超えて語り合える」という認識がずっとあったのだけれど、それがこのところ崩れてきているようだ。オールドファンにすると「新しいファンは新刊しか読まない」「系統だって読んでいない」ので「話が嚙み合わない」というわけだ。無理もない。私より上の世代は、現在のように本格ミステリの新刊があふれ返った時代を経験していないので、ゆったりと古典的名作を渉猟《しょうりょう》することができた。それが今では新作を追うので手一杯ということなのだろう(別の側面もあるようだが、長くなるのでここでは立ち入らない)。また、前記のとおり、ビギナーファンが古典を読もうとしても、どれを手に取ったらいいのかを示す指針が意外に少ない。新刊ラッシュの方は悲観すべきものでもないので(私など、そのおかげで生計を立てられている)、指針がないという状況の打開に貢献したい、と考えたのだ。

かくして『密室大図鑑』の企画はスタートした。四十本という目安に従って内外の密室ものから作品をセレクトしていくのは、楽しい作業だった。作品選択の基準はまずこんな具合だ。

①密室トリックとしての出来がよいこと。

②トリックが歴史的な意味を有していること。
③密室の設定がユニークであること。
④作品そのものが面白いこと。
⑤解説したくなる要素を含んでいること。
⑥絵にして映えること。

このうちの三つ以上の条件に当て嵌まるものを選んだ。もちろん①は最優先事項である。⑥については、「なるべくなら」という感じか。絵にするのが難しいものは省こう、という配慮はなかった。

その結果、六十以上の作品がリストアップされたので、さらに絞り込む必要があった。その際に考えたのは次のとおり。

①並べた時、密室の設定とトリックの中身にバラエティが出ること。
②他の人が語り尽くした見方をなぞるのは避けること。
③発表年代が著しく偏《かたよ》らないこと。
④入手が容易なものを優先すること。

リストをご覧になって「どうしてあの名作が洩《も》れているんだ？」と怪訝《けげん》に思った方がいるだろうが、それはたいがい②の理由で見送ったものだろう。③については、

「日本ものの六〇年代が抜けている」「海外ものの最新作が古すぎる」という声がありそうだが、あえて空白の期間は空白のまま残したのである。ガイドブックという性格上、④も大切なことではあるが、わざと絶版の作品もまぶしてある。読みたくても読めない本を探すのも読書の楽しみのうち、ということで意地悪をしたわけではない……多分。

　お断わりするまでもないが、ここで四十本に入らなかった作品にも名作秀作は山ほどある。不勉強で私が読み落としているものだってあるのに違いないのだ。

　さて、紹介する作品は決まったとして、問題はどなたに絵を担当していただくか、だ。何しろ『大図鑑』なのだから、絵はうんとチャーミングであって欲しい。と同時に、ミステリの魅力を理解してくれている方が望ましい。難しいなぁ、としばらく悩んでいたのだが、手許にあった雑誌で磯田《いそだ》和一《かずいち》さんのイラストを目にした途端に、問題は私の中で解決した。そうだ、磯田さんがいたではないか。かねてより大好きな画風だったし、『東京「23区」でてくちぶ』（東京創元社）というイラスト・エッセイもお出しになっていて、ミステリがお好きなことは知れている。次なる問題は、多忙な磯田さんにこの面倒な仕事をお引き受け願えるかどうかだった。それだから、承諾していただいた時は、小躍りしたかったほどである。

セレクトした作品を読み返すのに時間がかかったもので、実際に原稿を書き始めたのは、磯田さんをまじえて打ち合せをした数ヶ月後だった。こういう本を書くことは初めてなので、てこずることも予想していた。やはりなかなかきつかったが、編集部経由で送られてくる磯田さんのイラストの素晴らしさに負けないようにしよう、という思いが支えになってくれた。それこそ、ふだんはあまり味わえない共著を作る喜びだった。

文章においても、イラストにおいても、ネタを割って未読の方の興を削《そ》がないように注意をしたつもりだ。「誰が殺されるかを聞かされるのも嫌だ」という方もいれば、中には「もっと結末をはっきり暗示してもらいたい」という方もいらっしゃるだろう。私としては、最善を尽くしました、と言ってご高評を乞《こ》いたい。

また、文中ですべての敬称を略させていただいた。

磯田さんにとっては、やたらと手間がかかる地獄のようなお仕事だったと思う。そのあたりのことは、本書のおしまいで告白してくださるだろう。本当にありがとうございました。そして、無茶ばかりお願いして、すみませんでした。

また、本書の企画者であるとともに、煩雑《はんざつ》な作業を引き受け、根気強く著者を励ましてゴールに導いてくださった現代書林の源良典さんに深甚なる感謝を捧《ささ》げます。おかげで、自分でも思ってもみなかった著書ができました。

そして、本書をお読みの皆様にも深謝を。

「あ、これは面白そうだ。さっそく書店に買いに走ろう」という作品を、たくさん発見してくださいますように。

一九九九年十月三十日

新潮文庫版まえがき

「はじめに」で記したとおり、本書では紹介した作品のトリックをばらすことを慎重に避けている。単行本が出た際、「いっそのこと全部ばらせばよかったのに」といった感想を、直接あるいは間接的にちらほらといただいた。もちろん、「ばらしていなくて、ほっとした」という声もあった。色んな意見が出るのは当然だし、そのような賛否両論は予想していたものの、「ばらせばよかったのに」派のほとんどがミステリ通やマニアと呼ぶべき方であったことが、私にはかなり意外だった。ビギナーファンほどせっかちに「答えを教えてよ」と望むと思っていたからだ。

「答えを巻末にまとめておけば、読みたい人だけ読めたのに」と言う方もいらした。が、私はそれはまずいと思う。巻末に答えがあったなら、人情としてついつい目がいくに決まっている。また、その時は勢いで「ええい、見てしまえ」と読んで面白がったとしても、後々になって後悔しないともかぎらない。だから、下手に誘惑するようなことはやめたのだ。

もちろん、読者に断わった上でトリックのすべてをばらし、精緻《せいち》な分析・批評を加えた本があってもよいが、私は本書を研究書として書いたつもりはない。ブックガイドであり、一種のエッセイであり、密室ミステリへの招待状となればよい、と考えて筆を進めた。また、未読の作品に興味を抱いた方が「お前がトリックを明かさないから、がまんできずに本を買って読んだよ」と言ってくださることを狙《ねら》ったので、どうかご理解いただきますように。

著者紹介や収録作品のテキストに関する情報は、どうしても時間が経過すると古くなっていく（いや、そんなこと以前に恥ずかしいミスをいくつもやらかしていた）。この度の文庫化にあたって、できるかぎりの修正・更新を行なったが、これとて二〇〇二年十二月現在のものである。ご諒解《りょうかい》ください。

二〇〇二年十一月二十九日

●収録作品は、海外編・国内編ともに発表年順に配列しました。
●本文解説を有栖川有栖、図解を磯田和一が担当しました。「作画POINT」は磯田が記しました。
●刊行出版社名は、カバー写真掲載のものは太字になっています。
また、◆マークのついたものは現在入手が困難な書籍です。
★マークのついたものは電子版のみ入手可能な書籍です。

有栖川有栖の密室大図鑑

海外ミステリ

An Illustrated Guide
To Locked Rooms
1892～1998

ビッグ・ボウの殺人（一八九二）

〈密室トリック〉を発案したのは誰か？

イズレイル・ザングウィル
Israel Zangwill

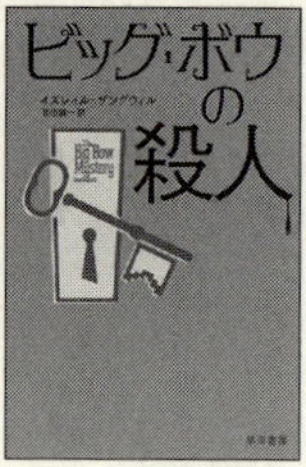

◆ハヤカワ・ミステリ文庫

本書の中で、唯一、十九世紀の作品。エドガー・アラン・ポーの「モルグ街の殺人」（一八四一）を差し置いて、ザングウィルの『ビッグ・ボウの殺人』が巻頭にくることを奇異に感じる読者がいらっしゃるかもしれないので、まずその理由をご説明する。

一つは、本書が企画される元となった『名作文学にみる「家」―謎とロマン編』に、「モルグ街」がイラスト入りで紹介ずみだということ。磯田氏に腕をふるっていただくにしても、同じ作品を扱ったら酷似したイラストしか描けないだろう。それでは面白くない、ということで省くことにしたのだ。同様の事情でコナン・ドイルの名作「まだらの紐」も割愛した。本書でシャーロック・ホームズものが選ばれていないのは、そのためである。

また、「モルグ街」が世界最初のミステリにして最初の密室もの、というのは定説ではあるが、お読みになった方なら皆さんご存知のとおり、かの作品には密室は登場するものの、狭義のトリック（作中の犯人の意思による奸計《かんけい》）は不在だ。というか、密室そのものが〈ちょっと調べてみたら、実は密室ではなかった〉という代物《しろもの》だった。ポーは〈密室殺人〉は発案したが、〈密室トリック〉の発案者ではなかったのだ。それが「モルグ街」をオミットした第二の理由。

では、〈密室トリック〉を発案したのは誰か？　それがイズレイル・ザングウィルなのである。『ビッグ・ボウの殺人』の序文で、本人が「どこからも出入りできない部屋のなかでの殺人事件を描いたミステリ作家はいない」と書いているのだから、信用してあげよう。ザングウィルはジャーナリストあがりの作家・劇作家にしてシオニズム運動家だった。日刊紙〈ロンドン・スター〉からの依頼に応じるために二週間で書き上げた、というこの短めの長編だけで、彼はミステリ史に名前を刻むことになる。

記念碑的名作は、「その十二月初めの忘れがたい朝、目を覚ますと、ロンドンは凍えるような薄墨色《うすずみいろ》の霧に包まれていた」という文章で始まる。

ボウ地区グラヴァー通り十一番地にある下宿屋の女主人・ドラブダンプ夫人は、下宿人のコンスタントから「いつもより四十五分早く起こしてほしい」と頼まれていたことを思い出して、二階に上がっていく。彼は労働運動の指導者だった。ところが、いくら寝室のドアを叩《たた》いて呼びかけてもコンスタントは応《こた》えない。不安に駆られた夫人は、近所に住む元刑事で現在はアマチュア探偵をしているグロドマンに救いを求めた。どうやらコンスタントの部屋には錠だけでなく掛け金も掛かっているらしい。夫人に「ぶち破ってください」と乞《こ》われたグロドマンが体当たりを喰らわせ、ドアを破ってみると――

「あっ!」思わず彼は叫んだ。女は金切り声をあげた。なんとも恐ろしい光景であった」

検死審問で夫人は証言する。「グロドマンが部屋のドアをぶち破ると、不幸な下宿人コンスタント氏がベッドにあおむけになって完全に息絶えており、血まみれの喉に傷がぱっくり口をあけていたことを。それに、しっかりしたグロドマン氏がゆがんだ死顔にハンカチをかけて隠してくれたので、少しは気が静まったこと。それから二人でベッドのまわりや下やら見まわして凶器を捜したが見つからなかったこと」「部屋の窓は二つともしっかり差し金が掛かっているのを彼女がグロドマンに指摘したこと」。一方、グロドマンは夫人の話に加えて「死体は彼が発見したときにはまだ温かかった」こと「煙突はとても細くて人間が出入りできない」ことを証言する。さらに、警察医がコンスタントの「右手には血がついていません。自分で切ったとは考えられません」と断言するに至り、各夕刊のポスターは「ボウ事件の謎ますます深まる」と報じた。

ボウ地区にはロンドン中から野次馬が押し寄せ、歩道をふさぎながら現場の窓を見上げるという騒ぎになり、菓子や飲み物を売る行商人まで現われる始末。果ては〈ビッグ・ボウの怪事件、解決さる〉と題した様々な投書が新聞紙上をにぎわせる。現職の刑事・ウィンプは密室の謎を解いてある人物を逮捕するが、それを裏切る意外な真相はグロドマンの口から語られる。

殺害現場から何語とも知れぬ叫び声が聞こえたり、被害者が切り刻まれたり、煙突に押し込まれたりしていた「モルグ街」のような猟奇性はない。作者がユーモラスであることを意図して書いたのだからそれも当然で、当時の世相を反映した人間喜劇にもなっている。しかし、まぁ、そんなことはいい。

今読み返しても、本格ミステリとして驚くべき充実ぶりである。密室トリックが一つぽろんと出てくるだけでなく、次々に仮説が登場することからして画期的だ。窓ガラスをはずして、そこから手を入れて錠を掛けたのではないかとか、死体発見時に犯人はドアの陰に隠れていたのではないかとか、ドアの外から磁石で掛け金を動かしたのではないかとか。世界初の密室トリック小説にして、すでに作者はそこまで書いているのだ。実際は空振りに終わるウィンプ刑事が唱えた推理も、いまだに使う作家がいるトリックだ。

また、すぐれたミステリの不可欠の条件として、［読者による解決が可能］であることを序文で提示しているのも先駆的な姿勢である。それは〈犯人を仄《ほの》めかす伏線をきちんと張っておく〉というレベルに止《とど》まらない。ザングウィルは、本格作家にとって金科玉条である〈地の文では嘘を書かない〉というルールを提唱し（そういう表現はしていないが）、実践しているのだ。読了した後で問題の箇所を読み返してみると、見事に嘘を回避していることが判《わか》って啞然《あぜん》とする。この点は、「『ビッグ・ボウ』のトリックなんて知っているよ」という方にも確認していただきたい。

序文もおかしくて笑える。新聞連載中、読者から「ドラブダンプ夫人が犯人だ」と推理した手紙が届いたのだそうだ。何故なら「挿絵から判断すると夫人の身長は七フィートはあるから、屋根に登って長い腕を煙突から突っ込んで切りつけたのだ」

という。作者は「挿絵にまで責任は持てない。私の知る夫人は六フィート足らずなのだが」としてから、「〈スター〉紙は常に最新の情報をキャッチしますからね」とおどけている。

著者紹介

イズレイル・ザングウィル Israel Zangwill（一八六四～一九二六）

イギリスのロンドンに生まれる。ロシアから亡命したユダヤ人を父に持つ。エッセイ、評論、戯曲などでも活躍したが、シオニズム運動家としても有名。作家としてのデビュー作は『ゲットーの子ら』。ミステリは本編『ビッグ・ボウの殺人』一作のみであるが、密室ミステリの分野に心理的トリックを取り入れたことによって、「密室ミステリの父」として不動の位置をしめている。

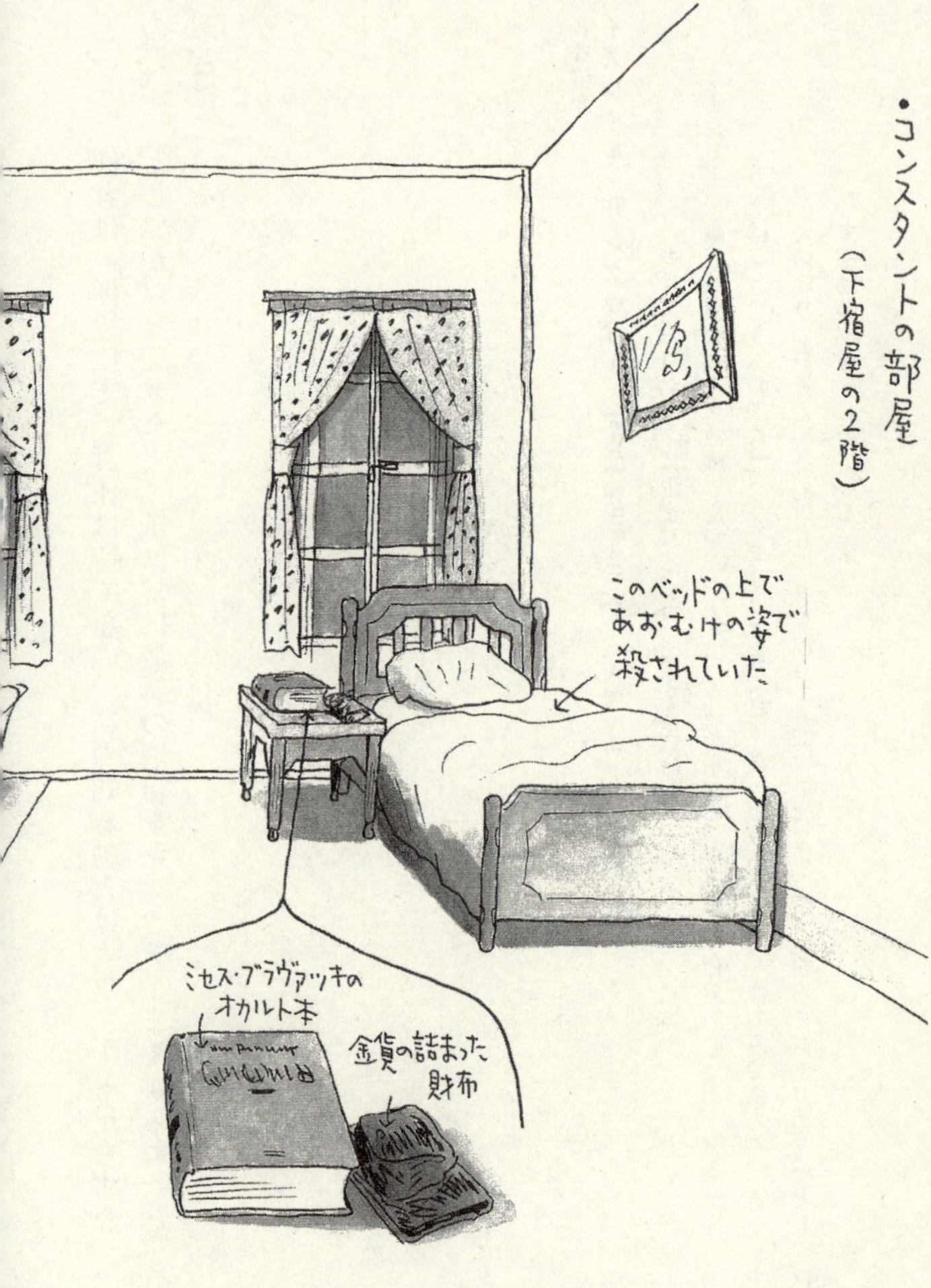

・コンスタントの部屋（下宿屋の2階）
このベッドの上で
あおむけの姿で
殺されていた
ミセス・ブラウヴァッキの
オカルト本
金貨の詰まった
財布

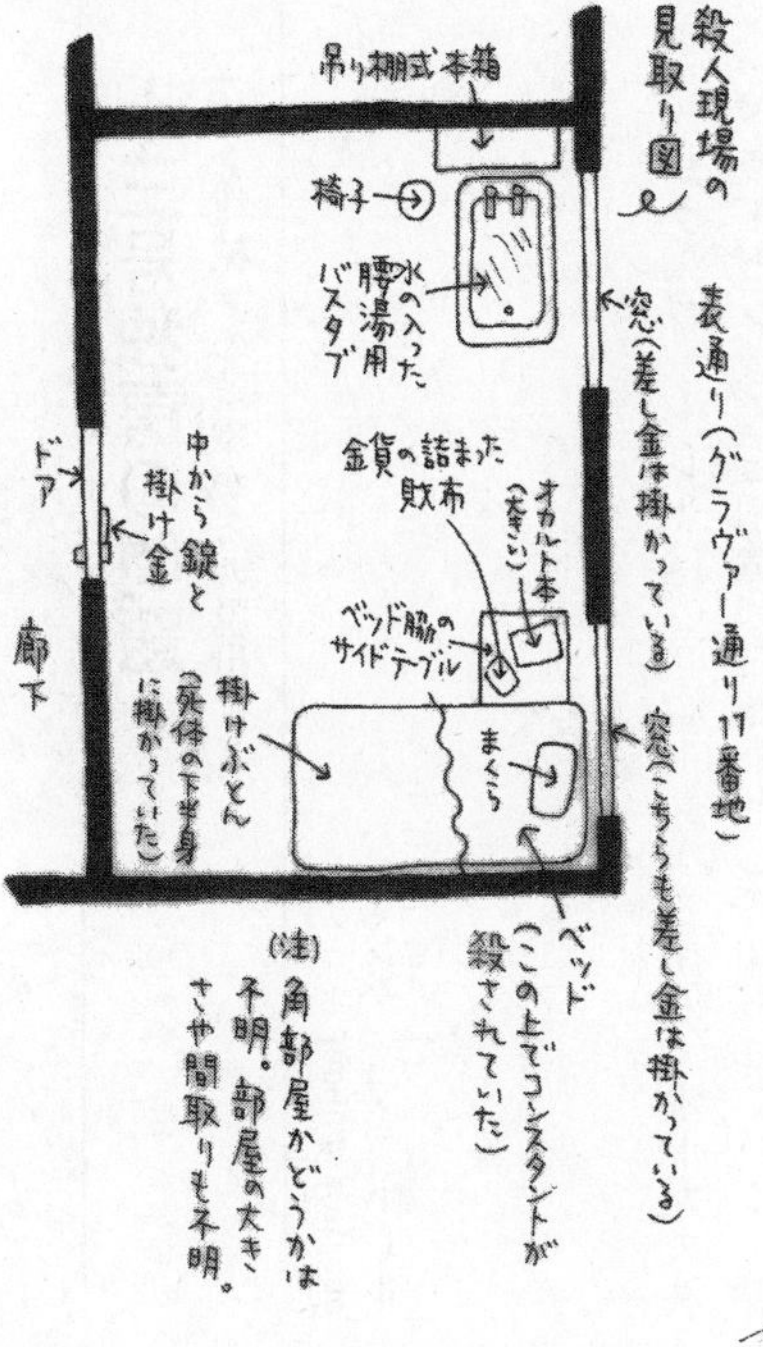

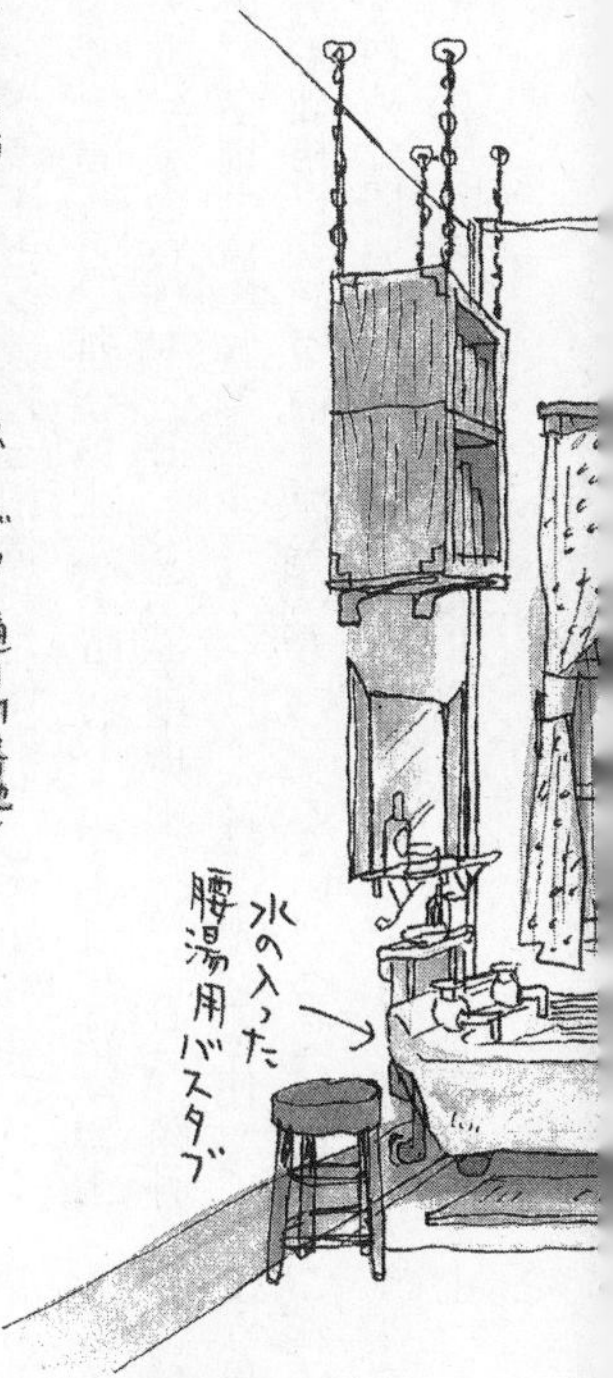

作画POINT

ポーの「モルグ街の殺人」やシャーロック・ホームズものが本書で省かれた理由は、有栖川氏が説明されているが、ポーやドイルが好きな僕としては、氏の配慮がありがたくもあり、淋しくもある。だが、この『ビッグ・ボウ』は読んでいなかった作品で、読後すっかり気に入ってしまった僕は、仕事のための再読は後日に延ばすことにした。なぜなら、これを知らなかったくせに変な話だが、一点でも多く、にわか読書でその作品をイラスト化するのではなく、せめてこの作品だけでも〈知っていた作品〉として描きたいがために少しでも時間を置きたかったのである。

十三号独房の問題（一九〇五）

「思考機械」の監獄からの脱出

ジャック・フットレル Jacques Futrelle

創元推理文庫

ジャック・フットレルは、ユニークな名探偵・オーガスタス・S・F・X・ヴァン・ドゥーゼン教授を創造した作家として知られている。ドゥーゼン教授が何の学者かと言うと、哲学博士（Ph・D）であり、法学博士（LL・D）であり、英国王立学会会員（F・R・S）、医学博士（M・D）、歯科博士（M・D・S）でもある。名前と肩書きでアルファベットのほとんどを使ってしまう男という紹介のされ方も破格だが、ついた渾名《あだな》はもっとすごい。〈思考機械〉。これは、チェスのルールを初めて聞いた教授がいきなり世界チャンピオンのプレイヤーを十五手で破った時に、相手から「あんたは人間じゃない。まさに思考機械だ！」と畏怖《いふ》されたことに由来するそうだ（小説とはいえ、書きたい放題である）。

このスーパーマンのような博士の風貌《ふうぼう》もすごい。「蒼白い顔」「針のように鋭い視線」「びっくりするほど広い額」「黄色っぽい頭髪が櫛も入れずにもじゃもじゃ」で、要約すると「グロテスクというのが適切なくらいの畸人《きじん》」。ひどい書かれようだ。教授の身長については作品によって「見上げるような長身」とあったり、「痛ましいぐらいに小柄な、子供のようにほっそりした、背の低い、痩《や》せ細った男」（それでは宇宙人のグレイだろ）とあったりして、えらく出鱈目《でたらめ》だが、いずれにしても教授のルックスはよろしくない。

しかし、その頭脳ゆえにかなりの自信家で、「不可能なんてことは、ありえんのだ」「思考能力はすべてを支配できるのだ」と言い切る。「二プラス二は、いつ何時といえども四なり」は、毎度口にするお気に入りの決め台詞《せりふ》。ちょっと戯画的ではあるけれど、堂々たる名探偵の一典型だ。

そんな思考機械の（そしてフットレルの）デビュー作「十三号独房の問題」は短編ミステリを語る際にははずせない古典的名作で、ミステリの面白さを存分に楽しませてくれる作品である。思考機械の探偵譚《たん》は短編ミステリの好シリーズとしてファンに読み継がれてきたが、彼はこの一編だけをもって伝説の名探偵としての地位を獲得したとも言える。

ことの起こりは、友人のランサム博士たちとの議論であった。この世に不可能はないと豪語する思考機械に反発したランサムは、そこまで言うのなら監獄から脱出できるか、と挑発する。できはしまい、と言ったつもりなのだが、思考機械は当然のことこの挑戦を受けて立つのだ。「かりにぼくを、死刑囚とまったく同一の状態に拘禁してみたまえ。かならず脱出してみせるから」「真理を教えてやるために、もっとくだらなぬまねをやったこともあるさ」と。ランサムは、今すぐに始めよう、と提案する。この勝負のことが他の友人たちに洩《も》れないうちに始めることで、外部の者が思考機械に協力する道を断つために。

出題者側が選んだ場所はミネソタ州セントルイスのチッザム刑務所。刑務所長の許可と協力を得て、実験が始まった。入獄するにあたって思考機械が携帯を許されるのは、靴、靴下、ズボン、シャツと思考機械がリクエストした歯磨き粉、五ドル紙幣一枚、十ドル紙幣二枚。彼はもう一つ、靴をいつも磨いてほしいという希望を聞き入れてもらってから、独房の十三号監房に閉じ込められた。一週間以内にここから脱獄し、所長室に現われることができれば、思考機械の勝ちになる。

収監された思考機械は監房の窓から所内の様子を観察し、また牢《ろう》に入れられるまでの経緯を思い返して、十三号監房から外界に出るまでにはいくつの関門を通過しなくてはならない、と計算する。まず二重になった門。次に建物の鉄扉《てっぴ》の玄関。そこから十三号監房に通じる廊下に出る木製ドア。さらに二ヶ所の鉄扉を経て、ようやく独房に至る。そこにも錠がついているので、つごう七つの関門があることになる。

そもそも石壁の独房から抜け出すだけで不可能事なのだ。房内にあるのは解体できないほど頑丈な鉄製ベッドだけ。他には何もない。窓には錆《さび》一つない新しい鉄枠が嵌《は》まり、扉の錠は二重になっている。万一、その錠を破ることができたとしても、廊下では看守が控えているのだ。徒手空拳《としゅくうけん》でこんな苛酷《かこく》な状況に追い込まれながら、本当に不可能を可能にできるのか、思考機械？　利用できるとしたら、独房の片隅に空いた一ドル銀貨大の穴だけだが……。

ストーリーはこれだけだ。まぎれもなく密室ミステリだが、血腥《ちなまぐさ》い殺人も出てこなければ、悪党が命懸けで脱獄を企てるのでもない。探偵の英知がどれほどのものか試す実験の物語で、どことなく童話めいてもいる。しかし、本書に並んだ四十の密室のうち、その堅牢さでは一、二を争うものだろう。何しろ刑務所、何しろ七重密室なのだから。

いくら思考機械が天才だからといって、たちまち脱出してみせるわけではない。彼はあれやこれやと試行錯誤する。度重なる失敗を所長らは笑って見ているのだが、腑《ふ》に落ちないことが次々に起きた。思考機械は手紙で外部と連絡をとろうとして失敗するが、筆記用具を一切持たない彼がどうやってそれを書いたのだろうか？　十三号監房の真上に収監されている囚人が耳にした無気味な声の正体は何なのか？　そもそも失敗を繰り返しながら思考機械が余裕をなくさないのはどうしてなのか？　彼はきっと成功するはずだ、その計画は着々と進んでいるのに違いない、何を企《たくら》んでいるんだ、と思いながら読むと、ゲームじみた実験がテーマなのに、なかなかにスリリングだ。

思考機械シリーズは、わが国では三冊の本にまとめられている。群を抜いて有名なのは「十三号独房の問題」だが、他にもトリッキーな佳作は多い。古屋敷に出没する幽霊の正体を暴《あば》く「焔をあげる幽霊」や、逃げ場のない一本道で自動車が消える「幽霊自動車」なども、よくできた密室ものである。

流行作家だったフットレルは、脂《あぶら》が乗り切った三十七歳で命を落とす。夫人を救命ボートに乗せた後、タイタニック号とともに北の海に没したのだ。未発表の思考機械もの数編も永遠に失われた。ファンとしては海底に沈んだ短編がどんなものだったか気になるところで、若竹七海《わかたけななみ》はその行方を巡る『海神《ネプチユーン》の晩餐《ばんさん》』を書いている。そして私は、映画『タイタニック』を観ながら、甲板を逃げ惑う人々の中にフットレルの幻を探したのであった。

著者紹介

ジャック・フットレル　Jacques Futrelle（一八七五～一九一二）

アメリカのジョージア州に生まれる。「思考機械」と異名をとるヴァン・ドゥーゼン博士を主人公とした短編シリーズで知られたが、有名なタイタニック号沈没事故に遭遇して劇的な最期《さいご》をとげた。代表作である思考機械シリーズは、日本では『思考機械の事件簿Ⅰ～Ⅲ』にまとめられている。

アーク灯
花崗岩造りの獄舎

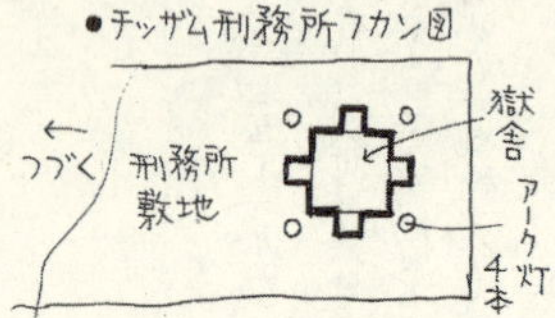
●チッザム刑務所フカン図
つづく
刑務所敷地
獄舎
アーク灯4本

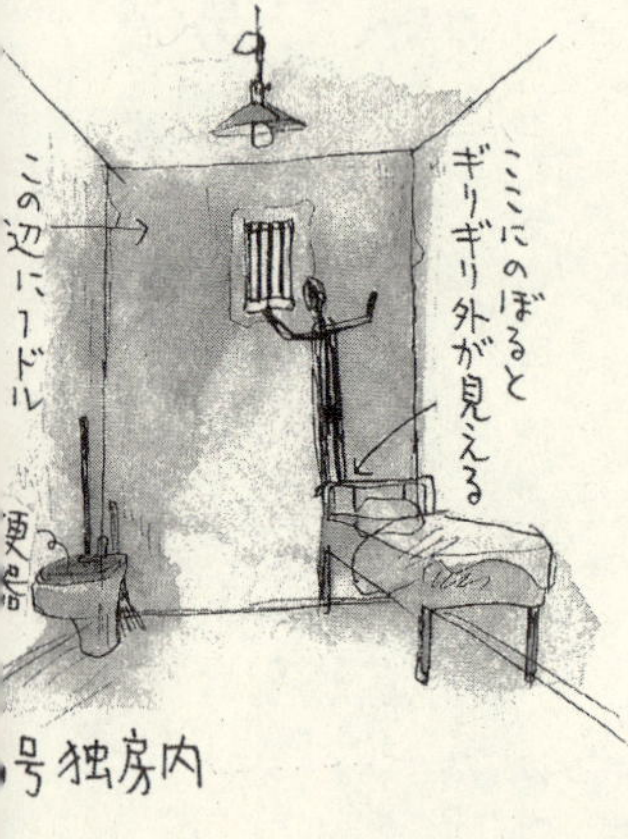
この辺に1ドル
ここにのぼるとギリギリ外が見える
便器
号独房内

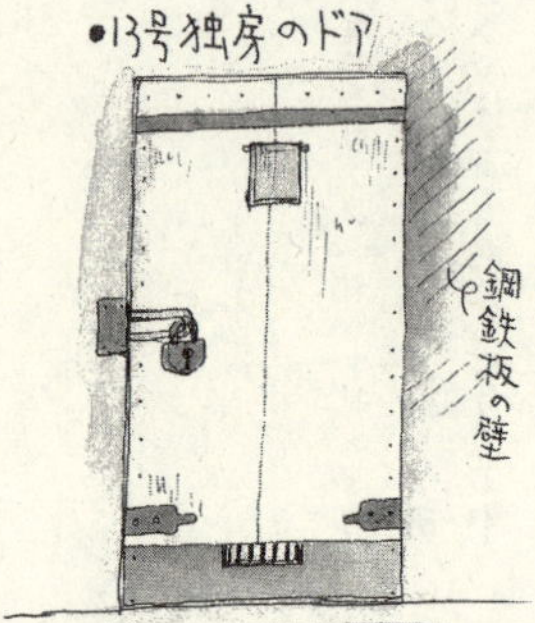
●13号独房のドア
鋼鉄板の壁

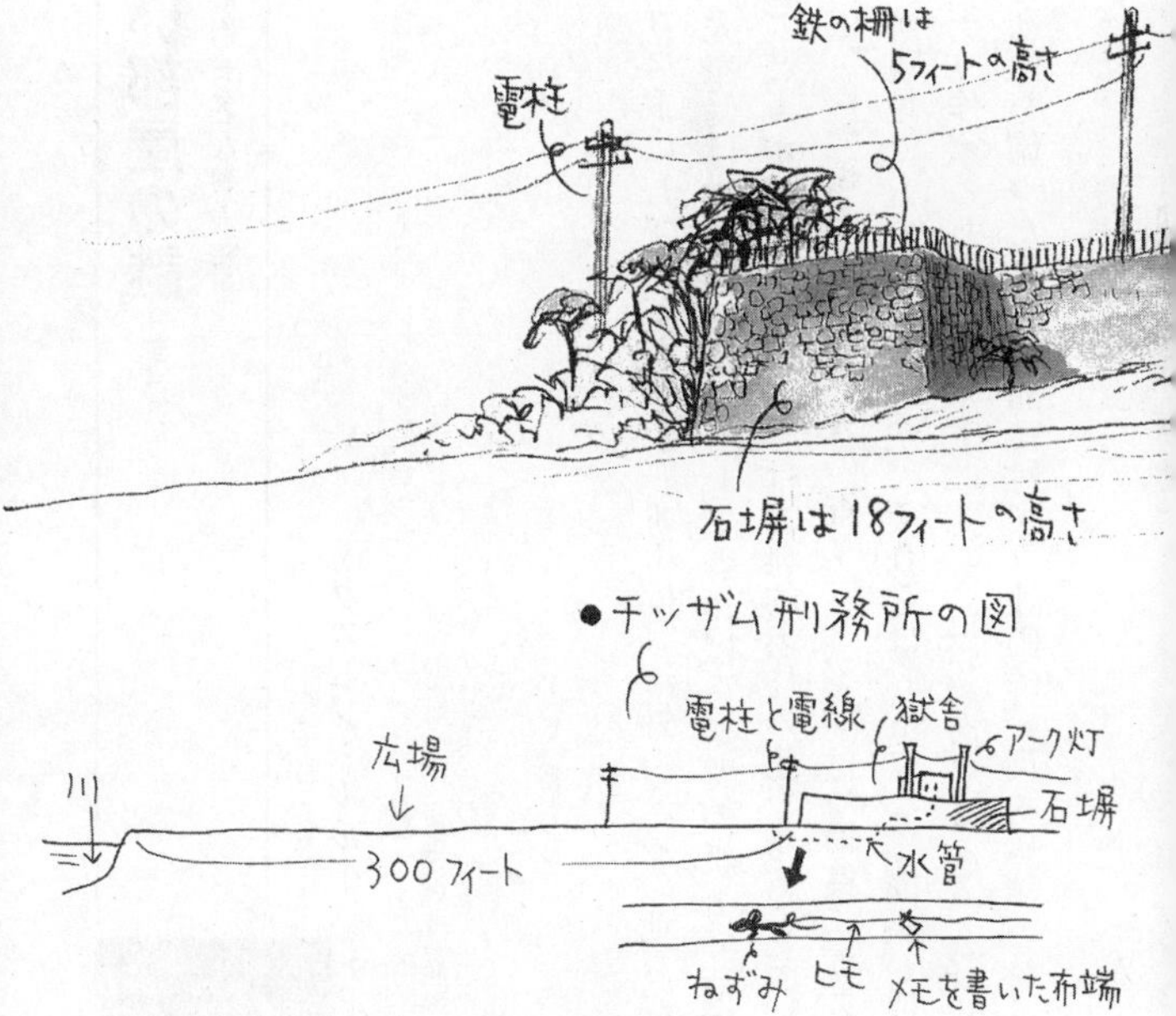

作画POINT

訳文の調子もあるのだろうが、これは読み返しても飽きなかった。いかにも推理小説の文体で、会話も楽しく、トリックも面白く、それだけにこれは勿論〈絵描きを悩ませなかったベスト5〉に入るのである。

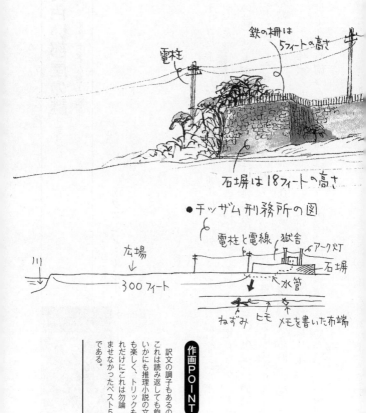

黄色い部屋の謎（一九〇八）

世界で最も有名な殺人現場

ガストン・ルルー Gaston Leroux

『黄色い部屋の秘密』ハヤカワ・ミステリ文庫

創元推理文庫

ジャーナリストにして作家だったルルーは、海外の遠隔の地を取材したルポルタージュや、大衆受けする連載小説など、もっぱら新聞の紙上で活躍をした。『黄色い部屋の謎』と『オペラ座の怪人』は古典的名作の座を獲得している。この他にも『黄色い部屋』の続編の『黒衣婦人の香り』と、怪奇短編集『ガストン・ルルーの恐怖夜話』が現在でも入手可能だが、それらはレトロな雰囲気が取り柄というところか。ミステリ作家としてのルルーは、『黄色い部屋』を論じれば足りる。

二十世紀初頭を飾ったこの作品に対する評価は、英米仏はいうに及ばずわが国でも戦前から非常に高い。［密室の問題をもっとも巧みに解決したばかりでなく、作全体としても近代推理小説の典型といってもいいほどよく出来て］おり、［黄金期の三大傑作］と賛した乱歩を筆頭に、甲賀三郎《こうがさぶろう》、大下宇陀児《おおしたうだる》らがこぞって絶賛。これに対して、井上良夫《いのうえよしお》はトリックの独創性や探偵小説的雰囲気のうまさを評価しつつも、［その個々の断片を繋《つな》ぐ手法、及び、全体としてのテクニックの上に甚だ貧弱なものがあり。プロットに充分なる綾《あや》が施されていない点に物足りなさを感じる］と指摘している。

正直なところ、私は『黄色い部屋』のよい読者ではない。小学生時代にジュブナイル版で読んだ時も、大学時代に文庫本で再読した時も、そんなに面白いと思わなかったのだ。それでも『密室大図鑑』を編むとなれば採り上げるのが当然だと考えるのは、歴史的意義を認めるのにやぶさかではないからである。また、面白くないというのも、こういう大時代なものはあまり好みではない、という個人的嗜好《しこう》にもよると思うので、客観的にコメントするよう努めよう。

物語の冒頭で新聞記事を引用しながら、早速に事件の概要が述べられる。現場となったのは、高名な原子物理学者・スタンガースン博士宅。グランディエ城ともぶな屋敷とも呼ばれるその邸宅の《黄色い部屋》で事件は起きた。［この部屋は実験室の隣になっている。そして実験室と《黄色い部屋》は、城から三百メートルばかり離れた、庭園の奥の離れの中にある」。ある夜、ここで令嬢のマチルドが凶漢に襲われる。

鳩《はと》時計が十二時半を告げた時、《黄色い部屋》からマチルドの悲鳴がした。「人殺し！　人殺し！　助けて！」。銃声。そして、「テーブルや家具がひっくり返ったり、床に倒れたりする激しい物音」。父親と老僕が駈《か》けつけてみると、ドアには内側から錠と閂《かんぬき》が掛かっていた。他の使用人らも加わり、四人がかりでドアを破る。と、令嬢はこめかみを殴打《おうだ》されて血に染まって倒れ、室内は取っ組み合いで目茶目茶になっていた。室内には、犯人の影もない。見つかったのは、壁やドアについた男のものらしい血の手形、天井に遺《のこ》った弾痕《だんこん》、血で汚れたハンカチ、使い古したベレー帽、床についた大きな靴跡、ベッドのそばに落ちていた羊の骨、そして発砲されたばかりの老僕のピストルであった。一命をとりとめたマチルドは「前夜に不審な人物を見かけたので、老僕のピストルを持ち出して床に就いた。夜中に目が覚めると、室内に男がいて襲いかかってきた。発砲したのだが、頭を羊の骨で殴られて気を失った」と話す。

犯人がどうやって部屋に出入りしたのか、まるで理解できなかった。黄色い壁紙、黄色い茣蓙《ござ》で彩《いろど》られた現場のドアは内側から封じられていたし、離れのすべての窓には鉄格子《ごうし》が嵌《は》まっているか、内側から掛け金の掛かった鎧戸《よろいど》がついていた。秘密の抜け穴などはどこにもない。パリ中を興奮の坩堝《るつぼ》に叩《たた》き込んだこの謎に、弱冠十八歳の新聞記者ルールタビーユとパリ警視庁の名探偵ラルサンが競って挑む。

『黄色い部屋』には、中盤でさらに不可能状況が登場する。Tの字型をした廊下で、ルールタビーユ、ラルサン、老僕が三方から曲者《くせもの》を追い立てたのに、相手が忽然《こつぜん》と消えてしまうのだ。彼らは出会い頭に「ひっくり返るほど激しく衝突した」。これがミステリ史上に遺る〈鉤《かぎ》の手廊下の消失〉だ。さしものルールタビーユも「廊下は明るかったし、その廊下には揚げ蓋も、壁にしかけた秘密の抜け穴もなく、人が匿《かく》れることのできるようなところは何一つ存在しなかったのである」「そこに花瓶があったとしたら、われわれはその中まで覗き込んだことだろう！」と茫然《ぼうぜん》とするしかない。そして、終盤にもこれと似た（同工異曲の）犯人消失が夜の庭で起きるのだ。

堂々たる密室ものである。何しろ、作者は巻頭でその自信のほどを、次のように得々と書いている。「事実あるいは空想の領域において、たとえば「モルグ街の殺人」の作者エドガー・ポオや、その亜流、ないしお粗末なコナン・ドイル派などの創作の中にさえ、その不可思議さという点で、《黄色い部屋のあるがままの不可思議さ》に比肩《ひけん》し得るような何ものかを指摘することなど、到底できようとは思えないのである」

メロドラマの要素が濃かったり、クライマックスには主人公が裁判を中断させて謎解きを始めたり、いかにも通俗的な大衆小説である。そこにコナン・ドイルばりの本格テイストを注入した、という趣《おもむき》の作品で、ミステリとしては遺漏《いろう》が目立つ。その最たるものは、読者が推理に参加するためのデータが提示されないことで、この点は井上良夫の時代から減点されてきた。ところが、私はそれについてはあまり気にならない。やれフェアプレイ精神が大切だ、やれ伏線が必要だ、と言いながら、「作者だけフェアなつもり」という作品がほとんどだからである。こと密室ものになると、「トリックが見破れるように伏線を張る」のが困難な場合が多い。イラストをご覧になれば判《わか》るとおり、ルルーは《黄色い部屋》に色んなものをばら撒《ま》いて真相を暗示しようとしたのだから、その努力は買おう。

肝心のトリックはどうか？　発表された当時は極めて斬新《ざんしん》だったのだろう。どのトリックも、心理的な盲点を衝《つ》こうとしている。ルルーの蒔《ま》いたこの種から芽吹いたトリックもたくさんあるので、本作がミステリの殿堂入りをする資格は充分だと思う。これを読んだ時の私（十一歳のミステリ初心者）が「苦しい言い訳みたい」と感じた事実は消えないのだが、《黄色い部屋》が世界で最も有名な殺人現場にして、最も有名な密室の一つであることに疑いはない。

著者紹介

ガストン・ルルー　Gaston Leroux（一八六八〜一九二七）

フランスのパリに生まれる。初め法廷記者、ルポライターとして活躍していたが、文学的野心も盛んであった。ディケンズとドイルに影響を受け、ミステリ史の古典的名作、本編『黄色い部屋の謎』を発表、一躍その名前を高めた。その他の作品に『黒衣婦人の香り』や『オペラ座の怪人』がある。

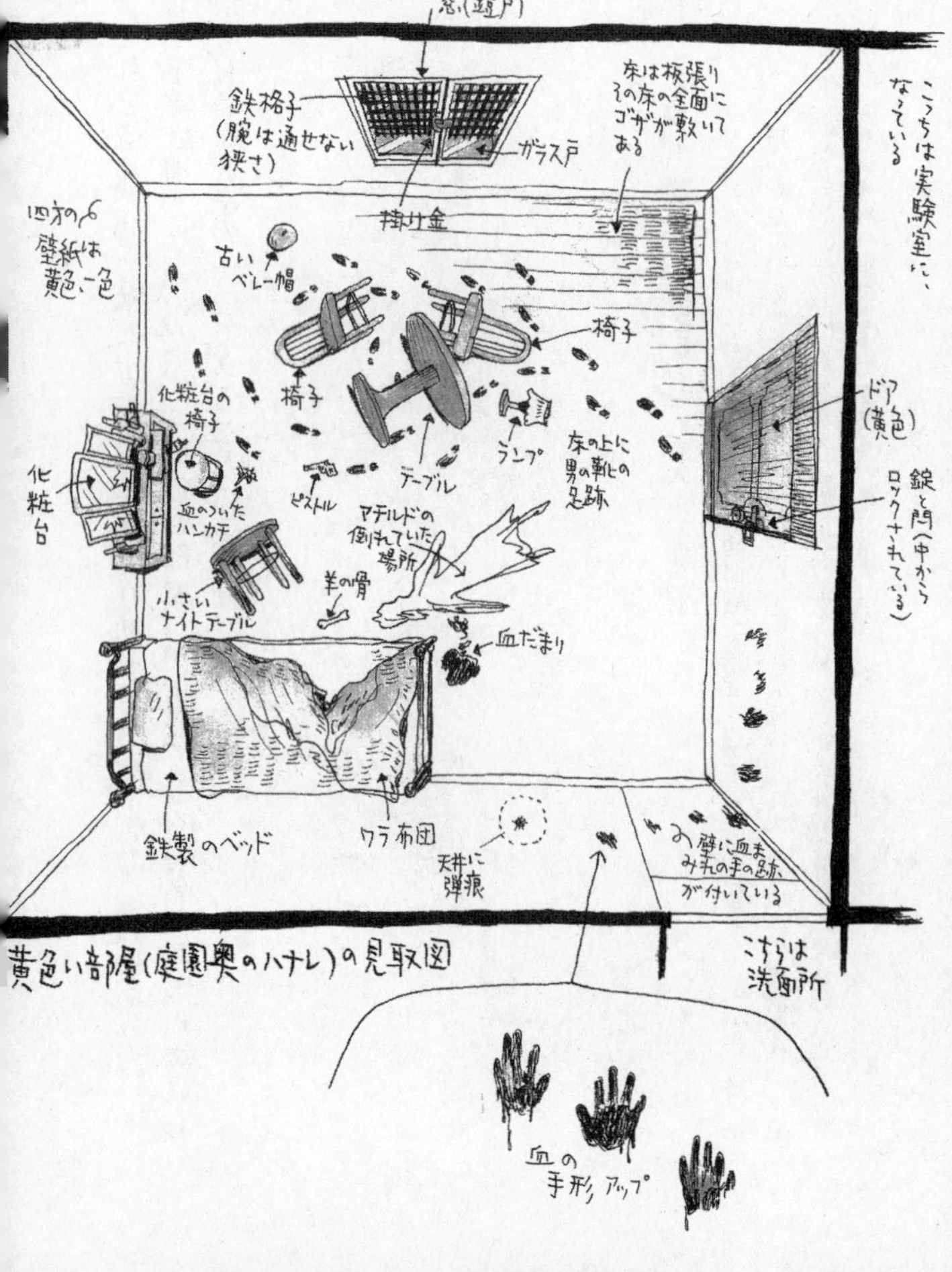
窓(鎧戸)
鉄格子
(腕は通せない
狭さ)
ガラス戸
掛け金
床は板張り
その床の全面に
ゴザが敷いてある
こっちは実験室に、
なっている
四方の
壁紙は
黄色一色
古い
ベレー帽
椅子
椅子
化粧台の
椅子
化粧台
テーブル
ランプ
ドア
(黄色)
錠と閂(中から
ロックされている)
床の上に
男の靴の
足跡
ピストル
血のついた
ハンカチ
マチルドの
倒れていた
場所
羊の骨
小さい
ナイトテーブル
血だまり
鉄製のベッド
ワラ布団
天井に
弾痕
壁に血ま
み九の手の跡
が付いている
黄色い部屋(庭園奥のハナレ)の見取図
こちらは
洗面所
血の
手形アップ

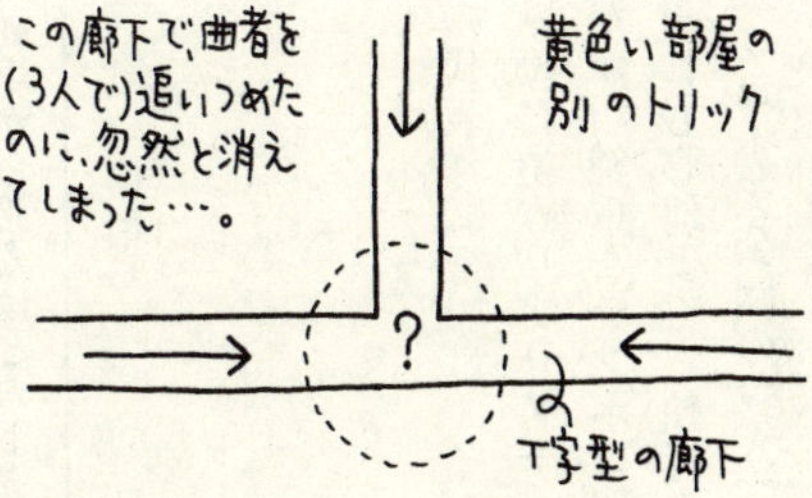

作画POINT

この作品は、絵にするのは難しかったが、再読は楽しかった。密室の描写も細かく書かれているので絵の校正?が大変で、これでOKだと思いきや、ピストルを忘れていたり、今度こそ漏れていないだろうと念を押すと、窓にあるべき鉄格子の描き込みを抜かしていたりで、なかなか描き終えることができないのだったが、それでも贔屓の作品だけに、大いに楽しく過ごせたのである。

急行列車内の謎（一九二〇）

走行中の列車から犯人はどのように消えたのか？

Freeman Wills Crofts
F・W・クロフツ

創元推理文庫

クロフツの代表作『樽』は、イギリスとフランスの間をうろうろする死体詰めの樽の軌跡を執拗《しつよう》に追うリアリスティックなアリバイもので、冒頭の死体発見シーンなど名場面だが、鈍重なテンポに閉口する読者もいるようだ。作品のテンポに同調して読めばそれも心地よく、独特の小説世界にひたれるのだが。この他にも『ポンスン事件』『フローテ公園の殺人』『英仏海峡の謎』『フレンチ警部の多忙な休暇』など、アリバイものが多いためクロフツ＝アリバイ崩しの作家というイメージが確立しているが、事件を犯人の視点から描いた倒叙ものの『クロイドン発12時30分』や、ストレートな犯人あて小説『スターベルの悲劇』といった傑作もあるし、スパイ小説や社会派ミステリも書いていて、その作風は幅広い。

クロフツは鉄道技師から転身したという経歴にふさわしく、作中によく鉄道を登場させる。『死の鉄路』や『列車の死』は題名からして、鉄道が重要なモチーフになっていることが判《わか》る。代表作の一つ『マギル卿最後の旅』は、鉄道と旅とアリバイというお得意のモチーフをブレンドした秀作で、このスタイルは日本の鉄道ミステリにも影響を与えた。

そんなクロフツにも密室トリックに真正面から挑んだ長編がある。『二つの密室』(一九三二)がそれで、題名どおり二つの密室殺人が登場し、一つは機械的トリック、もう一つは心理的トリックというのが憎い。ただ、いずれも画期的なアイディアというには遠い出来で、やはりアリバイほどには情熱を燃やしていなかったようだ。一九三二年というと、クリスティ、クイーン、カーの御三家が大いに書きまくり、本格ミステリ真っ盛りの黄金時代だっただけに、クロフツも挑戦意欲に駆られたのかもしれない。密室があまり得意ではないクロフツをどうして本書で採り上げるかというと、恰好《かっこう》の短編があるからで、それが「急行列車内の謎」である。

事件はユーストン駅発北部方面行きの寝台急行列車の一等車で発生する。夜半過ぎ、高原の荒涼とした沼沢《しょうたく》地帯にさしかかったところで列車が停止する。どうしたのだ、と思った車掌が窓から覗《のぞ》くと、一等車の窓で手を振っている人影がいくつも見えた。駈《か》けつけてみると、ある仕切り室（その車両はすべて個室になっている）のブラインドが上がり、中で女がパニックに陥っている。室内には、男と女の射殺死体が転がっていた。急いでドアを開けようとするが、何故か開かない。そこで車掌は線路に飛び降り、反対側のドア（外側にもドアがあって乗降できるのだ）を開いて女を助け出した。何があったのか？

彼女の証言によると、殺された男女（夫婦）とはユーストン駅から一緒だった。そのうち三人とも眠ってしまうのだが、銃声で彼女は目覚める。と、廊下側のドアがわずかに開いており、そこから第二弾が撃ち込まれた。同乗の夫婦が倒れる。恐怖に襲われた彼女は助けを求めるのだが、ドアが開かない。そうやって、死体とともに閉じ込められてしまったのだという。調べてみると、ドアが開かないよう廊下から楔《くさび》が挟んであった。内側から楔は挟めないし、室内に凶器がないので、彼女は犯人ではあり得ない。死体が邪魔になって外側のドアも彼女には開けられなかったため、凶器を車外に投げ捨てることはできなかったのである。

列車を停めたり車掌に手を振ったのは、端の部屋にいた四人の男性乗客だった。邪魔が入らないようにするためか、犯人は彼らの部屋のドアにも楔を挟んで開かないように細工をしていた。したがって、閉じ込められていた彼らも犯人ではない。また、一等車には他にも数人の乗客がいたが、いずれも犯行とは明らかに無関係だった。

では、犯人は別の車両へ逃走したのか？　それが不可能なのだ。一等車の前後には、そこへ誰もやってこなかったと断言する証人がいた。走行中の列車から、犯人はどのように消えたのか？

列車の個室での密室殺人をどうしても一作は入れたかったので、本作を選んだ。なかなか難解な事件である。警察は「やはり同室の女が犯人だ。事前に廊下からドアに楔を挟んでおいて直前の駅でいったん列車を降り、外側のドアから室内に戻ったのだろう」とまで疑うのだが、駅を発車した後に四人連れの男性客の一人が廊下へ出ていることから、その仮説も潰《つい》える。その他にも、ああでもないこうでもない、という推理の乱れ射《う》ちで、読むほどに謎が深まるようになっている。

込み入った状況を把握しながら読み進まなくてはならないので、少々もどかしいかもしれないが、それもクロフツの味だ。三〇年代のイギリスの寝台列車の様子や、わが国とはまるで違う車両の構造が判るのも面白い。外側にもドアがついているだけでなく、昇降段（あちらはプラットホームが低いから、ドアに昇り降りするためのステップが必要）がついているから、そこに隠れることもできるのではないか、という推理まで飛び出すのだ。どのページを開いても、車掌・線路・三等車・乗客・切符・緊急停車・改札係・機関車・駅・警報・途中下車・信号灯・喫煙室・ボーイ・手荷物車など鉄道に関する用語があふれている。鉄道が舞台の物語なのだから当然なのだが、こういう字面《じづら》の言葉が並ぶことで伝わる雰囲気もあり、私には非常に気持ちがよかった。

トリックは読者の盲点を衝《つ》いていて、申し分がない。探偵の推理で真相が暴《あば》かれるのではなく、犯人の告白で終わることも気にならない。ただ、真相が割れる前に、それに近い推理が提示されているのは、いかがなものか。「あるものを利用したのではないか？」「いや、できなかった」「でも、実はやっぱりこうして利用したんだよね」と展開させるぐらいなら、「あるもの」について結末まで言及しないのが、私の好みである。

海外では昔から個室つき列車がポピュラーで、『オリエント急行の殺人』をはじめ、個室での殺人を描いた小説はたくさんあるのに、純粋な鉄道密室ミステリは意外に少ない。オースチン・フリーマンの「青いスパンコール」なども、密室に仕立てられるのにそうなっていない。おかしなものだ。個室客車に馴染《なじ》みが薄かったためか、国産ミステリにも作例はあまりない。何十本もの蠟燭《ろうそく》に囲まれて横たわったピエロの死体がローカル車のトイレから消える、という島田《しまだ》荘司《そうじ》の『奇想、天を動かす』ぐらいしか浮かばなかった。

著者紹介

F・W・クロフツ Freeman Wills Crofts（一八七九～一九五七）

アイルランドのダブリンに生まれる。北アイルランドの鉄道技師をしていたが、病気療養中に書いた処女作『樽』（一九二〇）で作家デビュー。人間ばなれした天才型探偵を排し、リアリスティックな〈足の探偵〉フレンチ警部を創造した。日本で根強い人気を有する。代表作は本文参照。

作画POINT

有栖川氏が本書で取り上げられた作品群の中で、一番てこずった作品だ。事件の舞台である当時の急行列車（コンパートメント車両）の資料を苦労して探し当て、一度仕上げたものの、編集部から「どうも車両の様子が違うのではないか」とクレームが入り、ある英国鉄道の資料本を示されたのだが、それがご覧のごとく、コンパートメントの両側がドアになっていて、窓だけの側がないのであった。ボツになった車内のスケッチは奥側が窓のみのものでドアは手前側に一つというものだった。しかしこれは僕の探した資料では確かに一九〇九年当時の英国鉄道となっていたのである。

　まさしくこれこそは、急行列車の謎である。

●コンパートメントの見取り図　→進行方向

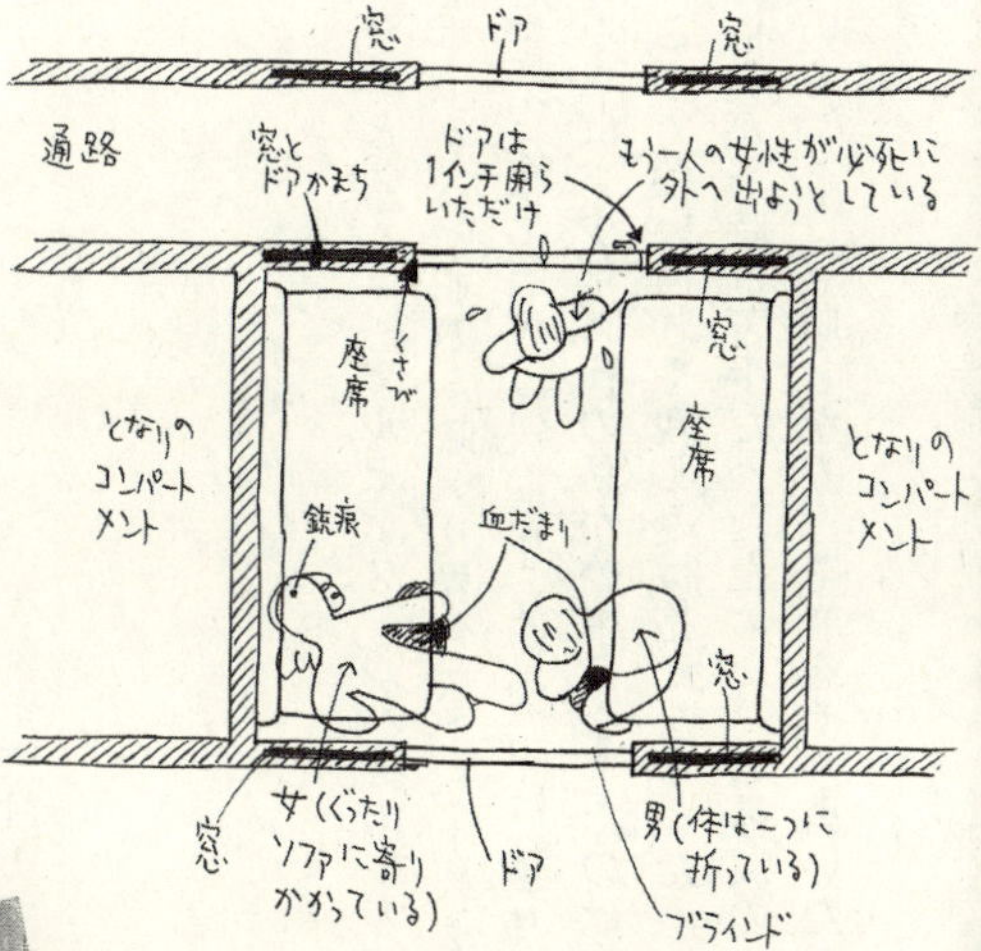

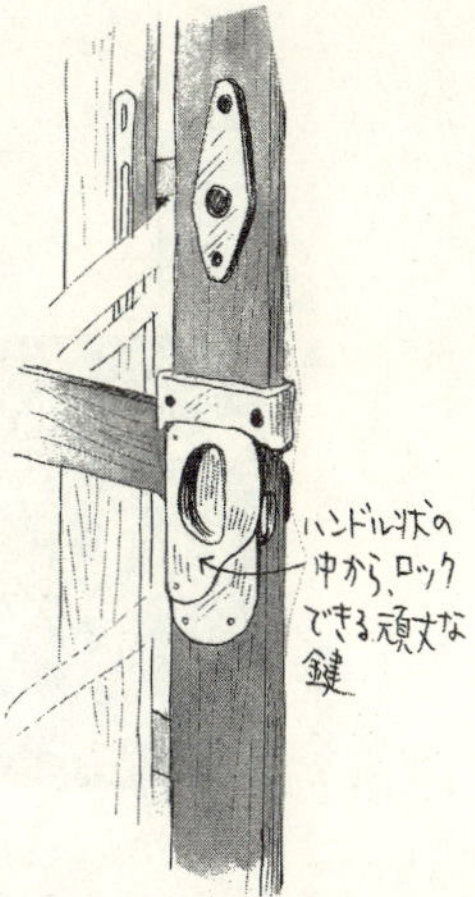

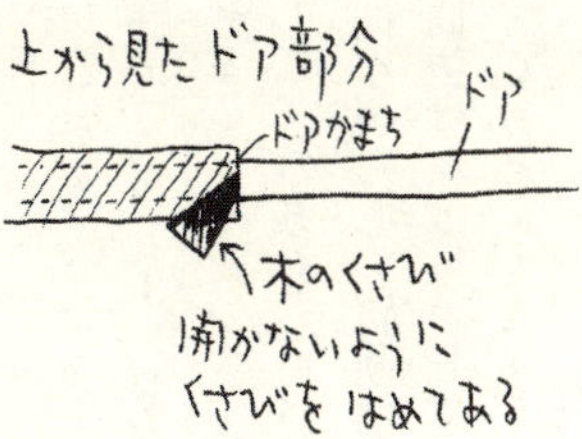

八点鐘（一九二三）

名探偵として活躍する「怪盗」ルパン

Maurice Leblanc
モーリス・ルブラン

◆新潮文庫
偕成社

ルブランといえば、アルセーヌ・ルパンの生みの親。ルパンといえば、シャーロック・ホームズと並ぶミステリ界のスーパースターだ。『奇巌城』『813』『水晶の栓』『虎の牙』など、痛快無比な冒険譚《たん》は読者の胸を躍らせる……と言いつつ告白するならば、少年時代の私が夢中になったのはもっぱらホームズの方で、ルパンにはそこまで強い憧《あこが》れや親しみは抱かなかった。いかにも新聞小説らしい冒険活劇調や通俗臭が当時は苦手だったためだ。ご贔屓《ひいき》のホームズが間抜けな敵《かたき》役として描かれていることに立腹したり、奇岩をくりぬいたアジトが出てくると「大人向きの小説のくせに幼稚やなぁ」と呆《あき》れたり。

しかし、「これは凄《すご》い」と瞠目《どうもく》した作品も短編にはたくさんあった。その多くは『強盗紳士』、『ルパンの告白』、『八点鐘』に収録されている。この三冊は本格ミステリ色が濃く、トリックもどんどん出てくる。特に思い出深いのは『強盗紳士』に入っている「女王の首飾り」。これはおそらく、私が生涯で最も驚き、かつ感動した密室ものである（当時、十歳か十一歳だった）。数奇な運命を持った首飾りが、伯爵《はくしゃく》邸の錠と閂《かんぬき》が掛かった小部屋から盗まれる。事件が迷宮入りとなり、長い年月が過ぎて後。サロンでそのことが話題に上ると、一人の紳士が思いがけない事件の真相を語りだす。その解決部分では、心臓の鼓動が早くなった。

対照的なのが、近い時期にジュブナイル版で読んだ『二つの微笑を持つ女』。庭で歌っていた歌姫が大勢が見ている前で突然倒れる。近づいた者がいないのに、誰がどうやって……という謎なのだが、結末を読むと脱力感に襲われた。生涯で最も失望した密室もの、という意味で、やはり思い出深い（あれはいいじゃないか、という方がいらしたら失礼）。

「女王の首飾り」は読み返しても楽しい作品なのだが、ここでは連作短編集の名著『八点鐘』から採ろう。ルパン（作中ではレニーヌ公爵《こうしゃく》と称しているらしい）はオルタンス・ダニエル嬢とともに八つの事件に挑むのだが、怪盗紳士ではなく、もっぱら名探偵として活躍する。「塔のてっぺんで」「水瓶」「テレーズとジェルメーヌ」「雪の上の足跡」など、過半数が非常にトリッキーな作品だ。列挙したうち、最後の二編が密室ものである。といっても、金庫のように施錠《せじょう》された部屋で殺人が起きる、というものではない。いずれも犯人の足跡がない状況を描いた作品で、前者は秋の浜辺、後者は冬の雪野原が舞台になっているあたり芸が細かい。どちらも初歩的なトリックではあるが、前者の考案はルブランの勲章と言っていい。

「テレーズとジェルメーヌ」の舞台は、風光明媚《めいび》な避暑地エトルタ。十月二日の朝だというのに、ことのほか暖かい秋だった。ルパンとオルタンスがこの地を訪れたのは静養のためではなく、パリの新聞で怪しげな情報を耳にしたからだ。何か事件が起きるのではないか、というルパンの予感は不幸にも的中してしまう。滞在客の一人、ジャック・アンブルヴァルが殺害されるのだ。

ルパンをはじめ、何人もの人間がその不思議を目撃する。暑さを訴えたジャックは妻から鍵《かぎ》をもらい、浜にある脱衣小屋に向かって歩いていった。しばらくしてから呼びかけても返事がないので、ルパンは「二枚の扉《とびら》のそれぞれについている鎧戸《よろいど》を調べた、そして上部の鎧板が一枚折れていると気づくと、無理に脱衣小屋《ケビン》の屋根にぶら下がりそこから内部に一瞥《いちべつ》を投げた」。そして「ナイフを取り出して錠前《じょうまえ》をこじあけ、二枚の扉を引いた」。すると、ジャックは「床板《ゆかいた》の上に腹這《はらば》いに、両手を上衣と新聞の上に痙攣《けいれん》させたままの格好で倒れていた」。背中を刺されていたのだ。しかし、室内に凶器は見当らない。傷は、自殺ではあり得ない部位についていた。

要するに、こういうことだ。

「脱衣小屋《ケビン》の中で、錠前も無傷な、しめた扉に守られた一人の男がわずか数分のあいだに、二十人もの証人、否《いな》むしろ、二十人もの見物人の面前で、どうして殺害されたか」「そこへはいった者もなかった。そこから出て行った者もなかった」

脱衣小屋そのものが、まず密室だった。そしてさらに、その密室の周りには二十人もの人間がいて脱衣小屋を見ていた。つまり、問題の小屋は錠と視線によって二重の密室になっていたわけだ。この何重の密室というのにこだわる作家もいて、三重の密室だ、いや今度は四重だ、とエスカレートさせることもある。ルブランの場合は、そんなつもりはなかったのだろう。

この作品のトリックは、今日ではありふれたものになってしまった。密室ものを読み慣れた方なら、本作を未読の方でも「多分あれだな」と見当がついたかもしれない。類例のトリックを使った作品名を挙げていくとネタバレになってしまうので控えるが、作例はたくさんある。小説技術によって、無理のない説得力のある話に仕立てることができるトリックだ。

このパターンのトリックの優れている点は、現場が密室である必然性を備えていることである。密室ものには、時として、犯人が現場を密室にするメリットがまるでないケースがある。論理的であるべき本格ミステリにとって、それは大きな瑕《きず》と言わざるを得ない。「斬新《ざんしん》なトリックを思いついた。強引にでもこいつを使って、読者をあっと言わせたい」という先走った気持ちの先に、落し穴が待ち構えているのであろう。密室トリックがミステリの約束事となり、無自覚なまま使われだすと、必然性はついつい忘れられがちになるのだ。

犯人が現場を密室にした理由づけの拙劣な例に、「犯人が狂っていたから」「密室マニアだったから」というものがある。まぁ、それも書きようかもしれないけれど、もっと変なのは「現場を密室にしたら捕まらない。警察に逮捕されそうになったら『私がどうやって密室に出入りできたというんですか』と抗弁できるから」という屁《へ》理屈だ。こんな主張が通るわけないだろう。それに、そんなに頭がいいのなら、犯行そのものが発覚しないようにすればいいだろうに。

「テレーズとジェルメーヌ」は、密室の必然性に申し分がない。また、同じ本の「雪の上の足跡」においても、ルブランは、犯人が足跡トリックを施した理由を抜かりなく説明している。

著者紹介

モーリス・ルブラン　Maurice Leblanc（一八六四～一九四一）

フランスのルーアンに生まれる。初め風俗心理小説を書いていたが、一九〇七年に「強盗紳士」を発表。以来、変装の名人で神出鬼没の怪盗、アルセーヌ・ルパンの生みの親として親しまれている。代表作に『奇巌城』『８１３』『ルパン対ホームズ』『バーネット探偵社』『棺桶島《かんおけ》』などがある。

浜には、いくつかの
脱衣小屋がある。
この絵では、向こう側の
小屋がジャック・アンブル
ヴァルが殺されていた
小屋。

作画POINT

海辺の脱衣小屋が殺人現場という、小さな密室である。これも何をメインに表現するかに大いに悩まされたものだ。見取り図を大きくしてももたないし、小さな脱衣場をスケッチ風に描くのも面白くないだろうし、思案の結果、舞台そのものの海水浴場の浜辺をイメージ画として描くことにした。しかしこれ、正直に言って、有栖川氏はご不満だろうと思う。現にこの絵を編集長の源氏に手渡す時に、このことを言ったら「そうでしょうかね」と否定も肯定もされなかったのが、この作画の不出来の証明だろうな。で、も、ね……。

●脱衣小屋見取り図

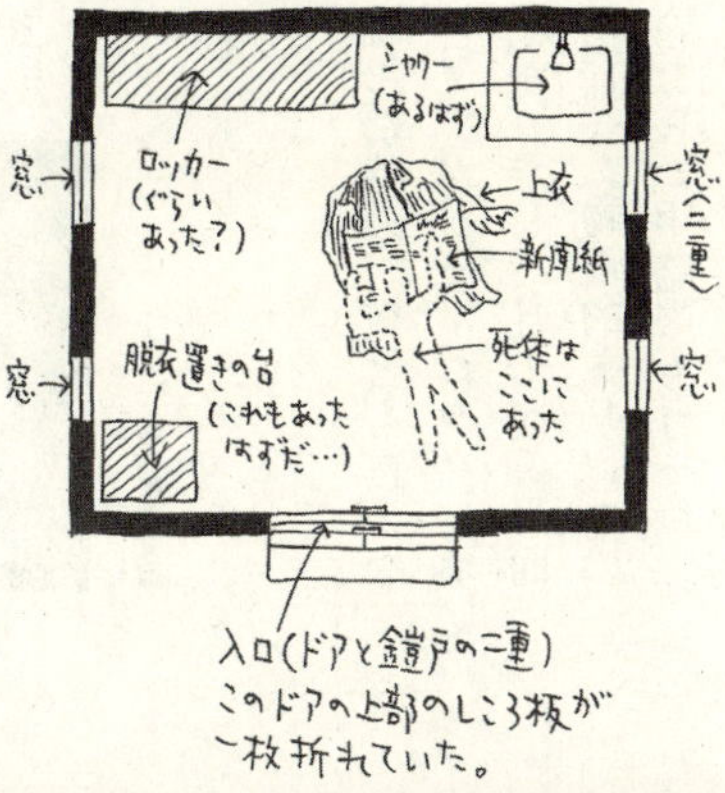
シャワー
(あるはず)
ロッカー
(ぐらい
あった?)
窓
窓
上衣
新聞紙
窓(二重)
窓
死体は
ここに
あった
脱衣置きの台
(これもあった
はずだ…)
入口(ドアと鎧戸の二重)
このドアの上部のしころ板が
一枚折れていた。

犬のお告げ（一九二六）

鮮烈なまでの視覚イメージと見事な聴覚イメージ

G・K・チェスタトン
Gilbert Keith Chesterton

創元推理文庫

小学生の頃、ジュブナイル版でチェスタトンを初めて読んだ時の、何とも言えない不思議な興奮をよく覚えている。その時は『ブラウン神父』がシャーロック・ホームズに比肩《ひけん》する名作シリーズだという予備知識なんかなかったし、乱歩が〈形而《けいじじ》上《よう》的〉とか〈ポー以来現代までどの作家も試みなかった境地〉〈物理的トリックの上に心理的トリックがあり、それでおしまいかと思っていたら（中略）もう一つ上の「思想」のトリック、「哲学乃至《ないし》神学」のトリックを目ざしている〉と評したことも知らなかった。まぁ、そんな言葉を聞いても意味が判《わか》らなかったろうけど。それでも、「これは今まで読んできたミステリとは違うみたいだ」ということは実感した。

チェスタトンの小説には〈逆説《パラドックス》〉が満ちていて、名探偵であるブラウン神父、ガブリエル・ゲイル、ポンド氏が謎を解き明かす際、読者はいつも軽い眩暈《めまい》に襲われる。「あまりに大きくて見えなかった」などというのは判りやすいが、これが「何もかも違うから、同じものだった」「そっくりだから別のものだった」「背が高いから目立たなかった」となってくると頭が混乱してくる。そして、見方を変えるとそんなパラドックスが自明のことなのだと理解できた瞬間に、私たちは世界が瑞々《みずみず》しくゆらぐのを目撃する。それは、人間がものごとを認知する能力の限界を示すと同時に、人間の想像力の無限性を垣間見《かいまみ》る楽しい体験でもある。

もちろん、あっと驚くトリックの宝庫としてチェスタトン作品を堪能《たんのう》することもできる。『ブラウン神父』シリーズの密室ものに限っても、「秘密の庭」「見えない男」「狂った形」「神の鉄槌《てっつい》」「三つの兇器」「グラス氏の失踪」「通路の人影」「天の矢」「翼のある剣」「飛び魚の歌」「俳優とアリバイ」「ヴォードリーの失踪」「ブルー氏の失踪」などなど。そんな密室の山からベスト3を選ぶとしたら、順当なところは「奇妙な足音」「犬のお告げ」「ムーン・クレサントの奇跡」か。いずれも間違いなくミステリ史上に燦然《さんぜん》と輝く不朽の名作である。同じく名作で知名度も抜群の

「見えない男」を挙げるファンも多いはずだし、好みで伏兵的な佳作から採る人もいるだろう。あいにくと本書では一作しか選べないので、「犬のお告げ」だけを紹介しよう。

舞台はヨークシャー海岸のドルーズ大佐邸の東屋。「東屋の位置は庭のはずれで、そのあたりには庭への出入口はまったくない。庭の中央路は二列の高い飛燕《ひえん》草のあいだを通る小道であり、飛燕草はぎっしり植えられてあるので、一歩でも小道から踏みだせば足跡がつかぬはずがない。その小道も植物も東屋の入口まで続いているから、このまっすぐな小道からそれた者があれば人目につかずにはいられず、この小道以外には東屋へはいる道は考えられない」。

ある昼下がり、大佐は弁護士を東屋に招き、面談がすむと戸口まで出て見送った。弁護士が母屋《おもや》に帰っていったことは、はしごに乗ってかきねを刈り込んでいた秘書によって確認されており、秘書がはしごに乗ってずっと庭仕事をしていたことは、大佐の娘によって確認されている。そして、弁護士によると、東屋に残っていたのは大佐だけだった。弁護士が退いた十分後、娘があずまやに行ってみると、白いリネンの上着を着た大佐は籐椅子《とういす》とともに床に倒れ、その背中には刃物で刺されたような痕があった。

その昼下がり、大佐の甥《おい》たちは犬を連れて海岸へ散歩に出ていた。危なっかしくバランスを保った《運命の岩》という奇岩の近くで、沖に向かって石やらステッキを投げて犬に拾わせて遊んでいると、犬が海から上がってきて悲しげな鳴き声をあげた。そして、荒涼とした浜辺に鳴き声が消えた後、大佐の死体を発見した娘の悲鳴が沈黙を破った。彼らは庭に戻る。すると、犬は弁護士に激しく吠《ほ》えかかるのだった。

弁護士が犯人なのかって？　さぁ、どうだか。この犬が浜辺で遠吠えするシーンはとても印象深くて、聴覚イメージを見事に喚起してくれるのだが、本作の素晴らしさは何といっても鮮烈なまでの視覚イメージだ。［青い花のあいだにまっすぐ伸びて暗い入口に達している小道、それを歩いていく弁護士の黒い服とシルク・ハット、それから緑の生垣から高く突き出た秘書の赤い髪の毛］や［東屋の前まで続いているあの青い花を背景にくっきりと浮き彫りにされた奴の黒い帽子と黒い頬髯が、あの夕暮れの色と遠くにぽっかり突き出た《運命の岩》の輪郭といっしょに、いまでも目に見えるようです］という描写が胸に刻まれる。「そういう情景って、美しいけれど塗り絵みたいだなぁ」と皮肉る人がいるだろうか？　いらしたら――なかなか鋭い。チェスタトンは絵のように美しく幻想的な場面を描いて読者を酔わせてくれるが、それがいつもいつも単に雰囲気を作るためとは限らないのである。そこに本格ミステリの面白さと豊かさがある。

「犬は離れた場所にいながら、飼い主の魂が肉体から出ていくのを感知できるのか」という謎をめぐる考察は本作の最大のポイントだ。冷静に考えれば、そんなことはあり得ない。しかし、いざこの小説のような場面に遭遇してしまったら、誰でも多少は神秘的なものを感じてしまうかもしれない。大の犬好きであるブラウン神父は、事件のあらましを聞いただけで現場に足を運ばずに謎を解く。神父は言う。「あの犬を人間の魂をさばく全能なる神とせずにただの犬として扱っていたなら、あんたにもすぐわかったはずですがな」。「あんたは頭がよすぎて動物の気持ちが理解できないのではないか。場合によっては、人間の気持ちも理解できないのではないか、特に人間が動物そっくりの単純なふるまいをするときには。動物というやつはいたって即物的です」。――そして、物語は神父の宗教観で締め括《くく》られる。

読書は暇つぶし以上のものでないとする方にはよけいなお世話だが、あえて極論すると、チェスタトンを読まなければ、ミステリファンでいる甲斐《かい》がないのではないだろうか。「最後ですべてが割り切れる小説は底が浅い」「人間というのは割り切れないもの」という、判ったような言葉は俗耳に入りやすい。しかし、よくできた本格ミステリ（チェスタトン！）は、物語の終わりに岩のような結末を置いて思弁を誘うのだ。

著者紹介

G・K・チェスタトン　Gilbert Keith Chesterton（一八七四〜一九三六）

イギリスのロンドンに生まれる。エッセイスト、ジャーナリスト、詩人、劇作家、歴史家、評論家、挿絵画家など、多彩に活躍。一九〇五年の『奇商クラブ』がミステリの第一作。ブラウン神父を主人公とする推理短編集は五冊（全四八編）と他数編あるが、いずれもトリックの宝庫であるばかりでなく、滋味あふれる文明批評によって高い評価を受けている。

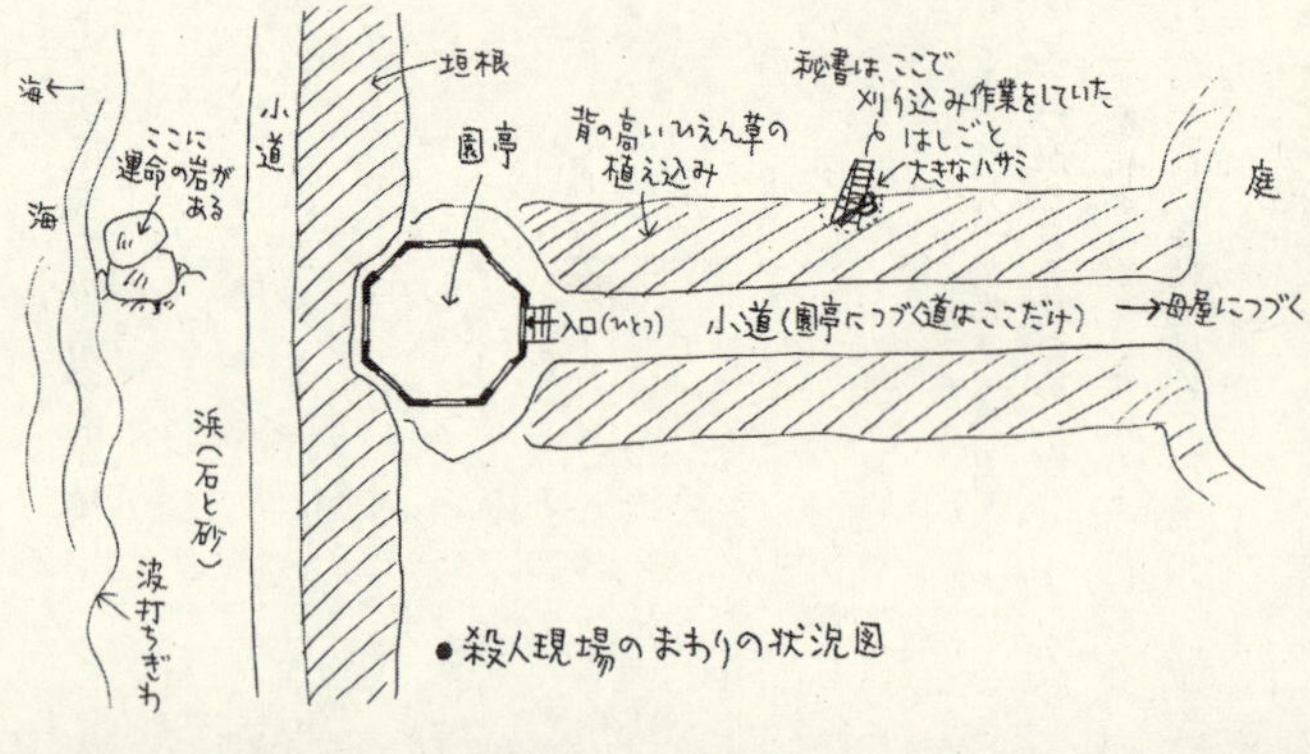

●殺人現場のまわりの状況図

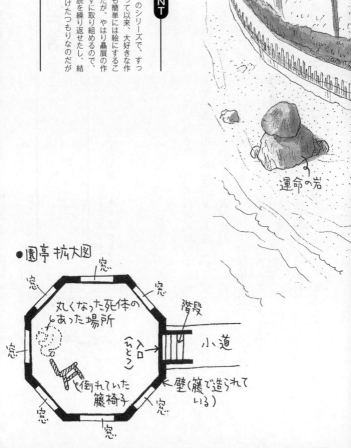

作画POINT

「ブラウン神父」のシリーズで、すっかりファンになって以来、大好きな作家である。これも簡単には絵にすることができなかったが、やはり贔屓の作家だと面倒がらずに取り組めるので、楽しみながら再読を繰り返せたし、結果、絵もよく描けたつもりなのだが……。

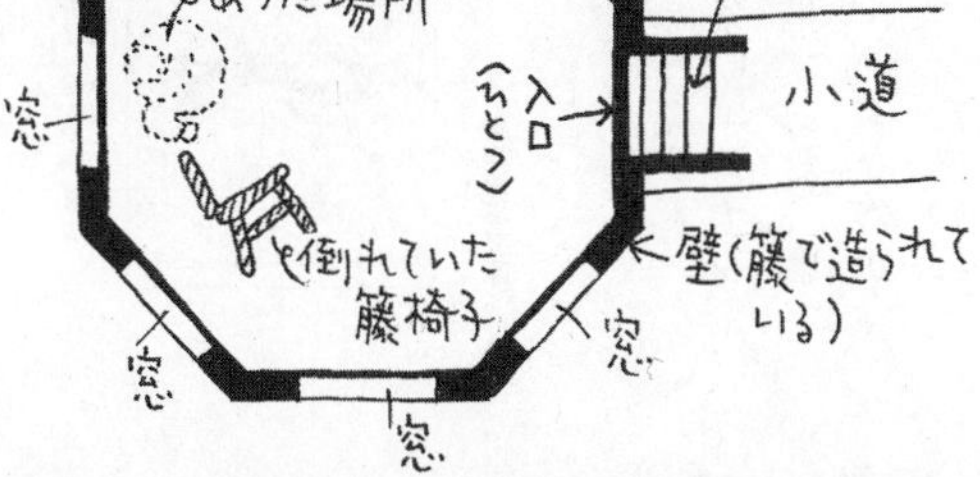

密室の行者（一九三一）

断食の果ての飢餓殺人

ロナルド・A・ノックス Ronald A. Knox

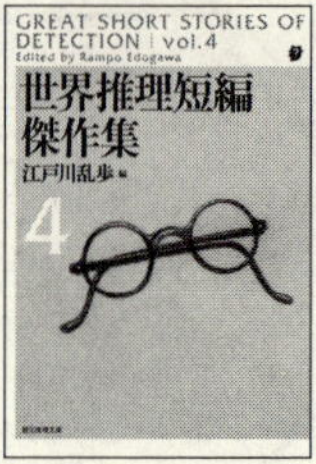

創元推理文庫

本職を別に持ち、余技でミステリを書く作家は洋の東西を問わずに多い。ロナルド・A・ノックスは本職が聖職者であり神学者でもあるという変わり種である。職業作家ではなかったせいもあって、その作風は批評性たっぷりのパロディ調なのが特徴だった。ことに有名なのは『陸橋殺人事件』。作中の探偵小説ファンたちの口を借りて、一九二五年にして早くもミステリが煮詰まりつつあることを洒落《しゃれ》のめすと同時に、事件の結末でも皮肉な肩すかしを喰わせてくれた。

だが、わが国でノックスの名前が語られる時、『陸橋殺人事件』よりも頻繁《ひんぱん》に話題になるのは、彼が発案した〈ノックスの十戒《じっかい》〉（一九二九）かもしれない。これは、良識あるミステリ作家はこんな手法を使ってはならない、という項目を十個あげた〈べからず集〉のようなものだ。ノックスによると［これほど高度に専門化した芸術形式ともなれば、そこには専門的なルールが必要になることは当然である。小説家のうちでも探偵小説家だけは、この自由な時世にあってさえ、ルール違反は許されない］［というのは、探偵小説とは、作家と読者という二人の競技者間のゲームにほかならないからである］という信念のもとに創《つく》られたらしいが、どこまで本気か定かではない。

内容はというと、〈超自然的な要因を持ち込んではならない〉など常識的なものもある一方、〈犯人は冒頭あたりから登場していなくてはならない〉とか〈探偵の助手は読者より少し知能レベルが低くなくてはならない〉とか、拘《こだわ》るほどのこともない戒めも含まれている。〈十戒〉そのものが洒落だったのだろう。もちろん、幾多の作品がこの〈十戒〉の禁を破ることで名作になっている。

十の中では、第三の戒めが密室に関連していそうだ。曰《いわ》く〈二つ以上の秘密の部屋や路《みち》が導入されてはならない〉。二つ以上は駄目とはどういうことか疑問だが、要するに、抜け穴や隠し部屋はつまらないからよせ、と言っているのだ。［以前に私自身が秘密の通路を利用した際には（何だ、やってるんじゃないか）、前もって入念にその家が処刑迫害時代のカトリック教会の建物であることを指摘しておいた」と補足しているのが微笑《ほほえ》ましい。

「密室の行者」は、そんなノックスが書いた傑作短編で、知名度はフットレルの「十三号独房の問題」に優るとも劣らないのではないだろうか。長年、ミステリのファンをやっていたなら、耳にせずにいるのが困難なほど有名なトリックが出てくる。

大手保険会社に雇われた探偵マイルズ・ブレドンは、百万長者ジャービソンの死について調査を依頼される。富豪は東洋の神秘思想にかぶれていた。心霊学上の実験に腐心したり、アメリカで拾い集めた素性の知れないインド人たちを家に住まわせたりしていたほどである。そのジャービソンが死んだ。十日間に及ぶ断食の果てに餓死したらしい。それははっきりしていたのだが、事故か、自殺か、他殺かに不明な点があるので、探偵の出番となったわけだ。

富豪が行のために断食をしていたのは、かつて体操場か打球操場に使っていた部屋（体育館のようなものだろう）。寺院のようにがらんと広くて長方形をした部屋で、床には光った赤い油布が敷いてある。「天井の中央に井戸形の穴があって、光線は主として、空気はぜんぶ、ここからとりいれるようになっていた。この穴のいちばん上は、ガラス張りになっていて、縁についている鉄の錏《しころ》板のあいだから風がはいるだけであった」。部屋の一方の隅には用具入れ。「入り口の反対側の壁のところに、野菜食が山とつまれた食器たながあった」。部屋の中央には鉄のてすりと車がついたベッドが据えられ、そのまわりに毛布や敷布がちらばっていた。行者は、このベッドの上で飢え死にしていたのだ。

食器棚には、パンやミルクなど食物が豊富に並んでいたのだが、富豪は断食を中断しなかったらしい。死体が発見された時、部屋のドアの錠には内側から鍵《かぎ》（予備はない）が差してあったので、駈《か》けつけた医師らは錠前をこわさなくてはならなかった。壁には窓もないし、秘密の扉もない。天井の窓までは四十フィートもある上、井戸型の穴のしころ板は人間の手がやっと差し入れられるぐらいの隙間《すきま》しかない、となると、現場は立派な密室だ。もしも他殺だとするならば、ジャービソンの遺産を相続するインド人らには動機があることになるのだが、彼らは富豪が死んだ時にアリバイがあった。それに――密室が残る。

〈百万長者〉が〈食物のそば〉で餓死する、とは二重に皮肉な情景だ。そして、いかにも本格ミステリ的でもある。これが他殺ならば犯人（インド人だ、インド人）はどうやって密閉された部屋に出入りしたのか、が謎なわけだが、それにも増して、どうすれば自由な意志を持った人間を食物のそばで餓死させられるのか、という謎が興味をそそる。「食物に毒を入れたぞ、と脅したのではないか？」「よそで餓死した死体を運び込んだのではないか」という仮説が浮かんでは、論理的に否定される。こういうふうに手続きをちゃんと踏むところが気持ちいい。また、伏線も丁寧に張ってあるので、ブレドン探偵が真相を見破るプロセスにも説得力がある。突飛なトリックを、「なるほど、そうするしかないな」と納得させてしまうのだ。特に、室内にあった白紙のノートという伏線がうまい。

　ところで、〈ノックスの十戒〉には、誠に奇妙なことで有名な戒めがまじっている。〈中国人を登場させてはならない〉というのだ。何故ならば、「「中国人は頭脳に関しては知識を身につけすぎるが、道徳の点になるとさっぱり身についていない」という西洋に古くから伝わる臆断《おくだん》のせいかもしれない」というのだから、人種的偏見もいいところだ。そんなことを書きながらノックスは、この作品の中で大勢のインド人を出して怪しいふるまいをさせている。

　これは冗談だが、もしもミステリが江戸時代の日本で花開き、〈十戒〉が唱えられていたのならば、〈南蛮人を登場させてはならない〉という項目ができたかもしれない。何故か？　もちろん、彼らは「頭脳に関して～、道徳の点になると～」だし、「本格ミステリにはご法度《はっと》の伴天連《バテレン》の妖術《ようじゅつ》を使いそう」だからである。

著者紹介

ロナルド・A・ノックス　Ronald A. Knox（一八八八～一九五七）

イギリスのレスターシャ生まれ。父が英国国教会の僧正であったため、自らも聖職者となる。ユーモアと風刺にあふれたハイブローなミステリを書き、〈ノックスの十戒〉でミステリのフェアプレーを説いたことは有名。代表作に『陸橋殺人事件』『密室の百万長者』『まだ死んでいる』がある。

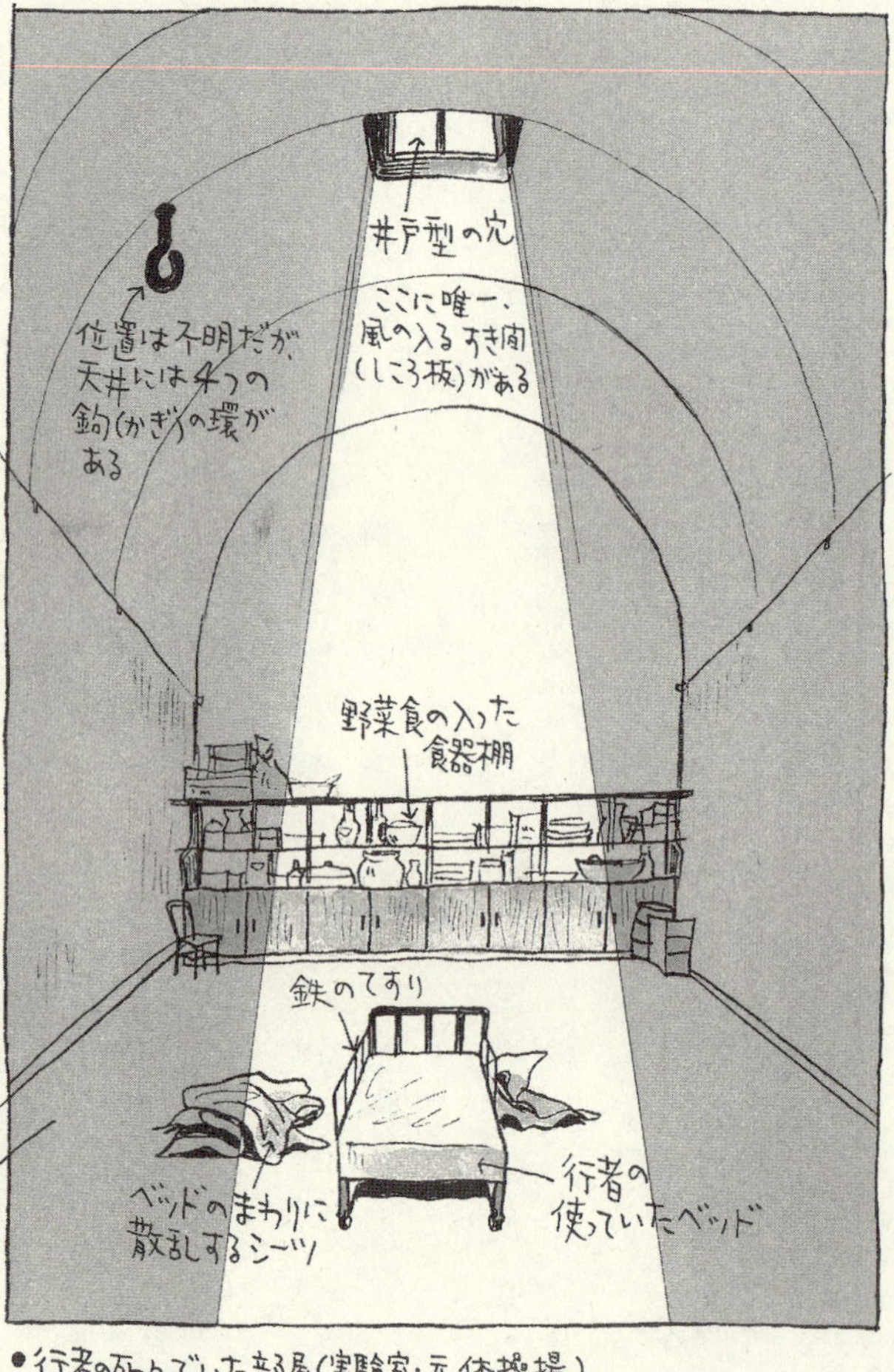

●行者の死んでいた部屋（実験室・元体操場）

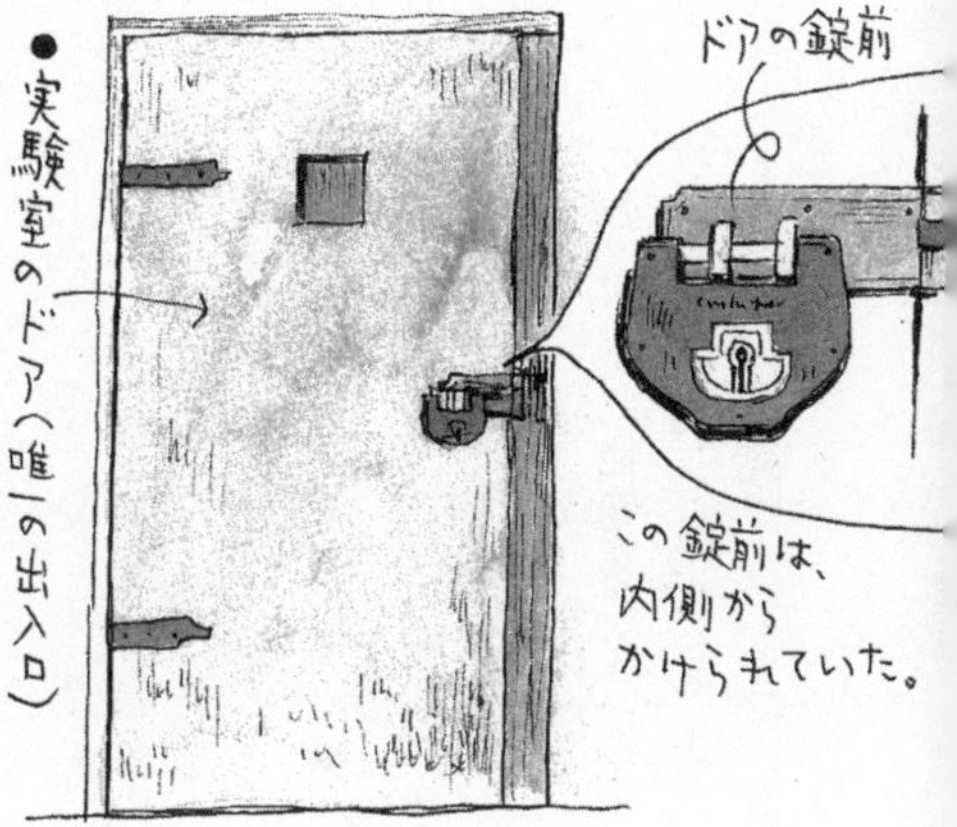

作画POINT

知らなかった作品である。海外編は、けっこう読んでいるつもりだったが、有栖川氏が本書で取り上げられた作品中、なんと半分は読んでいないのだった。これでよく「ええ、確かに私はミステリファンでして」などと言いきり、この仕事を引き受けたものだと、今更ながら臆面のなさに恥じ入っている。さて、読んでみたこの作品は、僕の好みからは面白くなく、その分ノレなかったのだが、不思議なことに絵の上がりは自分でも気に入っているのである。好きでない方が、事務的、あるいは義務的にかかれるので、客観的に眺められるからだろうか、普段もしばしばあることなのだ。

エンジェル家の殺人（一九三二）

優れたプロットが生む異様な舞台装置と密室トリック

ロジャー・スカーレット Roger Scarlett

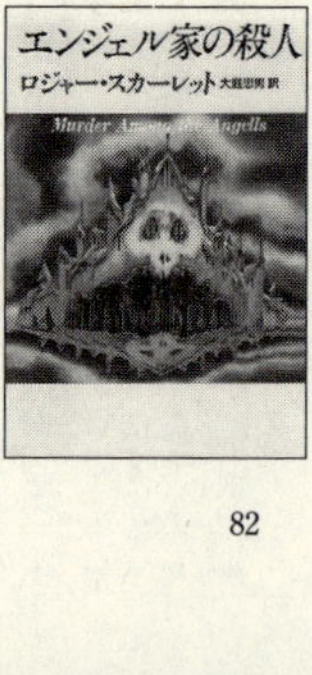

◆創元推理文庫

『世界ミステリ作家事典』はスカーレットを「本国ではすっかり忘れ去られたB級作家でありながら不思議とわが国では知名度の高い作家の典型」と紹介している。そういう作家や作品の陰には、たいてい江戸川乱歩の存在があるものだが、スカーレットの場合もまさにそれである。井上良夫に推奨されて『エンジェル家の殺人』を一読した乱歩は「感歎《かんたん》のほかありません」「筋の運び方、謎の解いて行き方、サスペンスの強度などに他の作にない妙味があり、書き方そのものが小生の嗜好《しこう》にピッタリ一致するのです」と絶賛し、スカーレットを「世界ベストテン級の作家」とまで持ち上げている（後に、少し言い過ぎだったとも書いているが）。また、井上良夫は「スカーレットの作は、どれもこれもエラリー・クイーン以上の純本格物でありながら、遙《はる》かに楽々と読める点が何よりも喜ばしい」とまで言う。誠に作家や小説というものは、誰に認められるかによって運命が変わるものだ。

本国では泡沫《ほうまつ》作家だったらしいスカーレットが遺《のこ》したのは長編が五本だけ。そのうち四本までもわが国で翻訳されているが、雑誌に抄訳《しょうやく》が載っただけのものが多いせいもあって、文庫本で完訳のある『エンジェル家』が断然広く読まれている。この作品は読んでいないが、内容ならよく知っている、というファンも大勢いらっしゃるはずだ。乱歩が本作に惚《ほ》れ込んだあまり翻案し、『三角館の恐怖』という長編を書いているからだ。おそらく、いやきっと、『エンジェル家』を読んだ読者よりも、『三角館』を読んだ読者の方が多いだろう。乱歩の翻案は、オリジナルを凌駕《りょうが》しているという声もよく聞く。もしも将来『エンジェル家』が入手困難になることがあろうとも、『三角館』は乱歩のおかげで版を重ねていくに違いない。

『エンジェル家』は本格ミステリ黄金期のただ中で書かれただけあって、そのスタイルはとことんクラシックである。双子の兄弟が暮らす大邸宅で莫大《ばくだい》な遺産を巡って繰り広げられる連続殺人劇。そのお屋敷が普通ではないので、読者はまず「イタリアの宮殿の牢獄のような、陰気で不快な外観をもち、灰色の巨大な石材で造られて」いる邸宅の形状を把握することから始めなければならない。エンジェル家は、正方形の敷地にLの字の形で建っている。三階建てのその屋敷は真ん中で二分割されて、片側にはダライアス、もう片側にその双子の弟のキャロラスが家族とともに住んでいた。入ってすぐのホールだけで「アパート一軒分ぐらいありそう」な広さで、ホールの隅には両家で共用しているエレベーターがある。

重い病を患《わずら》って余命幾許《いくばく》もないダライアスに乞《こ》われた弁護士が、エンジェル家にやってくるところから物語は幕を上げる。双子の父は五十年前に風変わりな遺言を遺して逝《い》った。双子は父の信託基金からの収入をもらっていたが、どちらかが死ねば全財産は生き残った方がご褒美《ほうび》としてすべて相続できるというのだ。これでは先に死んだ方の遺族はたまったものではないわけで、圧倒的に形勢不利なダライアスは弟に対して、この馬鹿げた遺言の破棄を持ち掛けようとしたのだ。しかし、ずっと憎み合ってきた弟キャロラスがそんな虫のいい提案を受け入れるはずがない。弁護士を通じての申し出を一蹴《いっしゅう》するのだが……。

エンジェル家を血に染める惨劇が始まる。その第二幕は、異常極まりない状況で起きた。弁護士に会うため「わたしが下りていく」と三階の自室から邸内電話で伝え、エレベーターに乗り込んだ車椅子《くるまいす》のダライアスが、ホールに着いた時には短剣で刺殺されていたのだ。エレベーター内に犯人の姿はない。三階で被害者が乗り込んだ際、彼は間違いなく生きていた（そうでなければ、階下で呼んでいないのに一階に下降してくるはずがない）。三階にいた際、狭いエレベーター内に誰かが隠れていたはずはないし、仮に犯人が潜んでいたとしても、動きだしたエレベーターは途中で一度も停止していないので、脱出する機会がなかった。両家で共用していたためエレベーターには二つの家に面してそれぞれドアがついているのだが、三階で動きだした時にも一階に着いた時にも反対側のドアは閉じたままだった。それでは天井のはね上げ戸から出入りしたのではないか、と調べてみたが、ほこりが積もっていて犯人が通った形跡はまるでないのである。

いったい、犯人はどうやってエレベーター内のダライアスを殺害することができたのか？　事件を担当するケイン警視は、被害者の首筋に刺さった凶器の短剣に何故か柄《つか》がついていないことに着目する。

本作には、ヴァン・ダインも顔負けの何枚もの屋敷や事件現場の平面図、断面図が挿入されていて、大いに雰囲気を盛り上げてくれている。おまけに、生きてエレベーターに乗った人間が、下に着いたら刺し殺されていた、という密室が登場するのだから、ファンにとっては涎《よだれ》が出るようなご馳走《ちそう》だ。この奇術のようなトリックの種を明かされた時、読者は「ああ、なるほど」とうなるだろう。乱歩の『三角館の恐怖』でも、当然ながら同じトリックが用いられているのだが、種明かしの場面で図が入っている分そちらの方が判《わか》りやすいかもしれない。

異様な舞台装置と密室トリックで有名な『エンジェル家』だが、この作品の本当のミソは別のところにある。最初の礼賛《らいさん》者、井上良夫が指摘していたその「プロットが織出している大きな謎の魅力」が何なのかは、読んでお確かめいただきたい（ちなみに、『三角館』の最終章の見出しは〈異様な動機〉である）。井上は、エレベーターのトリックを「素晴らしい謎」としながらも、「探偵小説の奇抜な殺人法などというものは、傑《すぐ》れたプロットの前には、大した興味を生んでくるものではない」「手品のような非現実な殺人方法を唯一《ゆいいつ》の切札にしている態《てい》の探偵小説には、立派な作品など見当るものではない」と卓見を開陳《かいちん》している。

エレベーターを利用したトリックにはあれこれ作例があるが、密室ものとなると多くない。カーター・ディクスンとジョン・ロードという豪華カップリングの合作『エレヴェーター殺人事件』が最も有名か。国産品では、何といっても西澤保彦《にしざわやすひこ》の『解体諸因』。マンションの八階で乗った女が、一階に着いた時にはバラバラに解体されていたというトリックには唖然《あぜん》とした。

著者紹介

ロジャー・スカーレット　Roger Scarlett

アメリカの女流作家、ドロシー・ブレア（一九〇三〜?）とイヴリン・ペイジ（一九〇二〜?）との合作ペンネーム。ブレアについては不明だが、ペイジはブリン・モーの大学院を修了後ジャーナリストとして活躍していた時期にブレアと共同して五作の推理長編を発表。その間は約四年間。それきり推理小説から離れたものと推測されている。珍しい女性同士のチーム作家だが、両者の間柄は不明である。邦訳に『白魔』『猫の手』など。

作画POINT

これだけの量の仕事で、締め切りのある仕事は、ときおり妥協して悔やまねばならぬもので、この作品を読み返す途中で、これはイメージイラストには絶対に古めかしいエレベーターや木で作られているはずの車椅子を描かねば、と思ったのだったが、締め切りが途方もなく遅れている上に、肝心な時にこそ、探せないのが参考資料という代物で、古いエレベーターや車椅子ぐらいすぐに見つかるだろうと、安心しきっていたところ、もうこれ以上遅らせるわけにはいかない時点になっても、遂に見つからないのだった。それで急遽、館の方をメインに据えたのだが、今でも悔やまれてならない。

●正方形の敷地に、L字形に建つ館

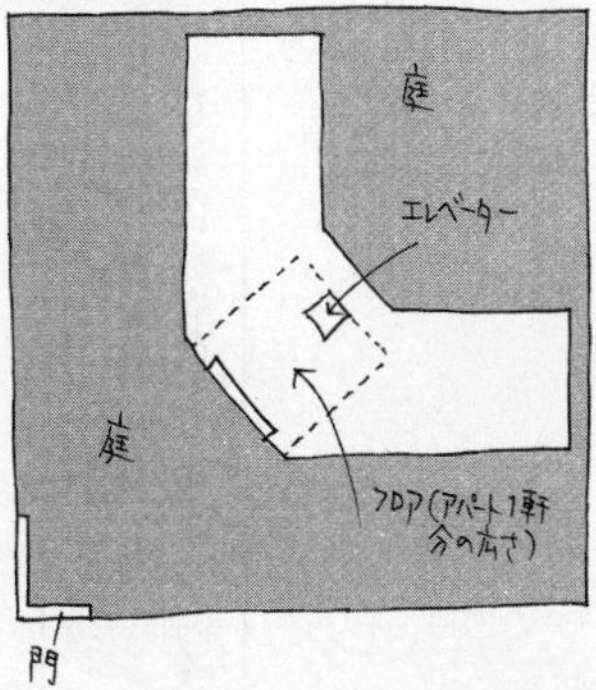

●エンジェル家のエレベーター

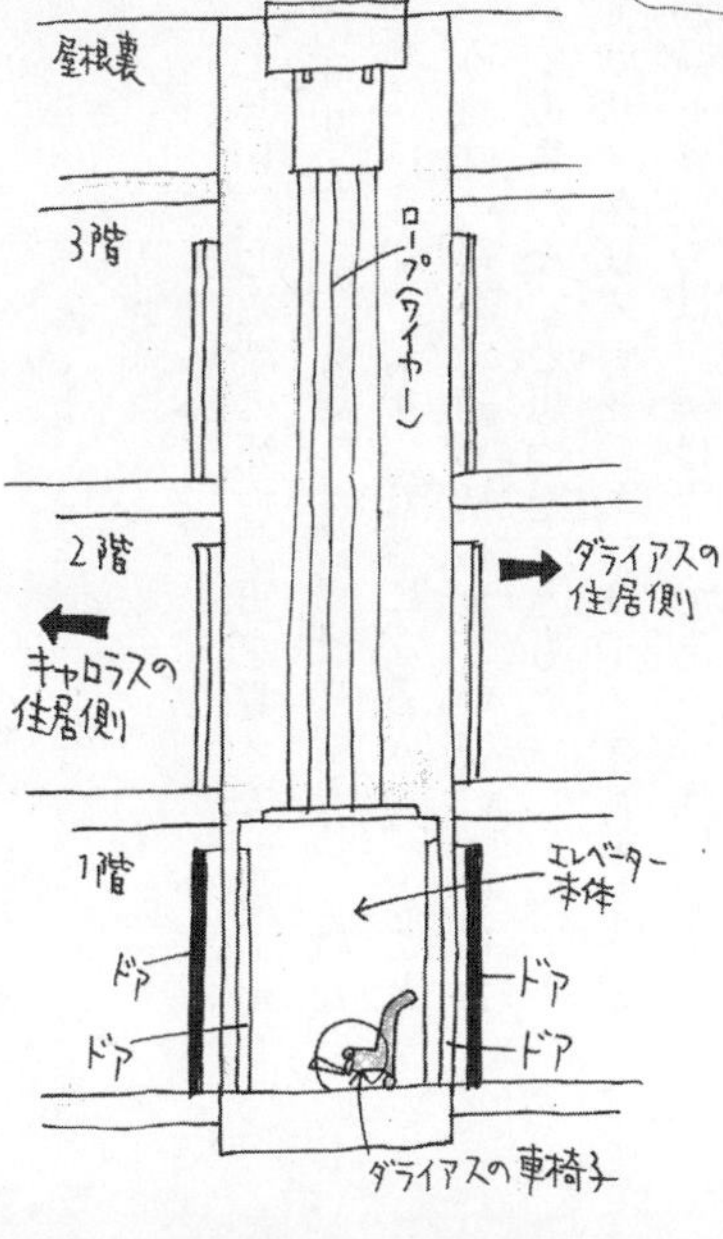

三つの棺（一九三五）

あまりにも有名な〈密室の講義〉

ジョン・ディクスン・カー
John Dickson Carr

ハヤカワ・ミステリ文庫

ジョン・ディクスン・カーが一九七七年に没した時の死亡記事を覚えている。追《つい》悼《とう》のコメントを寄せていたのは、横溝正史《よこみぞせいし》だった（ああ、涙）。その切り抜きはなくしてしまったが、「万人に受ける作風ではなかったが、好きになる人は、とことん好きになるという作家だった」という意味の言葉で締め括《くく》られていて、大いに共感したのを覚えている。そんな作家って最高だな、と思ったことも。

本格ミステリの三大巨匠とされるアガサ・クリスティ、エラリー・クイーン、ディクスン・カーのうち、長編作品数が最も多いのは、実はカーである。趣向を凝らした長編をそれだけ執筆しながら（短編も素晴らしいが）、敬愛するコナン・ドイルの評伝を書いたり、晩年まで〈エラリー・クイーンズ・ミステリ・マガジン〉に書評を連載したり、と精力的に活動した彼の生涯は、ミステリに捧《ささ》げられたかのようだ。

〈密室の巨匠〉〈不可能犯罪の巨匠〉と呼ばれ、質・量とも、その分野における功績は余人の追随を許さない。ディクスン・カーは、密室の代名詞ですらあるのだ。彼はいくつの密室トリックを創案したのか？　ロバート・エイディーの『Locked Room Murders and Other Impossible Crimes』でカーとその別名義のカーター・ディクスンの項目を調べてみると、カー名義で八十九、ディクスン名義で三十六だった。

彼はトリックのあの手この手を次々に繰り出してみせただけでなく、オカルト趣味やスラプスティック・コメディ、歴史劇、メロドラマなど様々な要素を作品に盛り込み、希代のストーリーテラー・戯作者ぶりを発揮した。カーの作品が現在も広く読まれているどころか、ますます評価が高まっているのも、そうした作家的スケールの大きさがあってのことだろう。カーについては、ダグラス・G・グリーンの『ジョン・ディクスン・カー〈奇蹟を解く男〉』という評伝に詳しい。

そんなカー作品から一つ選んで紹介するとなると、大いに悩みそうでいて、これがちっとも迷わないのだ。『三つの棺』。本書を読まずして密室ものを語るのは、『スター・ウォーズ』を観ずにSF映画を語るに等しい。

発端は二月六日。グリモー教授が行きつけの酒場で〈早すぎた埋葬〉談義をしているところへ、フレイと名乗る奇術師が割り込み、「墓地で甦《よみがえ》った人間は壁をも通り抜けられる。私の弟がそうだ。弟は、あなたの命を欲しがっている」と告げる。「近いうちに弟があなたを訪問する」とも。第一章はカーらしく、「あの影無き男の最初の死の歩みは、いま述べた夜に起きたのだ。そのとき、ロンドンの横町は雪に静まりかえっていて、予言にあった三つの棺がついに満たされたのである」とケレン味たっぷりに終わる。三日後、グリモー教授の不安はギディオン・フェル博士にも伝わる。名探偵である博士は案内されて教授を訪ねるのだが、ひと足遅かった。彼らが到着する少し前、教授の書斎に仮面をつけた客が入った後、室内から銃声がした、というのだ。鍵《かぎ》でドアを開けてみると、教授は射《う》たれて瀕死《ひんし》の状態だった。部屋に犯人の姿はない。ドアは秘書が見張っていたし、窓から脱出したにしては雪に乱れがない。隣家は遠いし、屋根に上がった痕跡《こんせき》もない。グリモーのそばには、彼が〈身を守るため〉に買ったという三つの墓標を描いた絵が切り裂かれて落ちていた。

事件の奇怪さはどんどん加速する。病院に運び込まれた教授は、「やったのは、わたしの弟だ」と言い遺《のこ》して息絶えた。調べてみると、彼には二人の弟がいることが判明する。そのうちの一人は、フレイだった。ところが、彼も同じ夜に、カリオストロ街の袋小路で至近距離から射ち殺されていたのだ。周囲の雪に、犯人の足跡はない。目撃者によると、銃声とともに「二発目はおまえにだ」という声を聞いたという。現場には拳銃《けんじゅう》が遺されていた。それは、間違いなくグリモーとフレイを射った凶器だった。

濃厚な不可能興味が全編に横溢《おういつ》した作品だ。題名にある三つの棺というのは、グリモーら三兄弟がかつて刑務所から脱獄する際、死んだふりをして棺に入ったことを指している。グリモーは二人の弟を裏切って自分だけ棺から抜け出していたのだ。その因果がこんな怪事件を引き起こしたのでは、という演出のうまさは、カーの真骨頂である。

トリックは非常に複雑で、読み手によっては拒否反応を示すかもしれない（その点が万人向けの『スター・ウォーズ』と異なる）。率直に言うと、私も「ちょっと複雑すぎるのでは」と思う。カーがここで想定した読者は、「密室もののミステリとやらを読んでみたい」というビギナーではなく、「密室トリックなんて大概は見破れるぞ」と自負するスレた密室ファンだったに違いない。それだけに読み応《ごた》えは充分で、よくそんな細かいところまで気を回したな、という凝りようだ。些細《ささい》な描写もすべて伏線だったことが最後に判《わか》るし、解決は意外性に富む。入魂の一作であり、カーにしてなし得た密室ミステリの一つの到達点であろう。

この作品が密室を語る上で外せないのは、第十七章にあまりにも有名な〈密室の講義〉があるからだ。ここでカーはフェル博士に［われわれは推理小説の中にいる人物］だと暴露（？）させてから、彼の口を借りて、密室の謎を〈犯行時に、犯人が密室内にいなかった場合〉〈いた場合〉に分けた上、それをさらに詳しく分類してみせる。［ほとんどの人間は密室が好きなんだな］という決めつけが微笑《ほほえ》ましい。こうした密室研究は他の作家にも影響を与え、クレイトン・ロースン、江戸川乱歩、天城一《あまぎはじめ》らがカーの分類の洩《も》れを指摘したり、自分なりの分類を披露している。

この密室講義の中でフェル博士が［殺人犯の風変わりな行為こそ、われわれが殺人犯について文句を言う場合、最後にまわしてもらいたいことなのだ。すべては、それを果たすことが可能であったかどうか、によるのじゃないかな?］と弁じたのに対し、都筑道夫《つづきみちお》は名評論集『黄色い部屋はいかに改装されたか?』（一九七五）で、［このいいかたはカーの弱点をさらけだしているだけのよう］であり、［逆立ちしたまま、人殺しをする話にはどうやったか、というだけでなく、なぜ逆立ちしたか、までが謎なのです」と異を唱えている。正論である。しかし、カーのある種の大雑把《おおざっぱ》さも私はあながち嫌いではない。時として、その磊落《らいらく》さが豪快で忘れがたいトリックを生むのだし。

著者紹介

ジョン・ディクスン・カー John Dickson Carr（一九〇六〜七七）

アメリカのペンシルヴェニア州に生まれる。アメリカの生んだ最高のミステリ作家といわれ、怪奇趣味と不可能犯罪としての密室ものを好んだ。作品には、処女作『夜歩く』の他、『魔女の隠れ家』『アラビアンナイトの殺人』『緑のカプセルの謎』『曲った蝶番《ちょうつがい》』『囁く影』『皇帝のかぎ煙草入れ』『火刑法廷』などがある。カーター・ディクスン名義でも活躍した。

低い雪山
よじれた枝の木
倒れかかった3つの墓

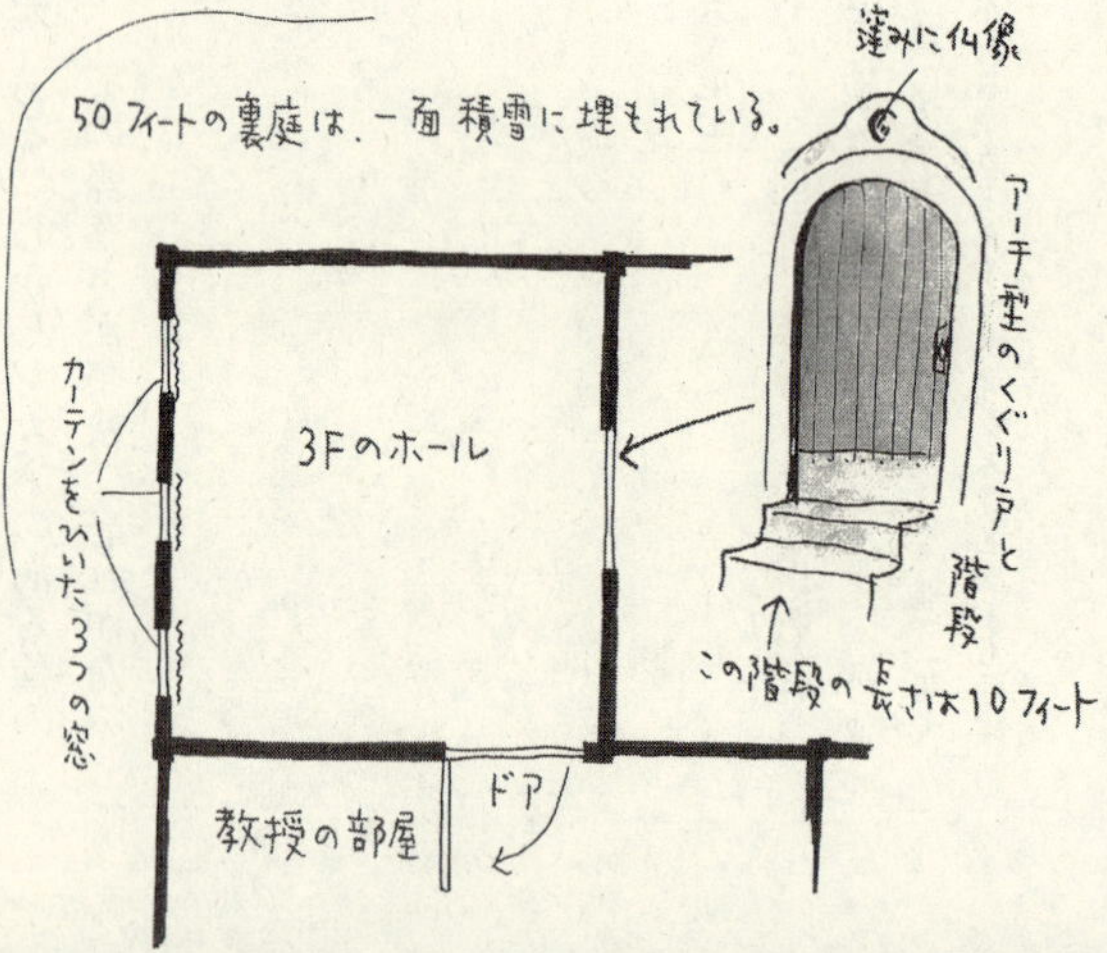
窪みに仏像
50フィートの裏庭は、一面積雪に埋もれている。
アーチ型のくぐり戸と階段
3Fのホール
カーテンをひいた3つの窓
この階段の長さは10フィート
ドア
教授の部屋

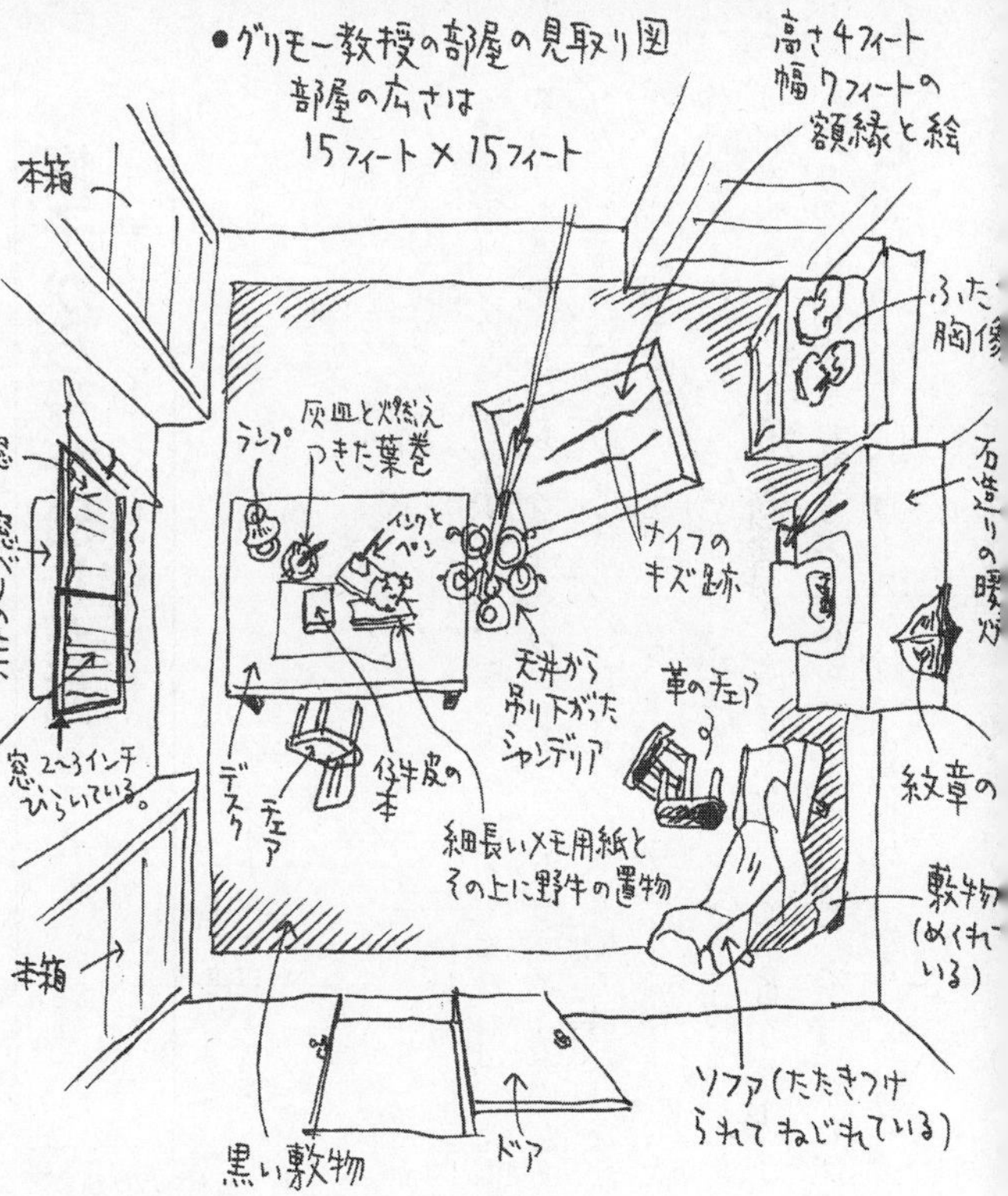

作画POINT

好きな作家、好きな作品、密室状況が解りやすい、というように珍しく三拍子揃っていたもので、このコメントも短いのである。つまりこれは〈絵描きを悩ませなかったベスト5〉中でも上位に入れたいほど、苦労のなかったページなのだ。

帽子から飛び出した死（一九三八）

ミスディレクションとしての密室トリック

クレイトン・ロースン Clayton Rawson

◆ハヤカワ・ミステリ文庫

密室トリックとは、紙の上のマジックである。となれば、奇術師に密室もののミステリを書かせたらどういうものができるのだろう? 実例がある。密室ものの優れた長短編を遺《のこ》したクレイトン・ロースンは、本職ではないながらマジシャンなのだ。奇術に関する深い造詣《ぞうけい》とテクニックをミステリに移植し、次々にトリッキーな作品を生み出した。さながら、〈小さなディクスン・カー〉というところか（長編は四本しかなく、作家的スケールには圧倒的な差があるけれど）。彼とカーは親交があり、〈内側から目張りされた密室〉という謎にともに挑む競作をしたり（カーは『爬虫類館の殺人』、ロースンは「この世の外から」を書く。どちらも要チェック）、お互いが抱えていた解けない謎を交換したというのは、有名なエピソードだ。

ロースンが創《つく》ったシリーズ探偵の偉大《グレート》なるマーリニは、プロのマジシャンで、ニューヨークのタイムズ・スクウェアの一角に〈魔術の店、奇蹟売ります、Ａ・マーリニ商会〉という看板を掲げた奇術専門店を持っている。彼にかかると、魔法を使ったとしか思えない事件も立ちどころに解決してしまうのだ。名探偵マーリニは、ガヴィガン警部から捜査への協力を要請されて出馬する。二人が知り合ったきっかけは、マーリニが警察学校でイカサマ賭博《とばく》について講演と実演をしたことだったという。

ロースンは、ミスディレクションと呼ばれるマジックの技法をミステリに導入した。それはどういうものか？　最も判《わか》りやすい例を挙げるなら、〈右でトリックを行なおうとする時は、観客の注意を左手に集めろ〉ということだ。この場合、単に左手をごちゃごちゃ動かせばいいというものではない。そこに必然性やある種の小さなドラマがあって、左手の動きが観客にとっていかにも自然な行為に見えることが大切なのだ。ロースンは、このミスディレクションに関して、アガサ・クリスティと並ぶ名手とされている。具体的にどんなものか味わいたければ、『帽子から飛び出した死』を読むのがいい。これは彼のデビュー作でもある。

神秘哲学者のサバット博士が何者かによって絞殺《こうさつ》された。現場はマンハッタンのアパートの一室。発見したのは、彼を訪問した心霊学者、手品師、霊媒《れいばい》と〈私〉。博士の部屋にある二つのドアのいずれにも錠と閂《かんぬき》が掛かっているだけでなく、鍵《かぎ》穴《あな》が内部から何かでふさがれていることを不審に思った彼らは、ドアを叩《たた》き破った。が、ベッド兼用ソファが開閉の邪魔をするように置かれていて、すぐには開かない。それを押しのけて入ってみると——

「部屋の空気は煙でもうもうとしていた。四つの卵型の燈が見えたが、これは煙の中にゆらゆら高く燃えているローソクの焰だった」。そこにサバット博士の死体を見る。「彼は仰向けになって、床にチョークで描いた大きな星の形のまんなかに、頭、両手、両足を、その五つの頂点にのばし、翼を張った鷲の標章とまったく同じ恰好で横たわっていた。各頂点の先には、ローソクが一本ずつ立っていて、この異様な模様のまわりは、やはりチョークで書かれた、不思議な文字で縁どられていた」。それは「魔法の王よ——イスマエル……アドネイ……イフア——サーガットよ来れ」という呪文《じゅもん》だった。サーガットとは、あらゆる錠を開ける魔霊である。ローソクの明かりで浴室、台所、寝室から洋服ダンスの中まで調べたが、犯人はどこにも潜んでいなかった。すべての窓は内側から施錠《せじょう》されているというのに。

この後もタクシーから人間が消えたり、まわりに雪が積もった家で、ある人物が殺されるのに犯人の足跡がない、という第二の密室殺人が起きる。奇術師や霊媒に加えて、腹話術師やフーディーニばりの脱出マジシャンまで登場して怪しげな言動をしたり蘊蓄《うんちく》をたれたり、もう全編マジックマジックマジックのにぎやかさだ。検視にやってきた警察医まで、殺人現場でトランプを消してみせたりするのだった（おいおい）。

十三章で、カーの〈密室講義〉に洩《も》れていた項目を補足しているのも楽しいが、二十一章では〈ミスディレクションの面白い例〉を示してくれる。下の図をご覧いただきたい。この円の直径が何インチかお判りになるだろうか？　図をよーく見て考えて。どんなに数学が苦手な人にでも解けるはずだ。もし判らないという人がいたら……あなたは、ミスディレクションの罠《わな》に嵌《は》まっているのに違いない。答えはこの項の末尾に書いておく。

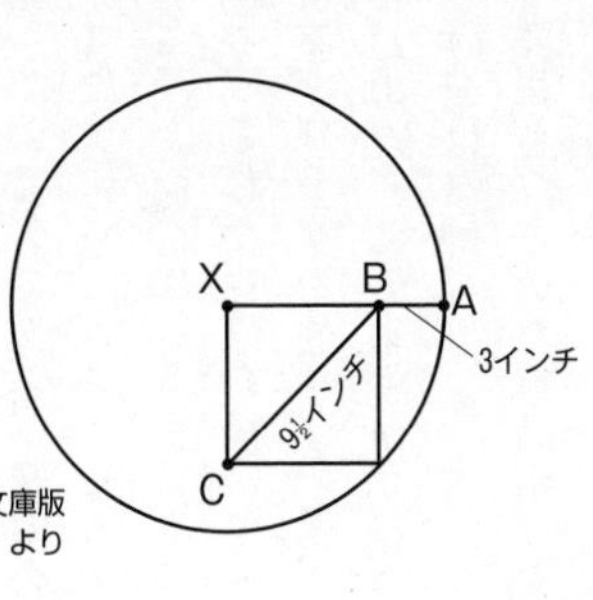

ハヤカワ・ミステリ文庫版
P281 より

それで、この小説の密室トリックはどれだけ素晴らしいのか？　これが何と、一読したところ大したことない！　それならどうして紹介するのだ、と叱責《しっせき》の声が飛んできそうだけれど、大したことないのに凄《すご》いのだ。真相をバラすわけにはいかないから、隔靴掻痒《かっかそうよう》になることを承知で書く。本作においては密室トリックそのものが、〈作者が読者に仕掛けたミスディレクション〉になっているのである。密室の謎に悩んだり、それが解けたと喜んだりしていると、読者は真相を摑《つか》みそこねる。これは実に技巧的なミステリなのだ。作家が密室ものを書く動機は、〈うまいトリックを思いついたので披露する〉ことが主で、〈密室が形成された背景を描いてドラマを創る〉が従だろう。しかし、ロースンは〈その密室トリックを使うことによって、読者の目を真相からそらせる〉ということを企《たくら》んだのだ。この小説がマジック尽くしになっているのは、作者が趣味に淫《いん》したからだけではない。

付記しておくと、ロースンの密室トリックとしては、監視されていた電話ボックスから人間が消える「天外消失」が文句なしの傑作として名高い。

（答・19インチ。ヒントめかしたAB＝3インチが罠。それを無視すれば、半径＝$9\frac{1}{2}$インチだから直径がその二倍なのは自明）

著者紹介

クレイトン・ロースン　Clayton Rawson（一九〇六〜七一）

アメリカのオハイオ州生まれ。編集者を経て作家となる。著名なアマチュア奇術師で、奇術師探偵マーリニ・シリーズで知られている。奇術や超自然現象とミステリを融合させた、作品は、どれも不可能興味に満ちている。長編は本編の他に、『天井の足跡』『首のない女』『棺のない死体』。

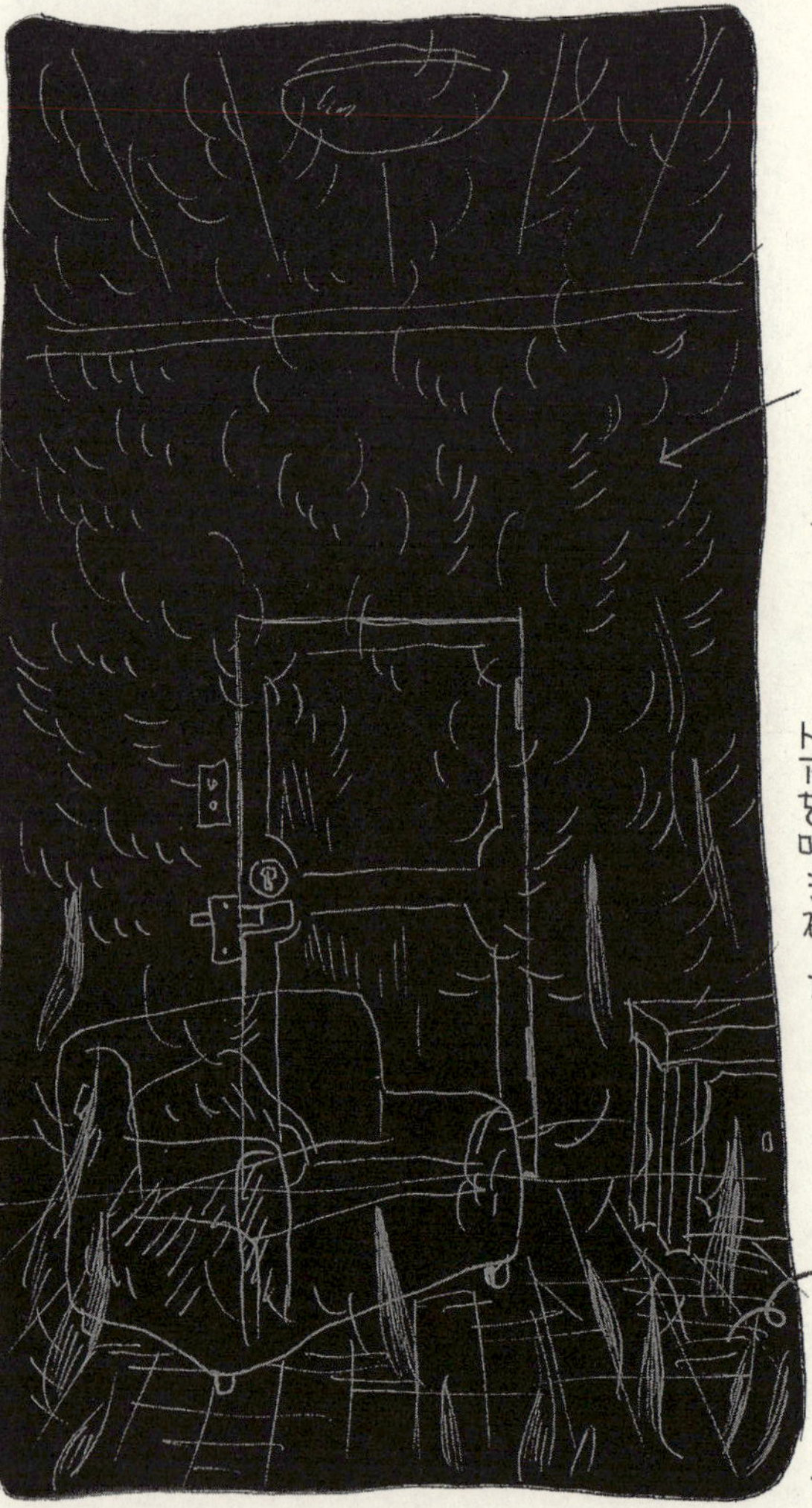

●サバット博士の部屋（ドア付近）

室内には煙が充満していた。

ドアを叩き破った直後はローソクの焔がゆらめいていた。

作画POINT

このタイトルは好きだ。これだけで読んでみたくなって、買って帰った記憶がある。したがって、再読する前からこれはいつでも描けるだろうとタカをくくっていたのだったが、いやはや、いざ読み直してみると、なんとも絵にしづらいのである。それでも、死体の置かれていた星形の絵やその先で燃えるローソクの火を捉えれば、他の作品のページと比べても、ちょっと変わった面白い絵になることに気付いた時には、ほっとしたものである。

チベットから来た男（一九三八）

横溢《おういつ》する東洋趣味のペダンチズム

クライド・B・クレイスン　Clyde B. Clason

◆国書刊行会

発表年順に並べた海外もの二十作品のうち、これが十一番目の作品。しかし、実際に私が読んだ順番でいうと、本作は最新の小説にあたる。読み落としていたためではなく、一九九七年になってようやく邦訳が出たからだ。昨今の本格ミステリの隆盛《りゅうせい》に呼応するかのように、このところ埋もれた名作（あるいは珍作）が続々と翻訳されている。永らく絶版になっていた本の復刊も多い。こういう出版状況はファンとして誠にありがたく、大歓迎だ。

クレイスンの『チベットから来た男』の場合、かねてから翻訳が待望されて久しかった作品というわけではない。私はその名すら知らなかった。しかし、それも無理のないことで、英米でも彼は近年になってようやく再評価されてきたのだそうだ。日本の学究的ファンだけでなく、あちらでも黄金期の本格について関心が高まっているのなら、これまた喜ばしい。そうした再評価がなされる場合、不可能犯罪、わけても密室に関する興味が強く働いているように見受ける。

現時点で私が読んだクレイスン作品は、唯一の邦訳がある『チベット』だけだ。クレイスンには本作と同じく歴史学者・ウェストボロー教授を探偵役に起用した十作の長編があり、そのうち八作までもが不可能犯罪ものだということなので興味をそそられる。

物語は、シカゴに住むチベット美術蒐集家《しゅうしゅうか》で富豪のアダム・メリウェザーの許《もと》に怪しげな日系人のレフナーが訪ねてくる場面から始まる。彼は外国人が踏み入ることが禁じられたチベットに迷い込んだ際にラマ僧から入手したという秘伝書の原本を携えていて、一万ドルで買わないか、と持ちかけてきた。チベット人秘書が本物だと断言するので、レフナーが正当な所有者なのかどうか疑念を抱きつつもアダムはそれを購入する。その取引こそが悲劇の幕開け。レフナーは小切手を手にした夜、ホテルで何者かに絞殺《こうさつ》された。

この事件を担当したマック警部補は、知友のウェストボロー教授に協力を要請する。現場に遺《のこ》されていた凶器のスカーフにはサンスクリット語でラマ教の祈りの言葉が記されていた。当夜、ホテルに不審な人物が投宿していたことも気になるが、それより教授が注目したのは、ラマ僧がシカゴにやってきた、という新聞記事だった。そのラマ僧は、盗まれた秘伝書を取り戻すためにチベットからきたのである。ラマ僧は、レフナーが秘伝書を売りつけた相手と見当をつけてアダムを訪問するも、富豪は返還に応じようとしない。そこへ、ラマ僧を捜していた教授と警部補が加わる。奇怪な事件は、教授が富豪邸に滞在していた雷雨の夜にチベット美術室で起こった。

その美術室は中庭に設《しつら》えられていた。それを囲んだ屋敷の二階からは、色彩を施した梁《はり》の格子《こうし》ごしに部屋の内部を覗《のぞ》くことができる。その内部は図のような様子で、展示物について作者は「中央ガラス・ケース内に楽器類。ケースの西側に忿怒尊《ふんぬそん》の面が献じられ、東側は護符箱、トルコ石の耳輪、トルコ石と珊瑚《さんご》の首輪、数珠《じゅず》、念仏筒および二枚のチベット製スカーフ、カタが納められている」などと克明に説明し、ずらりと並んだ神像についても衒学的《げんがく》に解説をしている。

激しい雷雨の音の中に「ヒー！」という叫び声と「がらがら」という金属音のあと、重いものが床に倒れる音」が聞こえた。恐怖にかられながら美術室を見下ろした教授は、黄色い祭壇の西端に男がうつぶせで倒れているのを発見する。家中の者が美術室に駈《か》けつけてみると、二つのドアともに錠が掛かっていた。頑丈なドアを破るのには時間がかかりそうだったので、二階の手すりからロープを垂らして降りることにする。その際に教授は、梁の上を伝い歩いたりそこから床に飛び降りることは可能だが、塵《ちり》が踏み荒らされた形跡がまるでないことを確認した。

恐怖の死神、漆黒《しっこく》の夜摩像の真ん前で倒れていたのはアダム。彼は右手にラマ教の儀式で神秘的な稲妻を表す金剛杵《ドルジェ》を握りしめて絶命していた。床には儀式用の鏡が転がっている。祭壇の聖杯からこぼれた水が水溜《みずた》まりを作り、水びたしの布に画鋲《びょう》が刺さっていた。死因は動脈瘤《どうみゃくりゅう》破裂。現場は密室であったし、自然死の判定が出るのだが、教授は釈然としない。「ヒー」というのは、密教秘儀のマントラらしい。アダムは、秘伝に則《のっと》って儀式を行なっている最中に死を迎えたのだ。まるで、邪心のある者がチベットの神々から天罰を受けたかのように。

この本の巻頭に掲げられた〈編集者のノート〉なる一文に「目の覚めるような極彩色の題材」とあるとおり、東洋趣味のペダンチズムが横溢した「風変わりで興味深いミステリ小説」である。チベット密教や美術の門外漢の私は推測するしかないが、参考文献を見るにつけ（河口慧海《かわぐちえかい》の名著『西蔵旅行記』もちゃんと入っている）、作者が半端《はんぱ》な知識で書いたのではないことが推測される。こうしたエキゾチズムは当時のアメリカの読者に強くアピールしたのだろう。東洋がどれほど遠く、どれほど神秘的でわけが判《わか》らない世界だと思われていたのかは、登場人物の言葉からも窺《うかが》い知ることができる。そのような得体の知れない世界からの来訪者（あるいは、もたらされた事物）が災厄を招くとしたら、それは日常のレベルから遊離したものであろう、という期待と不安に応《こた》えたのが本作の密室だ。見え透いた通俗的な手口のようだが、これはうまく処理すればとても有効だ。そもそも、ポーが書いたミステリの原点は、日常から遊離した異常な事件の犯人が実は得体の知れない世界からの来訪者（事物？）だった、という物語だったではないか。

また、本書でこの作品を採り上げたのは、美術室の密室に惹《ひ》かれたせいもある。ひんやりと冷たい美術館や博物館に死体が転がっている、という設定に私はかなり弱くて、エジプト博物館が殺人現場のヴァン・ダインの『カブト虫殺人事件』もお気に入りである。ただ見られるだけの存在と化したモノたちの中で起こる殺人。そんなモノたちに見下ろされながら生物から鉱物の領域へ向けてゆっくりと移行を始める死体。そんなイメージを垣間見《かいまみ》せてくれる作品がもっと読みたい。

本作のトリックについて、『Locked Room Murders and Other Impossible Crimes』

は「結末はとても独創的で、密室での殺人トリックは現実的である」と評している。この小説の中に置いた時に映《は》える好トリックであることは確かだが、うーん、あんなことが本当にできるか？

著者紹介
クライド・B・クレイスン　Clyde B. Clason（一九〇三～八七）
アメリカのデンバーに生まれる。シカゴで広告・出版業に携わったあと作家デビュー。三〇年代後半にダブルデイ社から歴史学者ウェストボロー教授を主人公とした一連の探偵小説を刊行、本格的に売り出した。不可能犯罪、大胆なトリックは、東洋美術などのペダントリーにみちた内容と相まって、三〇年代アメリカ本格の成果として再評価されている。

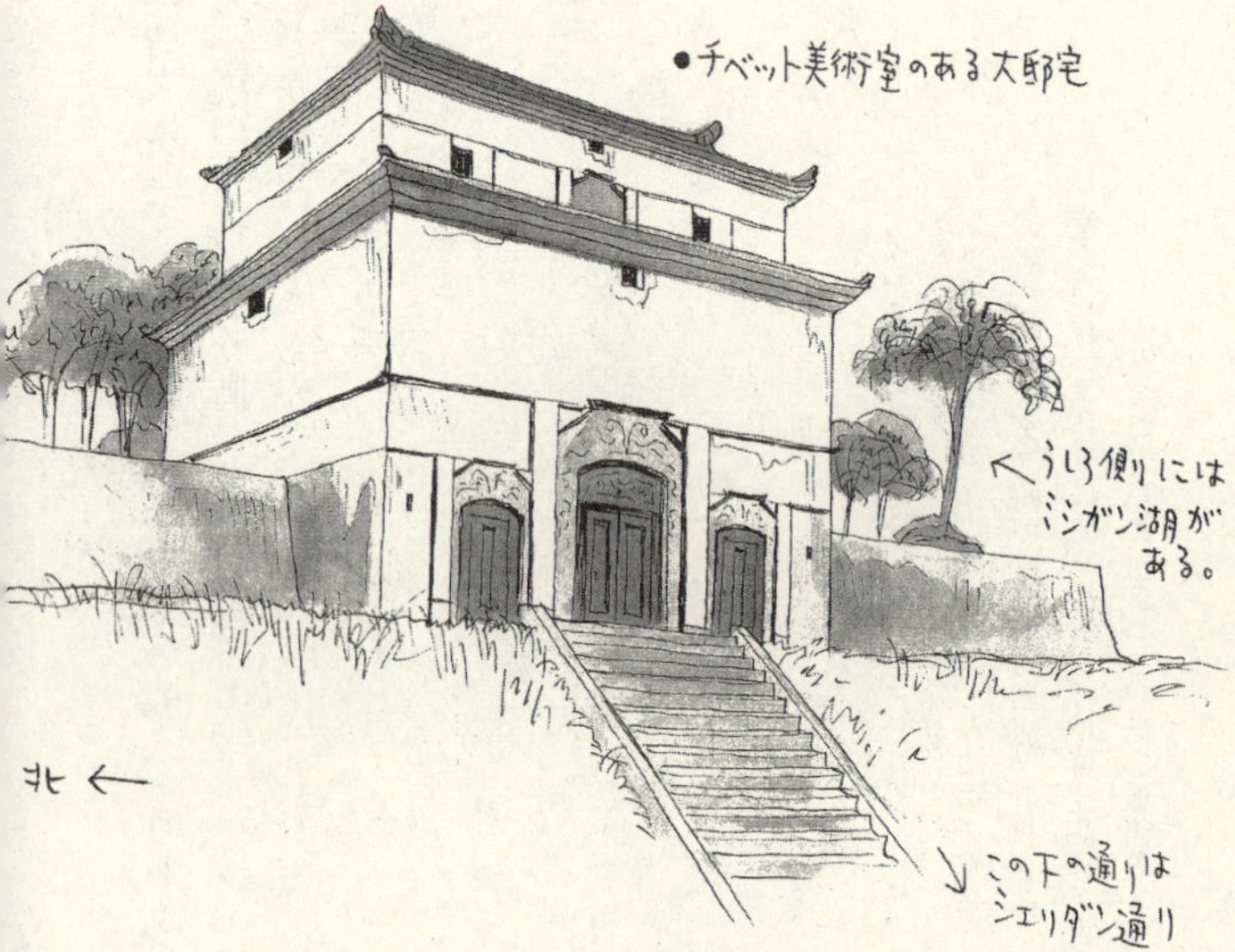

作画POINT

〈絵描きを悩ませたベスト5〉でもこれはベスト1に入れたい。それほどこれは、文章からだけでは、邸宅の様式やその中の「チベット美術室」の位置や有り様が見えてこず、このページのみに費やした時間は、そうとうなもので、これが締め切りを大幅に遅らせた元凶なのである。だからであろう、この本には作者あるいは版元の親切で、イラストや見取り図が付けてあるのだが、これを見て描いたのでは、僕の立場がないわけだし、かといって、参考までにと眺めてみると、これがまた「違うだろ?」と文句いったり、でなければ僕の読み込みが間違っているのだろうかと、結局は悩み落ち込み、それはそれは一向に先に進めないのであった。

●チベット美術室見取り図

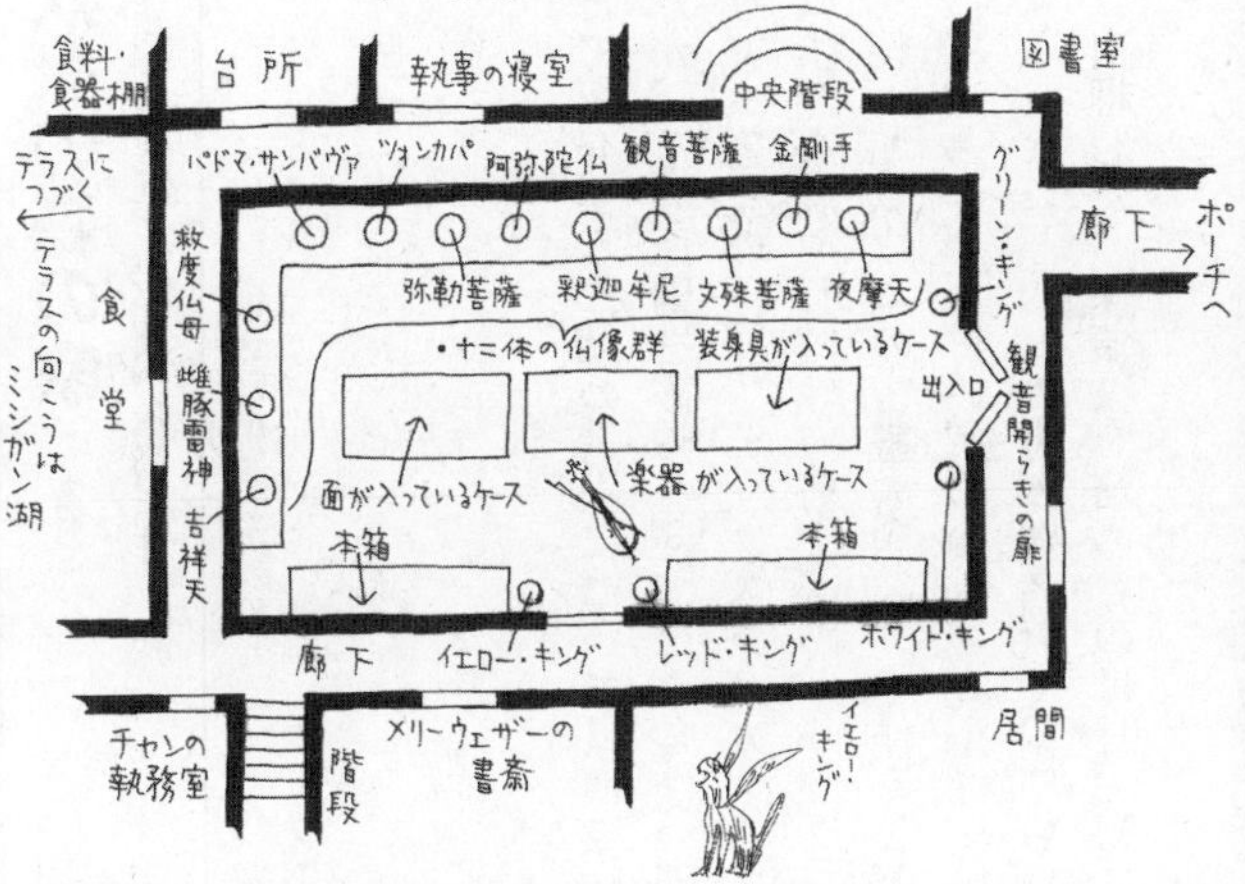

●大邸宅中心部(屋内テラス)の参考図

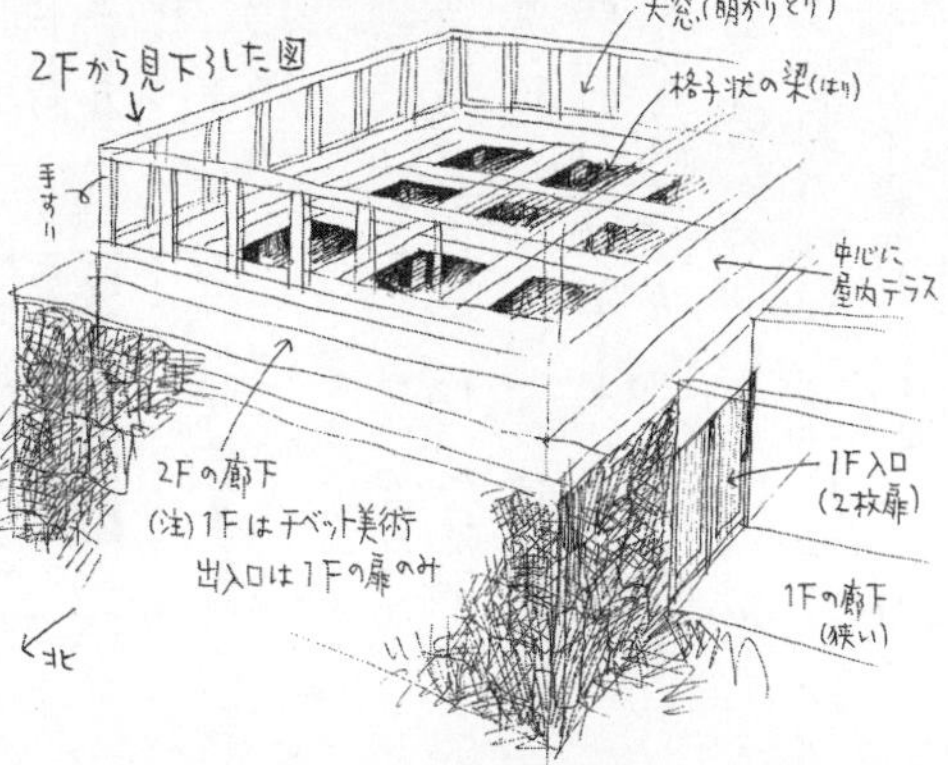

妖魔の森の家（一九四七）

〈密室の巨匠〉の短編最高傑作

カーター・ディクスン　Carter Dickson

『51番目の密室』ハヤカワ・ポケット・ミステリ

創元推理文庫

本書で紹介する作品の選択についてはバラエティを考慮し、一作家一作品を原則にしたが、その原則を破らなくてはならない別格的存在の作家が一人いた。言うまでもなく〈密室の巨匠〉ディクスン・カーである。生涯にわたって密室トリックの考案に情熱を燃やし続け、何十ものトリックを長短編でばら撒《ま》いたカー。彼の作品だけを使って『カーの密室大図鑑』を作ることも楽々とできただろう。

そこで、ちょっと言い訳めかしてカーター・ディクスン名義のものから一作セレクトすることにした。カーの別名義で、こちらのペンネームで書かれた作品にも名作が目白押しだ。探偵役を務めるのはH・Mことヘンリー・メリヴェール卿《きょう》。カー名義の作品に登場する名探偵、ギディオン・フェル博士と同様に太鼓腹をした口の悪い頑固親父《おやじ》なのだが、その名のとおり貴族である。カー／ディクスンのファンに叱《しか》られるかもしれないが、名前が伏せてあったら、正直なところ私にはこの二人の名探偵の区別がつきそうにない（禿《は》げている方がメリヴェールだから、その描写が出てくれば判《わか》る）。皮肉屋で尊大な態度をとるけれど、愛敬《あいきょう》があって憎めない親父、という造形が、カー／ディクスンはよほど好きだったのだろう。作風だって、どちらも密室を中心にした不可能犯罪ものが大半だし、名義がこっちはカーだ、あっちはディクスンだ、といっても、私にとっては意味はない。ちなみに、H・Mのモデルはブラウン神父の生みの親であるG・K・チェスタトンだそうな。

「妖魔の森の家」について、作者自身が「パリからきた紳士」とともに自分の短編で最高傑作だ、と言い、この作品が「エラリー・クイーンズ・ミステリマガジン」に掲載された際には、フレデリック・ダネイ編集長（コンビ作家であるクイーンの片方）によって「探偵小説の理論と実践に関するほぼ完璧《かんぺき》なお手本だ」というコメントが添えられている。カーの自賛とクイーンの絶賛の後に、有栖川有栖の賛辞を並べてもお笑いぐさだが、これは本当に傑作だ。密室ものの傑作と言うにとどまらず、本格ミステリはこう書け、というテキストとしても読めるぐらい。

物語は、H・Mが若いカップル（ビルとイーヴ）からピクニックに誘われるところから始まる。イーヴにはヴィッキーという従妹《いとこ》がいた。ヴィッキーは十二、三歳だった頃に鍵《かぎ》のかかった部屋から姿を消したかと思うと、一週間後にまた忽然《こつぜん》と鍵のかかった部屋に出現して眠っていた、という奇怪な経験を持っている。消えていた間にどこで何をしていたのかを尋ねても「知らない」と答えるだけだった。その従妹もまじえ、二十年前の事件があった別荘に行くのだという。

H・Mは誘いを受け、四人は料理を詰めたバスケットを持って妖魔の森へと出掛ける。小悪魔的な魅力を発散させるヴィッキーは、その道中で、自分には「非物質の世界に浸透していく能力」があると話す。

やがて、森の近くに建つ荒れ果てたバンガロー風の別荘に到着すると、ポーチのテーブルで食事を楽しんだ後、ビルとヴィッキーは二人きりで別荘内に消える。イーヴが様子を窺《うかが》いに入ってみると、どの部屋もドアが閉ざされていた。従妹に恋人を獲《と》られるのではないか、とH・Mに不安を訴えるイーヴだが、ビルは森から戻ってきた。ヴィッキーが姿を見せないのを不審に思った三人は別荘の内部を捜すのだが……。

彼女は消えていた。裏口のドアも、全部の窓も、内側から施錠《せじょう》されているというのに、どこにもいなくなっていたのだ。まるで、非物質の世界に浸透していってしまったかのように。さらに戦慄《せんりつ》すべきことが起きた。闇《やみ》の中から、微《かす》かにヴィッキーの声が聞こえたのだ。——ああ、こわい！

シンプルでいて、強烈な謎である。二十年間、解かれていないミステリと、恐ろしげな名前のついた淋《さび》しい森の家という舞台が、物語を弥《いや》が上にも盛り上げる。このあたりのうまさは、希代の戯《げ》作者《さくしゃ》である作者の面目躍如《めんもくやくじょ》というべきだろう。あまりはったり臭い表現は使っていないのだが、少しずつ日が翳《かげ》っていき、消えたヴィッキーを捜しているうちに家が漆黒の闇に包まれるまでの描写など、本当にうまいものだ。

もちろん、謎が魅力的でムードたっぷり、というだけの作品ではない。トリックの巧妙さは言うに及ばず、真相にたどり着くための伏線が冒頭から縦横に張り巡らされていたことを知った時、読者は深いため息をつくだろう。登場人物の言動ににじんだ性格、各人の動き、H・Mが露骨に示した証拠物件、さりげない情景描写に隠された意味などなど、テクニックの限りが尽くされている。

また、本作のトリックは巧妙なだけでなく、ある種のグロテスクな凄味《すごみ》を持っているのも特筆すべきだ。結末で真相を語る時、H・Mの顔は幽霊のようにまっ青に変わり、その手は震える。いったい、名探偵を慄然《りつぜん》とさせた真相がいかなるものだったのかは、読んでお確かめいただきたい。

ヴィッキーは消えたままなのかって？　それもここで書いては、お読みいただく時の興を削《そ》ぐだろうから控えておこう。

この作品のように密室から人（あるいは物）を消す仕掛けを消失トリックと呼ぶこともある。すべての密室トリックは密室から犯人が消えるわけだから消失トリックだ、とも言えるが、一般的には、消失ものは密室ものの一ジャンルと分類される。その消失ものこそ最も魅力のある謎である、という説を唱えた作家がいるのをご存知だろうか？　他でもない。カーとクイーンの二大巨匠だ。

占い師の予言どおりに伯爵《はくしゃく》令嬢が消失するカーター・ディクスンの『青銅ランプの呪』には、クイーンに寄せたこんな献辞が記されている。

「親愛なるエラリー　わたしは二つの理由でこの本を君に捧《ささ》げる。（中略）二番目は、本書で扱われている奇跡の問題の特殊性は――密室ではないのに――おそらく探偵小説における最も魅力的な仕掛けであるということで、我々の意見は一致しているからだ」

納骨所から死体が消える『火刑法廷』、プールに飛び込んだ男が水に溶けたように消える『墓場貸します』、またまた若い女性が並木道の緑のトンネルから消える「外交官的な、あまりにも外交官的な」など、カー／ディクスンは派手にあれこれ消しまくっている。

著者紹介

カーター・ディクスン Carter Dickson（一九〇六～七七）

ジョン・ディクスン・カー（P90参照）の別名義。ヘンリー・メリヴェール卿を主人公にしたもの（二二作）を含め、二六作を発表。代表作に『ユダの窓』『プレーグ・コートの殺人』『墓場貸します』『白い僧院の殺人』『一角獣殺人事件』『貴婦人として死す』などがある。

●別荘周辺
（位置関係図）

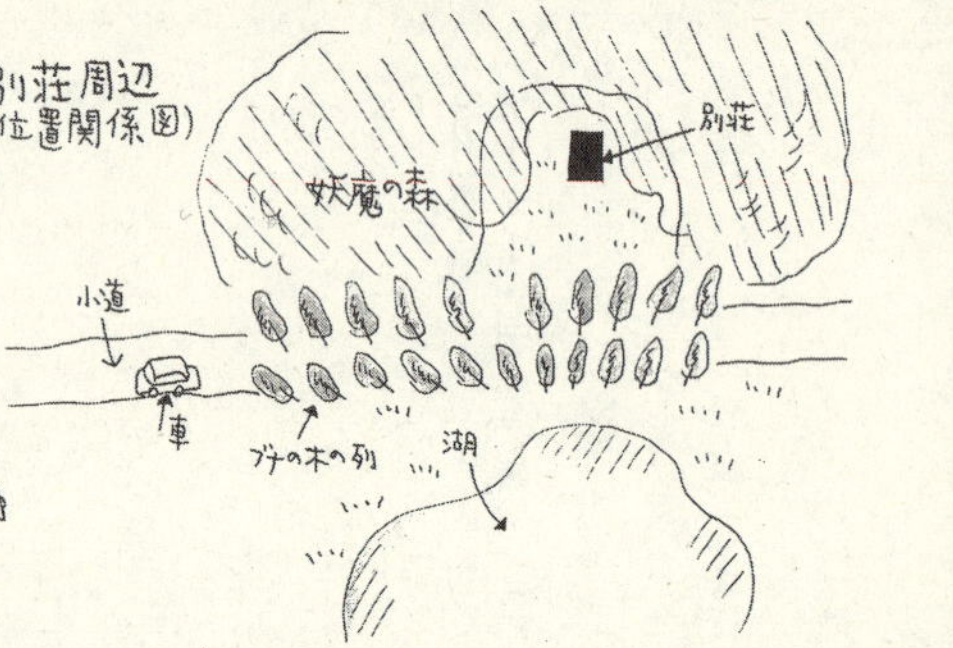

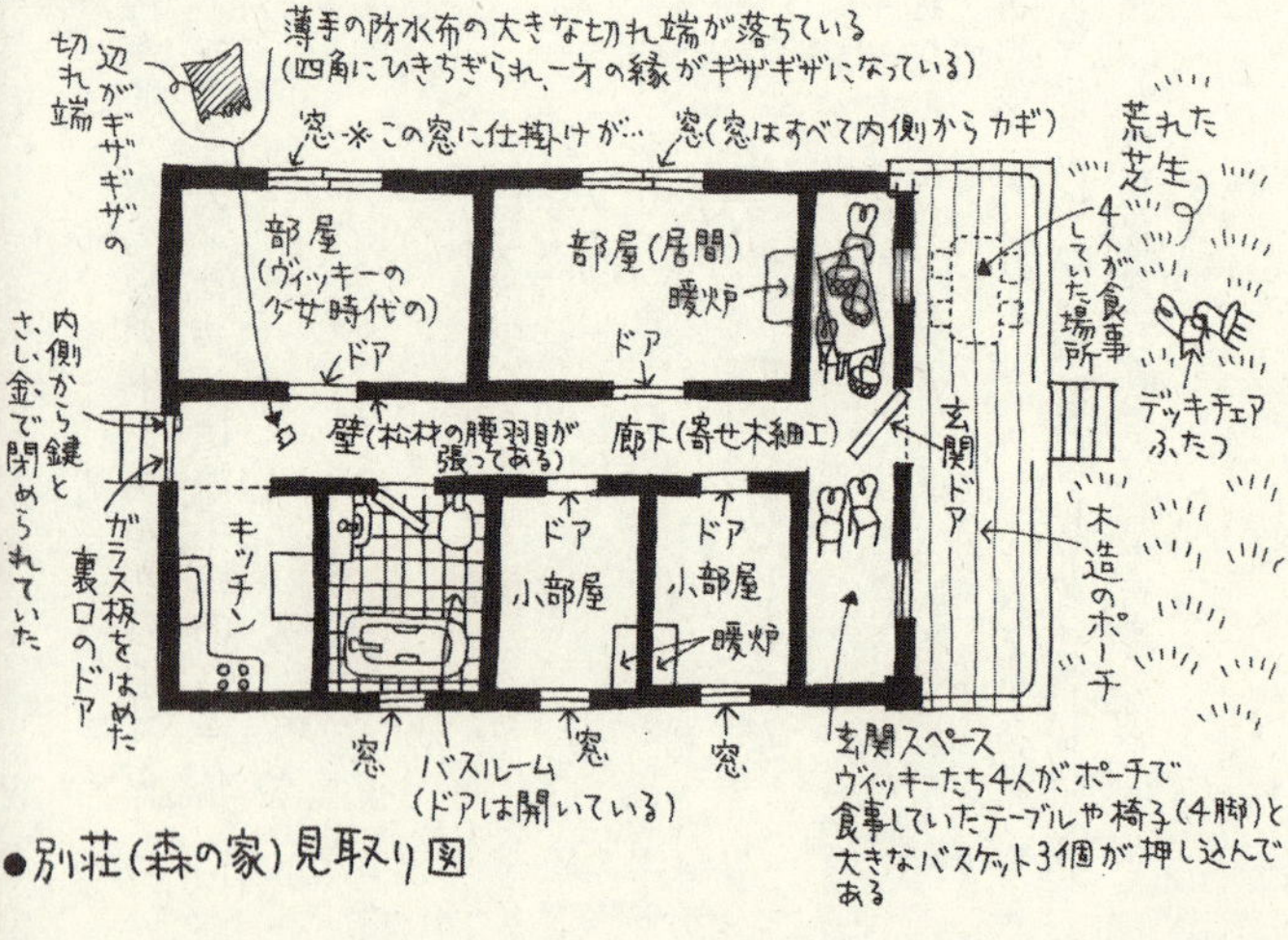

●別荘（森の家）見取り図

屋根はスレート瓦
ヴィッキー、探偵、男女ふたりの
4人は、このポーチで食事をとった

作画POINT

これは友人から奨められた後、僕も友人に奨めたり、しばらくの間、仲間の集う宴席での肴になったほどで、僕の気に入りの一冊だ。普通は人に押し付けたい場合、本を貸すものだろうが、この本だけは買うようにと言い、多くの友に奨めたにしては、背表紙が煙草のヤニで汚れたまま、僕の部屋の文庫本専用の棚に、今も納まっているのだ。それだけ気に入っていた作品なので、久し振りに再読でき、いくら気に入っている作品とはいえ、もしもこの仕事が回ってこなければ、一生読み返しはしなかったはずだと、これには感謝している次第である。

北イタリア物語（一九四八）

残酷な異世界のおとぎ話

トマス・フラナガン
Thomas Flanagan

ハヤカワ・ミステリ文庫

トマス・フラナガンが遺《のこ》した作品はあまりにも少ない。「エラリー・クイーンズ・ミステリマガジン（EQMM）」に掲載された短編がたった七本だけ。それらは日本で独自に編纂《へんさん》された『アデスタを吹く冷たい風』という薄い短編集にすべて収められている。この作者の経歴等は一切不明とされているので、私たち読者に与えられたものは、純粋に七つの短編のみなのだ。

そんな作者名も書名も聞いたことがないぞ、という方がいらしたら、すぐにこのフラナガンのたった一冊の著書（全集と呼んでもいいか）を捜して買うことをお薦めする。本書はハヤカワ・ポケットミステリ発刊四十五周年を記念して実施された

〈復刊希望アンケート〉で並みいる強豪を押しのけて第一位を獲得し、一九九八年十月に復刻された。永らく絶版が続いたため、古書店でとんでもないプレミアムがついていたのが記憶に新しい。しかし、重版部数がよほど少なかったのか、復刊直後から「もう売り切れている！」という悲鳴があがっていた。だから、今から新刊書店を回っても棚にはないかもしれないのだけれど……。

フラナガンの作品は、優れた着想をよく練った好短編というレベルを超えている。私が連想するのは、諧謔《かいぎゃく》と逆説とトリックに満ちたチェスタトンの小説だが、ブラウン神父ものの陰画のような風合いも感じる。おそらく、七作中の四作で探偵役を務めるテナント少佐の造形と彼を取り巻く世界のせいだろう。その肩書から判《わか》るとおりテナントは職業軍人である。彼が生きているのは地中海に面した架空の小国。そこは名ばかりの〈共和国〉で、革命によって政権を奪取した〈将軍〉と呼ばれる冷血な独裁者が恐怖政治を行なっている。権謀術数が渦巻き、暗殺も日常茶飯事だ。政情はいまだ不安定。民は貧しく、密輸などの不正も後を絶たない。ブラウン神父が心に抱く神の国とは程遠い世界なのだ。

「アデスタを吹く冷たい風」のテナントは、国境線の向こうからどんな手段で銃が持ち込まれているのか突き止めよ、と命じられる。いくつもの可能性が否定された末に、テナントは最後に残された盲点を見破る。「獅子のたてがみ」「良心の問題」は足をすくうような逆転を伴った絶品。「国のしきたり」の密輸トリックも、ひねりが効いている。

ここでは密室ものを紹介しなくてはならないので、「北イタリア物語」（短編集『アデスタを吹く冷たい風』には「玉を懐《いだ》いて罪あり」の題名で収録）の話に移ろう。

こちらはテナント少佐ものではないが、舞台はやはり、ある種の異世界である。時は十五世紀末。場所はイタリア北辺の地に建つモンターニョ城。イタリア進攻の機を窺《うかが》うフランスを懐柔するため、ローマのボルジア家がフランス王に献上するはずだった緑玉が、地下の宝物室からなくなるという事件が起きる。慌《あわ》てたのは城主のモンターニョ伯とボルジア家からの使臣だ。献上品を受け取りにきた特使の面前で肝心の品が盗まれた、などと言えるはずがない。すぐに犯人を捕まえなくてはならないのだが、事件の様相は普通ではなかった。

フランス王からの特使を大広間の酒宴でもてなした後、伯爵《はくしゃく》は彼に献上品を見せるため、穴倉になっている宝物室へと階段を下りていった。［モンターニョ城の聳え立つ丘陵を、地底ふかく刳り抜いてある。奈落の底は、天井も低く、窓ひとつ見ぬ窖《あなぐら》である」。と、二人いた警固の衛兵のうちの一人は首を刎《は》ねられ、もう一人も負傷して倒れていた。緑玉は紛失している。階上の大広間には大勢の者が酒宴を開いていたので、誰も出入りしていない。窓のない宝物室には、もう一つ扉があった。「石の壁に、石の扉が、目立たぬように嵌め込んであった」。それを開けると「石扉の外は茫漠たる空間だった。空と太陽。眼下は、遮るものひとつない、一千フィートの断崖であった」。

それを見せられた大公の使臣は、窓の傍らの腰掛けに座り込んでしまう。奇蹟が起きたのだろうか？　だが、伯爵は「盗賊は秘宝を長さ一千フィートの綱に結び、この扉から山裾《やますそ》まで垂らしたのだ。よって、負傷した衛兵のノフリーオが共犯者かもしれぬ」と冷徹に推理する。ノフリーオは聾唖《ろうあ》者だった。そこで伯爵は、彼に絵を示しながら尋問をするのだが……。

中世北イタリアが舞台のミステリといえばウンベルト・エーコの『薔薇の名前』（一九八〇）が浮かぶが、あちらは時代がさらに二百年遡《さかのぼ》る。本作は歴史ミステリの体裁になっているが、フラナガンは「今、ここでない、どこか」で謎解きがしたかったのだろう。そこはテナント少佐が生きている〈共和国〉と同様、恐怖が支配的な世界である。そんな中で権力者から困難な任務を与えられた主人公たちは、おのれの良心と折り合いをつけながら、論理的であろうとする。このことはすでに一つの逆説だ。恐怖が支配的な世界とは、筋を通すことが封じられた世界なのだから。にも拘《かか》わらず、本作でも「アデスタを吹く冷たい風」でも、作中人物たちは論理という言葉をしきりに口にする。「論理はつねに役立ちます」、「ロジックはつねに正しい」、「それでは、理に適《かな》いませぬ」、「論理の上から申せば」。恐怖の中にあっても、論理の糸をたぐること。それが良心の細い尾根をたどることに通じるのだ、とフラナガンは異世界のおとぎ話めかして語っているようだ。そう、「良心の問題」でテナントは言っていた。「時間つぶしに、おとぎばなしを聞かせて進ぜよう」と。「北イタリア物語」は残酷な物語である。その冷たさの意味は、最後の一行によって了解される。そこで驚きたいのなら、一つご注意を。本作を「玉を懐いて罪あり」のバージョンで読む場合、冒頭の訳註《やくちゅう》（当時のイタリアの政治情勢をまとめてある）は、小説を読了した後に読むこと。「北イタリア物語」バージョンでは、同じ訳註が末尾になっているので問題はない。――ちなみに、本作に出てくる「獅子の勇猛と狼の狡智だけに偉大さがある」というフレーズを、別のところで目にしたことはありますか？

フラナガンのデビュー作であるこの小説は、うだるように暑い夏の夜に二時間で書かれたのだそうだ。また、作者は書き上げた後も、これが密室ものであることに気づいていなかったという。

著者紹介

トマス・フラナガン Thomas Flanagan（一九二三〜）

生年以外の経歴は不詳。短編の名手だが、十数年間に七編しか発表していない。本編「北イタリア物語」で「ＥＱＭＭ」誌の一九四八年度第四回年次コンテストで処女作賞を獲得。軍人で警察官でもあるテナント少佐を主人公にした短編「アデスタを吹く冷たい風」で第七回「ＥＱＭＭ」コンテストの第一席を得ている。

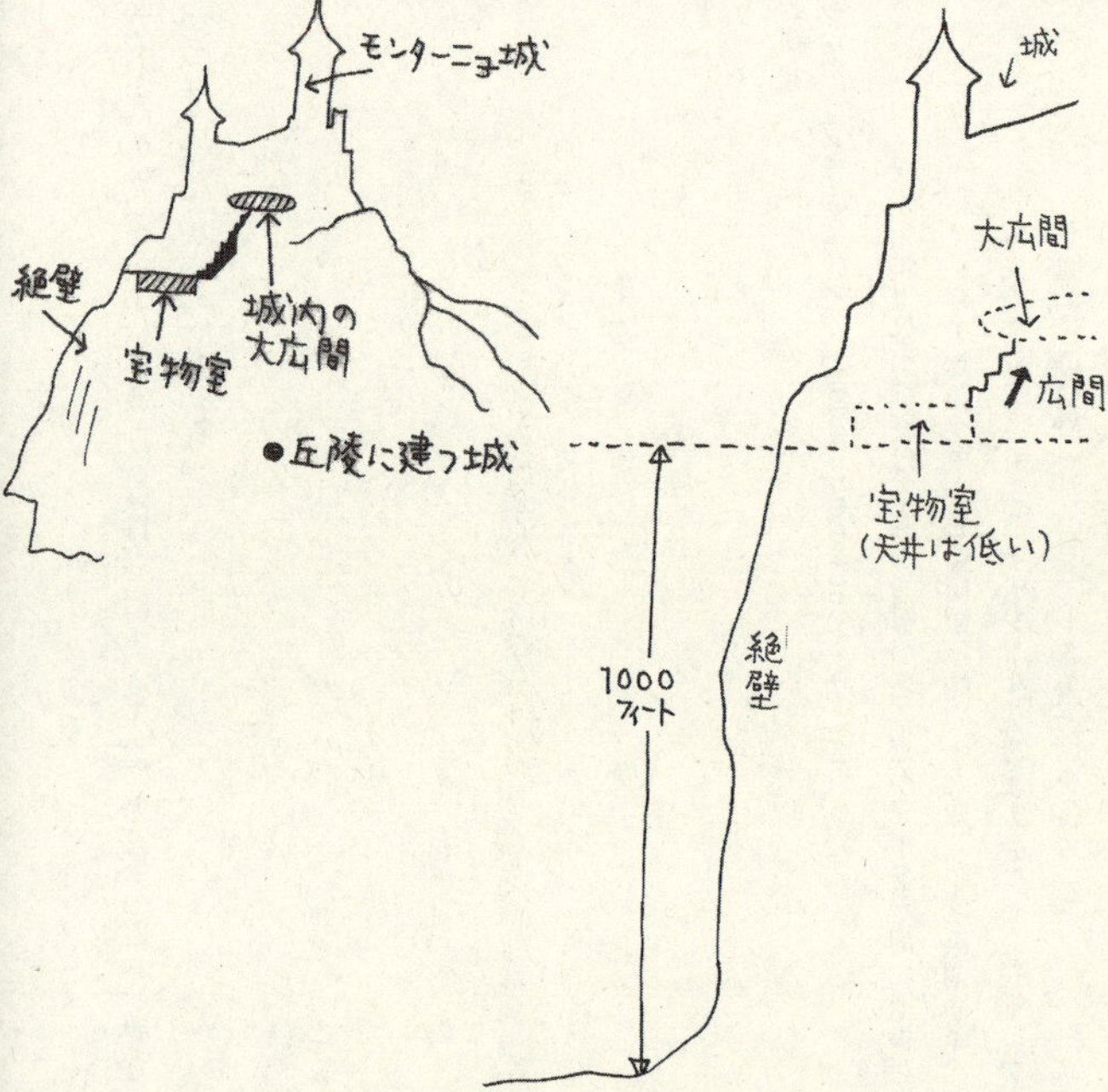

作画POINT

これも知らなかった作品だ。仕事とはいっても、知らない作品を読むのは不安なもので、まず面白くなかった場合の覚悟が要る。通常読書というものは、店頭で初めて知った本でも、あるいは知人に奨められた場合でも、読む前には自分の意志で、自分で納得して読むのだから、面白くなければ中途で止めるのもまた勝手なのだが、仕事絡みで読まねばならない書物の場合、自分の好みではないからといって、止めるわけにはいかないのだ。それだけに「どうか、読むに耐えられますよう。願わくば面白い本でありますように」と祈りながら読み始めるのである。が、この作品、読んで得をした一冊で大いにやる気を起こさせられたのだった。

●モンターニョ城
この城内の宝物室から、
献上品の「緑玉」が
なくなった。

51番目の密室（一九五一）

〈豪快系ベスト5〉の大掛りなトリック

ロバート・アーサー

Robert Arthur

ハヤカワ・ポケット・ミステリ

本項を書くにあたって、ロバート・アーサーの著書を何冊か読んでみた……というと、首を傾《かし》げる方がいるかもしれない。短編がいくつか雑誌に載ったり、アンソロジーに収録されているだけのロバート・アーサーに著書なんてあったか、と。あるんです。ただし、いずれもジュブナイル。謎々めいた暗号を散らしたり、盗品の隠し場所トリックをメインに持ってきたり、色々と工夫していた。ここで紹介する「51番目の密室」を児童向けにリライトしたものもあり、「ミステリマガジン」九八年三月号で読むことができる。

ロバート・アーサーは、「ガラスの橋」と「51番目の密室」という二つの密室ものの作者として知られている。私が読んだのはこれ以外に短編がもう数本だけだが、他にもいくつか本格ものの佳作があるらしい。

「ガラスの橋」はこんな話だ。二月三日の午後のこと、若い女が「一時間たっても私が出てこなかったら、殺されているということだから警察を呼んでね」と言って、落ち目の探偵作家の家に入っていったきり出てこない。警察が踏み込むと、家の中には作家しかいなかった。彼は「女はゆすり屋だ。金を払ったら帰った」と言うが、家の周囲に降り積もった雪には、女が入った時の足跡しかない。作家は「私がガラスの橋を渡って、どこかへ死体を運んだのかもしれない」ととぼけてみせる。しかし、もしそんな透明の橋があっても、心臓が悪くて家を出ることもない彼には無理だった。六月になって、作家の家から四分の一マイルも離れた谷間でその女は凍死体で見つかる。作家が犯人だとしたら、どうやって死体をそんな遠くに運んだのか？　死体発見現場の近く、崖《がけ》の斜面の木にベッドの敷布がひっかかっていた、というのがヒントである。

率直に言って、私はこの解決を読んで失望した。イメージは悪くないのだけど……。稚気満々のトリックを面白いと感じることもあれば、がっかりすることもある。どこにその分かれ目があるのだろうか、と考えたけれど、よく判《わか》らなかった。こういう大胆なトリックをずらりと並べて、①面白くて感心した、②あまりに馬鹿馬鹿しくて笑えた、③つまらなくてがっかりした、に分類するゲームをしてみたらどうか。①と③に意見が割れることはよくある。何を②と判定するかによって、その人の本格ミステリに対する嗜好《しこう》や趣味が顕《あらわ》れるだろう。

私の判定では「ガラスの橋」は③、「51番目の密室」は①。ちなみに、本書で私が選んだ四十のトリックはすべて①である。

「51番目」の冒頭、落ち目の探偵作家（またかよ、嫌だな）のマニックスはアメリカ探偵作家クラブのパーティ会場で、先輩作家のワゴナーが得意顔で話すのを聞かされる。曰《いわ》く［密室を抜け出す方法としては、完全に新機軸のものだと思うんだ］、［建築技法を利用したにはちがいないが、完全な《密室》と呼ぶに不足のないもので、その点だれだって文句のつけようがないと思う］。それは彼が創案した五十一番目の密室トリックなのだそうだ。マニックスは羨望《せんぼう》する。

だが、その数週間後、ワゴナーは自宅で何者かに殺害される。驚いたことに、首が切断されていて、現場は密室だったという。もしかすると、犯人は被害者の最新のトリックを実践したのではあるまいか？　その謎を解いて本にすればベストセラーになる、と信じたマニックスは、調査のために現地に赴く。それは、林間の小径《こみち》を抜けたところに立つ石造りの小舎《こや》だった。屋根は平らで、軒が低く張り出している。がめつい所有者は〈殺人小舎を見よ！　すべて発見当時のまま〉と入場料を取ってそれを公開していた。

入ってみると、タイプライターを置いたデスクに向かって首のない蠟《ろう》人形が座っていたり、書棚の上のビール用陶製コップに蠟の首がのっていたりする。首なし死体は倒れないように紐《ひも》で支えてあって、手はそれぞれタイプライターに結びつけられていた。タイプ用紙には［――わが最後の秘密］とだけ打たれている。首を切った古い鋸《のこぎり》は、暖炉の上にひっかけてあった。また、暖炉には大量の紙を焼却し、灰を掻《か》き回した形跡が遺《のこ》っていた。現場はたしかに、新聞が報じていたとおりの密室状況である。

［二カ所のドアは、一インチ幅の板を隙間なくならべて打ちつけてあった。三個の窓も同様に釘づけされて］おり、［技術陣はその建物が、あらゆる箇所において正常であることを立証した。堅牢な壁、堅牢な屋根、煙出しのひろさはわずか数インチ］

かなりパロディ色が強い作品で、初めのパーティ会場の場面では、ディクスン・カーやレックス・スタウトやジョルジュ・シムノンやらが、ぞろぞろと実名で登場する。多分、楽屋落ちもまぶしてあるのだろう。マニックスがワゴナーを羨《うらや》むところも傑作で、何とか相手のアイディアを聞き出して「ああ、それでしたら、数年前に使われていますよ」と言いたくて、うずうずしたりする。また「ワゴナーを殺したのは彼のプロットを盗もうとした同業者ではないか」と考えて「まさか」と否定するのだが、「すばらしいプロットは、銀行預金とおなじこと」と思い直したり、「しかし、トリックを盗むのが目的だったら、それを実践したりしないのでは」と混乱したりするのもおかしい。また、犯人が現場を密室にした理由は独創的で、ここは、くすっと笑うところでしょう。

トリックは、とても大掛りなものだ。〈豪快系〉と呼ぶのがふさわしいかもしれない。本書の中では、『そして死の鐘が鳴る』「蜘蛛」「燈台鬼」『人狼城の恐怖』と並べて、〈豪快系ベスト5〉としておこう。実のところ、私はこの小説を読む前から、トリックだけは知っていた。初めて聞いた時は呆気《あっけ》にとられて「それ、面白いけれど、どうやったらできるの？」と興味をそそられたものだ。読んでみると、まずまず納得できるようには書いてある。

飛鳥高《あすかたかし》の「二粒の真珠」、鷲尾三郎《わしおさぶろう》の「風魔」、赤川次郎《あかがわじろう》の『三毛猫ホームズの推理』（島田荘司の『斜め屋敷の犯罪』は少し違うか）などのトリックが、本作に近いテイストを持っている。何故か日本の作品ばかりだ。また、「五十一番目」を真《ま》似《ね》た有栖川有栖の『46番目の密室』は、題名以外には、密室ものを得意とした作家が殺される点が似ているだけである。

著者紹介

ロバート・アーサー　Robert Arthur（一九〇九～六九）

フィリピン生まれ。パルプ・マガジンに数多くの短編を寄稿。オチのきいた短いパズラーを得意として、「謎の足跡」でシャーロッキアーナ特別賞を受賞。本編「51番目の密室」は〈探偵小説家のための探偵小説賞〉を受賞している。晩年は、「ヒッチコック・マガジン」の相談役兼常連作家として活躍した。

プレートには、
「殺人小舎を見よ！すべて
発見当時のまま」と書いてある。

●ワゴナーが住んでいた
石造りの小舎

作画POINT

イラストにするのは、苦労もなく楽しくはあったけれど、不満も多い作品だった。だが小説に対する不満なので、ここでは述べないことにする。ここでの僕の役割は、イラストレーターに過ぎないし、このコラムのスペースもイラストレーター側の、絵を描くに当たっての苦楽や裏話や感想を述べよとの指示なのだから……。

首は、陶製
コップの
上に!!
ビール用
陶製コップ
タイプライター
首なし死体は
両手をタイプライターに
結びつけられて
いた。
こちら側の暖炉には、
大量の紙が燃された
形跡がある。

帝王死す（一九五二）

パズル派クイーンの密室殺人

エラリー・クイーン
Ellery Queen

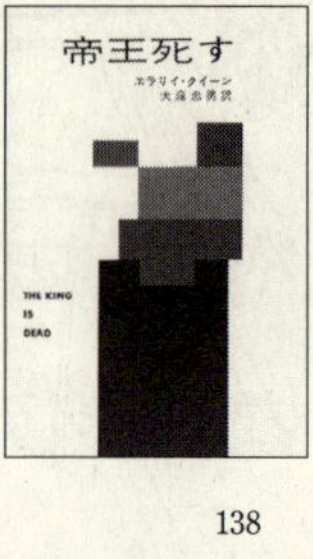

★ハヤカワ・ミステリ文庫

〈アメリカの探偵小説そのもの〉とも呼ばれたクイーンは、マンフレッド・リーとフレデリック・ダネイという従兄弟《いとこ》同士のコンビ作家だ。黄金期を、いや本格ミステリを代表する巨匠である。その作風は、フェアプレイ精神にあふれていて、どこまでも論理的。名探偵エラリー・クイーンを主人公とした『オランダ靴の謎』『ギリシア棺の謎』など国名シリーズには、解決編の直前に〈読者への挑戦〉が挿入された。中期の『災厄の町』から作風が変化し、テーマが文学的・神学的になるにつれてエラリーは探偵という存在の根拠に悩みながらも、妖気《ようき》を孕《はら》んだ刀のような推理を振り回し続ける。また、作者が生んだもう一人の名探偵ドルリー・レーンの四部作も名作の誉れが高い。書誌学にも通じていてアンソロジストとしても活躍。彼が編集した「エラリー・クイーンズ・ミステリマガジン」は、世界最高のミステリ専門誌である。

さて、そんなクイーンと密室との関係はどうなっているのか？　あの『Locked Room Murders and Other Impossible Crimes』によると、彼の作品のうち密室トリックが出てくるものは長編で四作、中短編で十六作となっているが、「これのどこが密室？」という例がいくつか混じっていて、純粋な密室ものはいくつもない。長編の四本にしても、「うーん、言われてみれば密室かも」が二作（『アメリカ銃の謎』と『ニッポン樫鳥の謎』）。残る二作から、本書では堂々たる密室ものの『帝王死す』を採り上げる。もう一作の長編は……『×××』と伏せておこう。「聞かなくても知ってるよ」という方も多いだろうが、書かない。それが密室ものだと言うと、その作品の犯人が判《わか》ってしまうからだ。本格には、こういう例がままある。クリスティのアレとかね。

物語の幕が上がるなり、エラリーと父のリチャード・クイーン警視は、自宅に押し入った男たちによって半ば拉致《らち》され、アメリカのどこにあるとも知れない島に連れていかれる。そこは、世界中に兵器を売りさばいて巨万の富を築き、帝王《キング》と呼ばれるケイン・ベンディゴの島だった。驚くべきことに、その島には工場や研究所だけでなく、国家そのものがあった。絶対的権力者の帝王は、私設の海軍や空軍まで持っていたのだ。クイーン父子が連れてこられたのは、ケインに宛《あ》てた〈あなたは殺される――〉という日付指定の脅迫状の送り主を突き止めるためだった。

脅迫状が日時だけでなく、時刻まで指定したところで犯人が判明する。脅迫者は、ケインの次弟、酔いどれのジュダであった。彼は、兄が空前の大量殺戮《さつりく》を煽《あお》っていることが赦《ゆる》せなかったのだ。殺人予告時刻は、ケインが機密室で妻とともに執務することになっている時間だった。帝王はその予定を曲げずに部屋にこもり、ジュダは書斎でクイーン父子らの監視下に置かれる。それで事件は起きないはずだった。何しろ機密室は「壁も、床も、天井も二フィートの厚さがある――かたい鉄筋コンクリートだ。窓は一つもない」、「ただ一つの入口は――ドアだ。ドアは一つしかなく、金庫のドアと同じスチールでできている。実のところ部屋全体が金庫みたいなもの」なのだ。空調から毒ガスを送ったりできないよう番兵が配置されるなど、警備も抜かりなく行なわれる。そして、ケインが妻と機密室に入る直前にも、エラリーは部屋中を入念に調べて不審なものがないことを確かめた。

予告された時刻、真夜中十二時が近づく。機密室と廊下を挟んで向かい合った書斎で、ジュダは拳銃《けんじゅう》を構える。そのワルサーに弾丸が入っていないことは確認ずみだった。バカげている、と思いながらも、エラリーは漠然《ばくぜん》とした好奇心にとらわれる。空の拳銃の照準をぴたりと機密室に向けて、彼は何をしようとしているのか？十二時ちょうどに、ジュダは引き金を引いて涙声で言う――「殺した」。エラリーは、ジュダが狂っていることを確信しながら機密室の様子を見にいく。ドアの前で武装して見張っていた者たちも、異状を感知していなかった。それなのに、錠を開けてみると夫人が床に倒れており、ケインは椅子《いす》に座ったままぐったりしていた。左胸に弾丸を射《う》ち込まれて。弾道テストによると、彼の胸から摘出された弾丸は、ジュダの拳銃から発射されたものだった。

まさかそんなことできないだろう、と思いながら息を詰めて読んでいたら、そうなってしまった。ウィリアム・アイリッシュばりのサスペンスフルな展開だ。しかも、現場は密室ときている。エラリーは機密室内に拳銃がないことも、ドアや壁に穴がないことも、鍵穴《かぎあな》から狙撃《そげき》するのが不可能なことも、室内に秘密の仕掛けがないことも確認する。夫人は、ケインが射たれたショックで気絶しただけだった。彼女の話によると、十二時ちょうどに夫が胸に穴をあけてのけぞった瞬間、銃声も聞いていないし、煙も見ていないというのだから、謎はますます深まる。クイーンが創《つく》った中でも、とびきり難解な謎だろう。

とても面白い小説なので、一読をお薦めする。密室トリックは意表を衝《つ》いているし、いかにもクイーンらしい論理的な推理も満喫できる。その上で、クイーンに心酔することでは人後に落ちない私は言いたい。——やはりクイーンは密室ものが下手だ。

どうにも資質に合っていないようなのだ。それは、犯人が密室殺人を企てた理由について、エラリーに［起訴を免れるだろうから］と言わせるセンスにも窺《うかが》えるし、クイーンが創ったいくつかの密室は、たいてい同工異曲（どういうふうに似ているか書けないのがつらい）で発想に飛躍と広がりが乏しい。避けてきた密室を『帝王死す』で持ち出したのは、ピークを過ぎてなお本格ミステリに挑み続けた彼（彼ら）らしい模索なのだろう。

ミステリは、マジックやパズルとは異なるものの、やはり似た側面がある。密室の帝王ディクスン・カーは、明らかにマジックを指向したが、クイーンはパズル派だ。その指向性は『帝王死す』にも色濃く出ている。あるリストを提示して「さて、何か気がついたことはありませんか？」と読者に問いかける場面が、真相究明の最大の伏線なのだ。マジシャンはマジックの演出を極めようとし、パズル出題者は解法（ヒント）の洗練と答えの意外性を追求する。マジックは、種を知ってその意外さに二度びっくり、ということもあるけれど、解法の美しさなど想定の外だ。だから解法の求道者《ぐどう》クイーンに合わないし、あの『×××』は犯人あてとして失敗したのだ。

著者紹介
エラリー・クイーン　Ellery Queen
アメリカのニューヨーク生まれの推理小説家、フレデリック・ダネイ（一九〇五～八二）とマンフレッド・ベニントン・リー（一九〇五～七一）の合作ペンネーム。処女作『ローマ帽子の謎』に始まる「国名シリーズ」などで古典的推理小説を完成させた。代表作に『ギリシア棺の謎』『エジプト十字架の謎』『Xの悲劇』『Yの悲劇』『災厄の町』『九尾の猫』など多数。アンソロジスト・編集者としても大きな足跡を遺す。

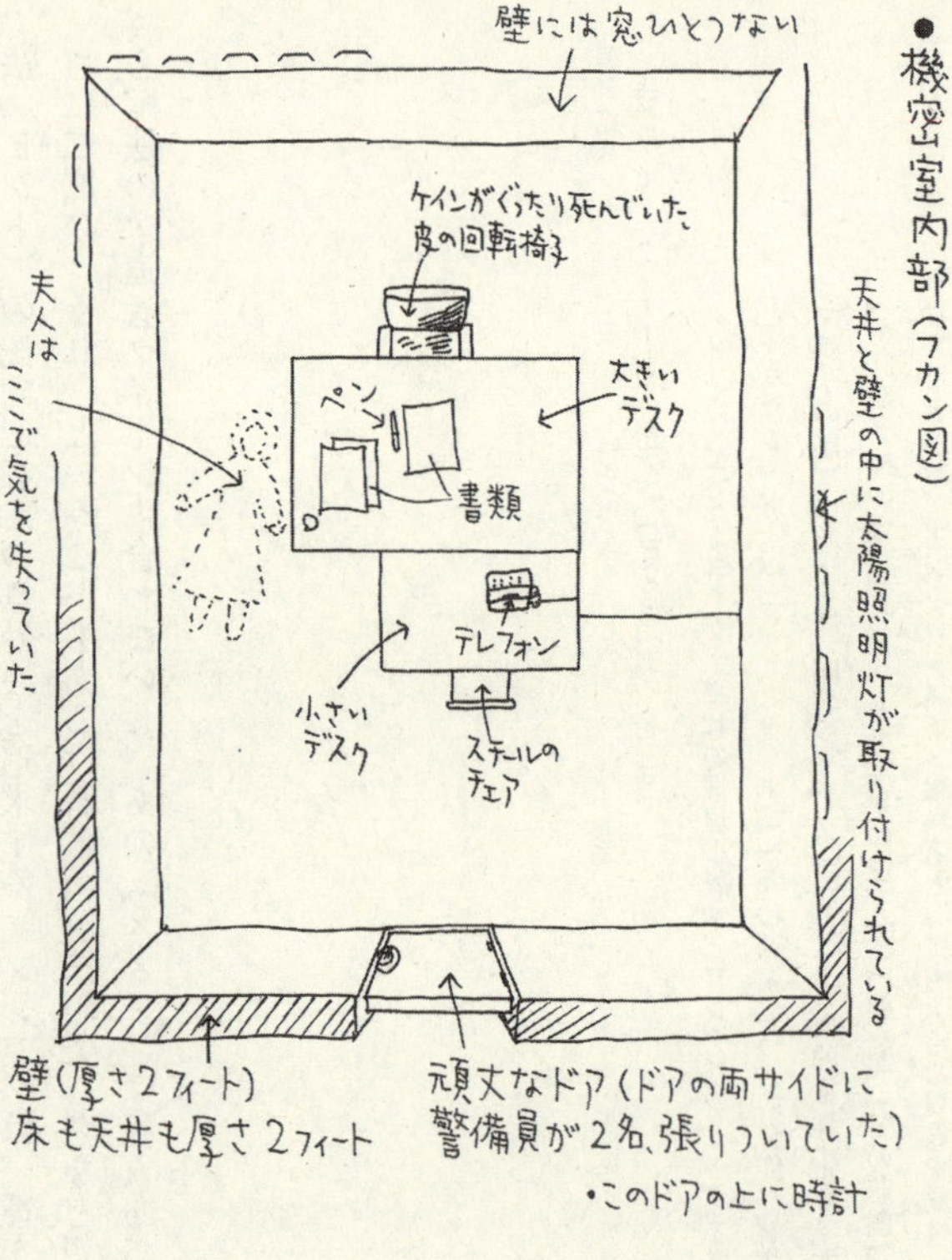

作画POINT

〈絵描きが悩まなかったベスト5〉の一つ。読むのも、考えるのも、絵にするのも実に楽しく、仕上がったこの絵もシンプルなわりには、気に入っている。

苦労の多い作品群の中で、こういうのにぶつかると、なんだか肩の凝りも癒され、苛々も吹っ飛んでくれるからありがたい。

帝王ケイン・ベンディゴの所有する、
まさに〈国家〉そのものの島。
・工場・研究所のみならず、私設の
空・海軍まで揃っているのだ。

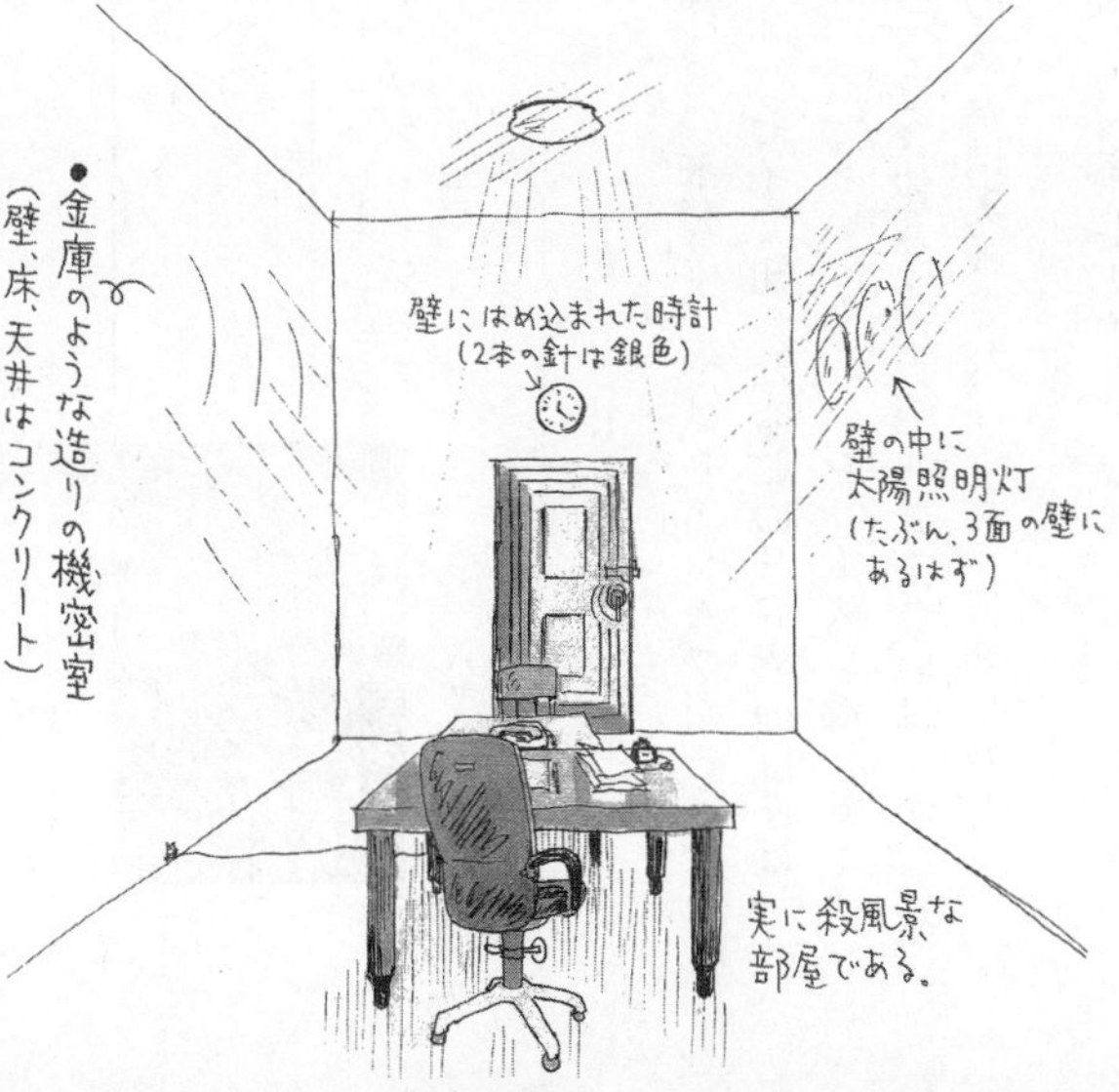

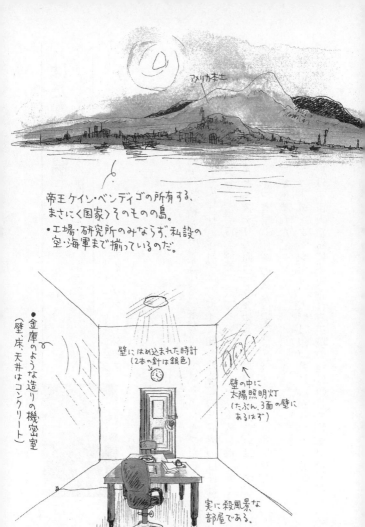

はだかの太陽（一九五七）

SFと本格ミステリの面白さを合体

アイザック・アシモフ
Isaac Asimov

ハヤカワSF文庫

SFとミステリの両方に功績があった作家の筆頭は、やはりアシモフだろう。「銀河帝国」シリーズなどの傑作群や科学エッセイで知られるこのSF界の巨匠は本格ミステリも愛しており、「黒後家蜘蛛の会」という楽しいシリーズを遺《のこ》してくれた。そんな彼が、SFとミステリの面白さを合体させたら、と考えないはずがない。「黒後家蜘蛛」よりずっと早くにその試みは実践され、SFミステリの古典『鋼鉄都市』（一九五四）が生まれた。

舞台ははるか未来のニューヨーク・シティ。人類は銀河系に広がってたくさんの国家を形成するが、地球は宇宙人たちに蔑視《べっし》される辺境の地に堕してしまった。環境汚染と人口爆発の結果、人々はドーム都市の中で暮らしている。主人公のベイリ刑事（どこがはるか未来なんだ、というぐらい昔気質《かたぎ》のデカ）は、ある日、困難な任務を命じられる。宇宙市で宇宙人が殺されたので、重大な外交問題に発展する前に犯人を検挙せよ、というのだ。宇宙人らが派遣してきたR・ダニール・オリヴォーなる人間そっくりのロボットを嫌々パートナーにして、ベイリの捜査が始まる。状況は非常に不可解であった。シティと宇宙市をつなぐ通路を通った者がいないのだ。両市には、その通路以外にも無数の出口がありはしたが、犯人がそれを利用することはあり得ない。地球人にとって、野外を歩くことはあまりにも恐ろしくて不可能だったからだ。野外を歩けるのはロボットだけ。だが、ロボットはどう命令されても殺人はできない。いったい誰が、どうやって犯行をなしたのか？〈広義の密室〉に分類できる不可能犯罪ものである。「でも、SFだろ。作者はいくらでも自分に都合のいい理屈や道具を出せるじゃないか」と言う方がいるかもしれないが、アシモフは卑怯《ひきよう》な手は使わない。物語の中でルールはきちんと提示されるのでご安心を。事件の真相そのものもさることながら、捜査の過程でベイリが次々に出す仮説も本格ミステリ的でうれしくなる。このようにSFやファンタジーの世界をミステリに移植した作品としては、科学ではなく魔術が進歩したパラレルワールドを舞台にした『魔術師が多すぎる』などのランドル・ギャレットが有名。わが国にも、死者が甦《よみがえ》る異常事態下で連続殺人が起こる山口雅也《やまぐちまさや》の『生ける屍の死』という傑作がある。また、西澤保彦《にしざわやすひこ》は時空のゆがみや超能力を折り込んだ大胆な設定の作品を矢継《やつ》ぎ早《ばや》に発表している。「でも、やっぱりそういうのはＳＦだろ」と言う方がいたら、「そんなこと言ったらシャーロック・ホームズは読めませんよ。電話もない非現実的な世界の話なんだから」と反論したい。

『はだかの太陽』は、三年のインターバルを措《お》いて書かれた『鋼鉄都市』の続編。前の事件の経験を買われたベイリは、高度なロボット文明を持つ惑星ソラリアで発生した殺人事件の捜査を命じられ、再びダニールとコンビを組んで捜査に当たる。リケインという学者が実験室で殺された事件で、妻は「悲鳴を聞いて駈《か》けつけたら夫が頭を殴られて血だらけで死んでいた。部屋は誰もおらず、誰かが逃げる足音も聞いていない」と証言する。が、〈誰も〉という表現に誤解があった。地球人が「このテーブル以外、誰もいなかった」とは言わないのと同じで、実は動作に混乱をきたした一台のロボットが死体とともにいたのだ。機能も職務も不明の見知らぬロボットが。言語機能も損壊したそれは「おまえはわたしを殺すつもりか」という言葉のみを反復する。そいつの犯行だったら事件は解決だが、ロボットは絶対に人はずの人間ならば被害者がそばに寄せつけなかった人間を殺せない。かといって、生身の人間ならば被害者がそばに寄せつけなかったはず。またしてもベイリは密室殺人の謎に直面したのだ。

今回も興味深いルールが採用されている。それはソラリアの文明の有り様だ。かの星の人口は極めて少なく、人々は一人ずつ領地を管理して暮らしている。社会の維持管理から家事まで労働はすべて夥《おびただ》しい数のロボットがこなし、「一つの部屋を一つの目的のためにしか使わないのが伝統です。ここは図書室です。そのほか音楽室、体育館、台所、パン焼き室、食堂、工作機械室、ロボットの補修とテストのためのさまざまな部屋、二つの寝室――」という具合で、住居は広い。そんな世界の住人たちはしだいに人間関係を稀薄《きはく》化させていき、対面しないどころか、肉眼で見合うことすら忌避《きひ》するようになる。夫婦でさえも！　従って、ベイリの聞き込み調査ももっぱら映像を介して行なわれる。このあたりのＳＦ的設定は、古びて陳腐になるどころか、携帯電話やインターネットに没入する現代人の成れの果てを予言しているようだ。もちろん、こんな彼らの生態は謎解きのための重要な伏線になっている。

密室ものの豊かなバリエーションの好例として、ぜひとも本書に採りたかった。磯田氏もＳＦのイラストが入ると気分転換ができるかも、と思ったのだが……読み返してみると犯行現場の描写が乏しくて、原作のままでは絵にならない。ご苦労かけます、磯田さん。

ロボットに人が殺せないのは、〈ロボット三原則〉がプログラムされているからだ。

第一条　ロボットは人間に危害を加えてはならない。
第二条　前条に反しないかぎり、ロボットは人間の命令に従わなくてはならない。
第三条　前の二条に反しないかぎり、ロボットは自分を守らなくてはならない。

これはアシモフが作品化した原則だが、彼の作品世界内では絶対。作者は、実にうまくこれを活用する。連作ＳＦ短編集『わたしはロボット』には異常なふるまいをする様々なロボットが登場するのだが、その言動の謎が三原則によって解明されるため、ミステリとして読んでも面白い。たった三つの原則でふるまいが規定できるとは、ロボットも哀れな存在だ。しかし、実は人間にしたところで大した違いはなく、われわれが抱く激しい欲望だって本質的には「まぁ、なんて機械的な」と呆《あき》れるようなメカニズムで生じていることが多い。そして、複数の原則が葛藤《かっとう》を起こした場合に理解しづらいふるまいに走る。人間が描けていない、と皮相で紋切型の批判を浴びやすい本格ミステリは、時としてそんな人間に張りついた機械的なるものを照らし出し、読者をはっとさせるのではあるまいか。

ベイリとダニールは『夜明けのロボット』やいくつかの短編でも活躍。ベイリ亡《な》き後もダニールは『ロボットと帝国』（全ソラリア人が惑星から消えてしまう）に登場する。

著者紹介

アイザック・アシモフ　Isaac Asimov（一九二〇～九二）

旧ソ連出身で、三歳のときにアメリカに移住、のちに帰化。コロンビア大学博士課程を卒業し、多くの科学解説書を書いている他、SF界最大の著作量を誇っている。ヒューゴー賞五回、ネビュラ賞を二回受賞している。SFとミステリの二つの分野で功績を遺した。SFがからまないミステリ長編に『象牙《ぞうげ》の塔の殺人』『ABAの殺人』がある。

ベイリ刑事がロボットを従え
乗ってきた飛行物体
(いわばパトカーだ)。
●惑星ソラリア

●助手のロボット・ダニール（人間そっくり）
しかし、ロボットに宇宙服を着せるのは、
へんかな…。
POLICE
POLICE
●ベイリ刑事
他の星から来るのだから、
こんな姿か？

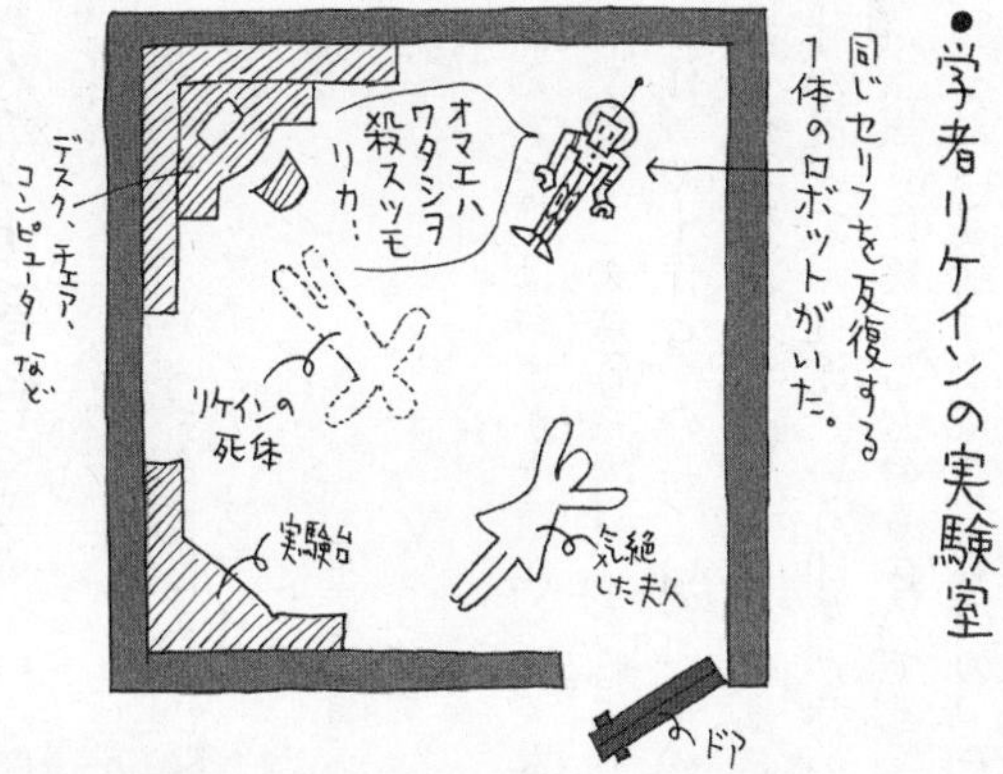
●学者リケインの実験室
同じセリフを反復する
1体のロボットがいた。
オマエハ
ワタシヲ
殺スツモ
リカ！
デスク、チェア、
コンピューターなど
リケインの
死体
実験台
気絶
した夫人
ドア

作画POINT

ミステリファンといっても、僕はSFやホラーは苦手で、いかに密室ものであっても、これを読まねばならないことにはかなり抵抗があった。それで、それとなく編集部に、有栖川氏に他の作品と換えて頂くわけにはいかないものか、と嘆いてみたり、有栖川氏が、どうしてもこれをとり上げたいとおっしゃる理由を聞き頷けた後でも、やむなく読み進めるうちに、やはり具体化できそうにないと、これは最後の最後まで、逃げたいがために、取り掛かるのを渋っていた作品だった。だが、おかしなもので、それだけ渋っていた作品なのに、逆に渋りすぎたためにこだわっていた時間が長かったからか、いつしか愛着が湧き、最後にはけっこうルンルン気分で描けたのには自分でも驚いた。

ジェミニー・クリケット事件（一九六八）

スリルあふれる謎解きのやりとり

クリスチアナ・ブランド Christianna Brand

『51番目の密室』ハヤカワ・ポケット・ミステリ

創元推理文庫

ブランドが生涯に遺《のこ》した長編ミステリはわずか十四作だけ。本格ものに絞れば十指に満たない。が、その中には文句なしの傑作やマニアを唸《うな》らせる佳作が含まれている。同じレベルの長編を三十作、四十作とものしていたなら、第四の巨匠になっていただろう……というのは、ブランドファンの私の見解である。

ブランドの書く本格ものは味が濃密で、硬派という印象が強い。犯人を追及する過程で繰り広げられる推理は、空振りに終わるものも含めて非常に論理的だ。容疑者たち全員がひととおり疑われるという話はよくあるものの、それぞれが犯人だと目されるに足る論理的な根拠がある、という高度な技はなかなか真似《まね》できるものではない。

世評が高いのは、戦時下の病院を舞台にした『緑は危険』、遺産相続をめぐる殺人という古典的な設定の『自宅にて急逝』、舞台上で役者が殺される『ジェゼベルの死』、ロンドン名物を巧みに使った『疑惑の霧』、シリーズ探偵のコックリル警部が地中海のリゾート地で殺人に巻き込まれる『はなれわざ』など。『緑は危険』は一級の犯人探し。推理がアクロバチックに転々とするのは『自宅にて急逝』と『ジエゼベルの死』。特に後者では、容疑者全員が「私がやった」と告白しだすほどの錯綜《さくそう》ぶり。ラスト一行でトリックが割れる『疑惑の霧』や、題名どおり破天荒なトリックが登場する『はなれわざ』の大胆さも凄《すご》い。

ハードな本格派・ブランドの密室ものはというと、殺人現場である離れのロッジと母屋《おもや》を犯人が行き来した痕跡《こんせき》がない『自宅にて急逝』と、衆人環視の中での殺人を描いた『ジェゼベルの死』が該当する。後者のトリックは斬新《ざんしん》で、かつ鬼気迫るものがあった。短編の「スケープゴート」もひねりの利《き》いたトリック小説の秀作だが、やはりブランドの密室ものといえば「ジェミニー・クリケット事件」だろう。ブランドの、というより、密室ものの傑作である。

物語は若い男（ジャイルズ）と老人の会話だけで成り立っている。老人に促されるままに、ジャイルズは、養父だった弁護士のトマス・ジェミニー老が殺された〈謎の密室殺人〉について話し始める。老人は「わしに謎解きをさせてほしいんだよ」と言うのだ（本作には「マーダー・ゲーム」という別題がある）。

殺人現場は養父の事務所だった。「ドアには内側からかんぬきがかかってあり、窓が割れていた。割れた窓ガラスのふちが、いまだに小刻みにふるえていましたよ。ところが部屋は四階なんです。被害者は首を絞められ、そのうえ椅子に縛りつけられて、刺されていた。傷は真新しく、警察が部屋にとびこんだときには、まだ傷口から血が流れてた。なのに部屋にはだれもいなかった」。

警官たちが駈《か》けつけたのは、ジェミニー老から助けを求める電話を受けたからだ。彼らが到着した時、部屋の前には養子の一人、ルーパートが立っていた。呼ばれてきたらドアの下から煙が洩《も》れていて、いくら呼んでも返事がないのだ、という。そこでドアを破ったところ、彼らは前記のような不可解な状況に直面する。

現場から警察にかかってきた電話も、あまりにも奇怪だ。デスクが燃えている、助けてくれ、という意味の言葉の他に、「どこへともなく消えていく」「窓」と言ったり、「長い腕が……」と恐怖の叫びをあげたというのだから。何を言おうとしたのか理解できない。窓から犯人が出ていった、と告げているようでもあるが、「向かいの屋根からロープと滑車を使って、綱渡りをしたなんて考えないでください。あるいは、壁面のでっぱりとか、ペンキ屋の使う吊りかご式の足場とか——そういう仕掛けはぜんぶ考慮されたうえ、可能性なしと除外されたんです」。

だが、驚くのはまだ早い。この一時間後、二マイルほど離れた同じ町内をパトロールしている巡査から、「どこへともなく消えていく」「長い腕が……」という電話が本署に入るのだ。巡査が電話をかけてきた公衆電話をつきとめて急行すると、やはりガラスが割られていた。そして、百ヤードほど離れた古い工場跡から巡査の死体が見つかるのである。

さて、この作品をまだお読みでない方、いかがです。ぞくぞくするでしょう？ここまで聞いても読みたくならなかったらミステリファンではない！……と言いたいほどだ。森英俊《もりひでとし》は『世界ミステリ作家事典［本格派篇］』のブランドの項で、本作を「古今の密室テーマの短編で3本の指に入る傑作」としているが、私も同感だ。トリックがよくできているだけでなく、その演出が抜群にうまい。まさに、ページからにゅっと長い腕が伸びてきて、首をつかまれるような戦慄《せんりつ》を感じる。

そんな事件の異様さをさらに盛り上げるのは、ジャイルズと老人のやりとりだ。全編、ジャイルズが事件について語る、老人が推理する、ジャイルズが否定する、という応酬なのだ。老人はこれをゲームとみなしているので子供の遊びに倣《なら》い、推理が答えに肉薄しているかどうかを「熱いか?」「熱くなってきたか?」と尋ね、ジャイルズは「非常に熱いです」「氷のように冷たいです」と応じる。老人が核心に近づくにつれて、ジャイルズとともに読者もどんどん熱くなっていくのだ。そのスリルは尋常ではなく、〈ミステリ史上最も迫力のある謎解きシーン〉の最有力候補であろう。二人の男が座ったままで、すでに過去のものになった事件について語り合っているだけなのに、これほどのスリルが生み出せるとは。理知の物語には、本格ミステリには、何と〈力〉があるのだろう。

本作には米国版(「ジェミニイ・クリケット事件」として早川書房の『37の短篇』に収録)と、英国版(「ジェミニー・クリケット事件」として創元推理文庫の『招かれざる客たちのビュッフェ』に収録)の二つのバージョンがある。作者自身は加筆訂正した英国版をよしとしているらしいが、北村薫《きたむらかおる》のようにそれに異を唱える読み手もいる。どちらもトリックなどは同じ。ただ、話の外枠にあたる部分の描き方に差異がある。実は、私も米国版に軍配を上げたいのだが、そちらがいいと断言する自信はない。えてして、クラシック音楽でも最初に聴いて好きになった演奏をずっと贔屓《ひいき》にしたくなるものだし……。

著者紹介

クリスチアナ・ブランド　Christianna Brand（一九〇七〜八八）

現マレーシアに生まれ、インドで育つ。イギリスのミステリ史上に異彩を放つ重鎮で、三〇年代の黄金時代を継承するパズラー作家。叙述の技巧に優れ、どんでん返しの連続による意外な結末が楽しい。切れ味の鋭い短編の名手でもある。代表作は本文を参照。

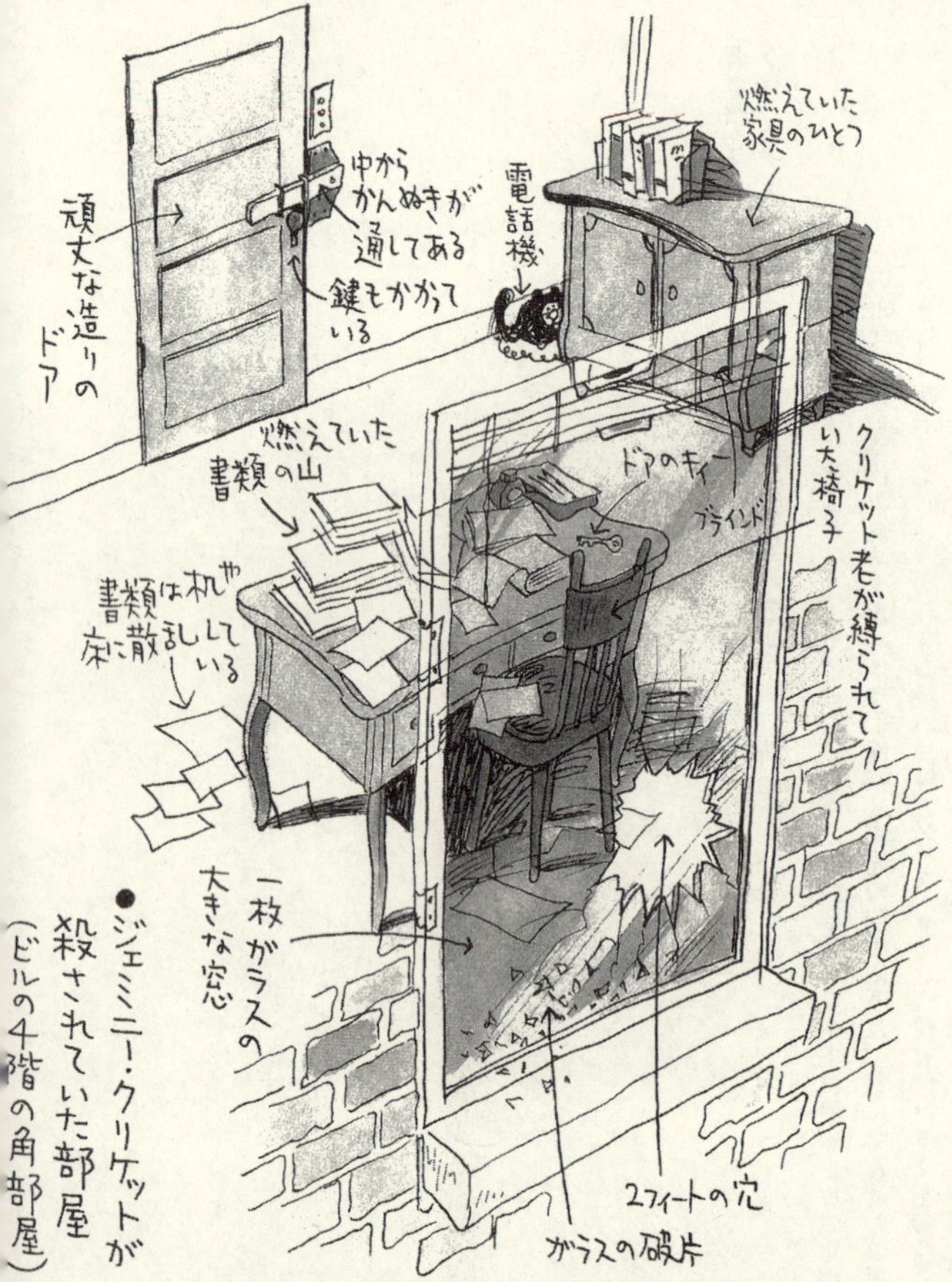

●ジェミニー・クリケットが殺されていた部屋（ビルの4階の角部屋）

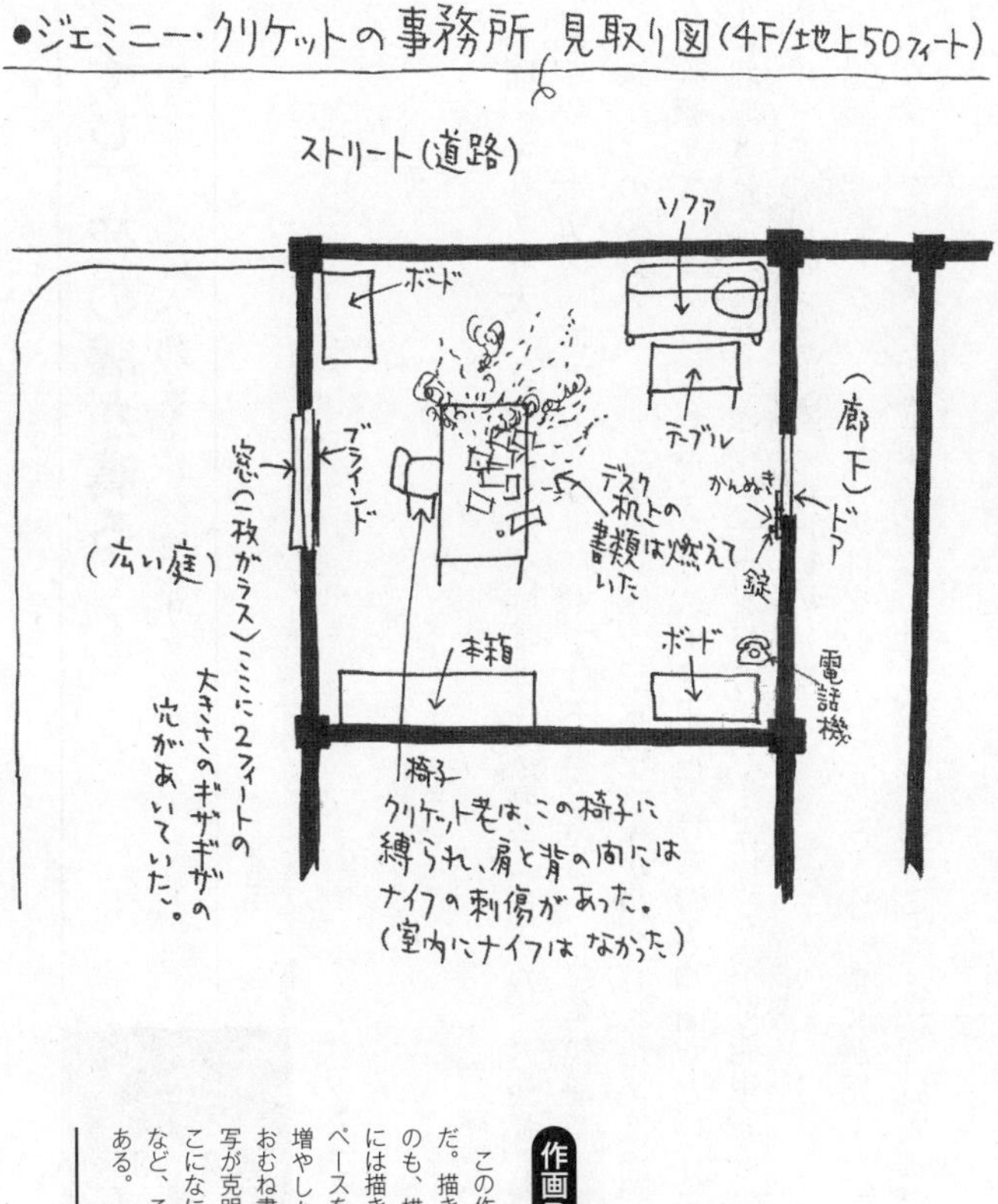

作画POINT

この作画は気に入っている1枚だ。描き文字での書き込みが多いのも、描き易かった証拠で、（中には描きようがないので、一部スペースを埋めるために描き文字を増やしたのも一、二点あるが）おおむね書き込みの多いのは状況描写が克明だから自信をもって、どこになにが、どのようにあったかなど、こちらも詳しく描けるのである。

そして死の鐘が鳴る（一九七三）

伝説となった破天荒で豪快な密室トリック

キャサリン・エアード　Catherine Aird

◆ハヤカワ・ミステリ文庫

本国イギリスで大人気を博し、英国推理作家協会（ＣＷＡ）の会長も務めたことがあるキャサリン・エアードは、日本では不遇である。八〇年代前半に〈アガサ・クリスティの後継者〉という触れ込みで三本の長編が紹介された後は翻訳がぷっつりと途絶えてしまい、短編は『クリスティーに捧げる殺人物語』というアンソロジーに収録された「晩餐会《ばんさんかい》の夜に」（毒殺トリックを扱った不可能犯罪もの）が読めるだけ。これはあんまりだ。面白いのに。

修道院で起きたシスター殺害事件を扱ったデビュー作『聖女が死んだ』はトリッキーなフーダニットで、巻頭には〈わたしの知りたいこと／一、犯人はだれか／二、犯人はそれをどのようにやったのか〉というそそる台詞《せりふ》（ある小説からの引用）が掲げられている。『死体は沈黙しない』では、シリーズ探偵のスローン警部が痕跡《こんせき》なき殺人をもくろんだ犯人を探す。本格ファンなら簡単に無視できないと思うのに……売れなかったんだろうな。

それも判《わか》る。エアードの作品は清潔感が漂うほど小ざっぱりしたフーダニットなのだが、けれん味やサスペンスに乏しい。本格ものに〈何か過剰なもの〉を求める性向がとても強い日本のファンには、ややアピール力が不足していたのだろう（クリスティのように何十冊もずらりと本が並んだら、これがまた売れたりすると思うのだが）。しかし、やや薄味であることを承知して読めば、エアードのミステリはなかなかに楽しい。私だってこってり好きだけれど、下品な味の濃い料理ばかり口にしていると舌が荒れる。

だが――

そんなエアードも平気で無茶なことをしたりする。ここで紹介する『そして死の鐘が鳴る』。この作品には、一部で伝説となっている破天荒《はてんこう》で豪快な密室トリックが登場するのだ。シリーズ第六作の本作が、日本で最初に訳されたのも頷《うなず》ける。舞台はケルシャー州の架空の町。その周辺の地方都市や田園地帯で起こる事件に、愛妻家のスローン警部やボケ役のクロスビー刑事が挑む。レギュラーのキャラクターが随所に配置されているのも、いかにも英国の田園派ミステリらしい。

とある夏の朝。フェネラ・ティンダルは、父親のリチャードが時間になっても起き出してこないことに首を傾《かし》げる。部屋に起こしに行ってみると父親はおらず、ベッドには寝た形跡がなかった。リチャードは無断で外泊したことがない。不安に駆られたフェネラは警察に届け出るのだが、署長からその話を聞いてもスローン警部は白けるばかりだった。大人の男が家をひと晩あけたぐらいで大袈裟《おおげさ》な、と。しかし、スローンはまもなく自分の間違いを知る。

人が死んでいる、という報《しら》せが川沿いの教会で改装工事をしていた作業員から入る。パイプや板が散乱した教会に駆《か》けつけたスローンに、鐘塔《しょうとう》の昇降口に通じるドア脇《わき》にいた作業員らは「悲惨な事故です」と告げた。ドアはごくわずかしか開かない。中を覗《のぞ》いてみると「教会の塔の底面は、おびただしい量の砕けた大理石で埋めつくされているように見えた。破壊された白い彫像の大量の破片が——足や首がばらばらになって——床の上に折り重なっているのだった。そしてそれがドアを二インチ以上あかなくしていたのだ」。砕けた大理石の山からは、上着を着た男の腕が突き出していた。警察が苦心惨憺《さんたん》して塔に入った後、それが行方不明のリチャードのものだと確認される。

彼の頭上に崩れ落ちたものは、［泣いている未亡人と、父の死をいたんでいる十人の子供たちの彫像］で、台座だけで高さが二、三フィートはある巨大なものだった。元々は教会の中にあったのだが、セントラル・ヒーティングの設置工事の邪魔になるので、十二人がかりで塔の方に移されていたという。勝手に倒れるものではないし、自分で［引き倒しながら、同時にその下にうつ伏せになって押しつぶされる］という奇矯《ききょう》な自殺もできない。かといって、何者かがリチャードめがけて石像を押し倒したのだとしたら、犯人は塔から脱出できなかった。庭に通じる奥のドアも大理石でふさがっていたからだ。屋上に通じるドアには錠が掛かっていたし、そこから出られたとしても外側からは高すぎて梯子《はしご》が届かない。現場に窓はなかった。

そんな状況をスローンから聞かされた署長は苛立《いらだ》たしげにうなる。［まさかまた例の密室のミステリじゃないだろうな、スローン。わしはそいつがまったくにが手なんだ］。しかし、掘り出されたリチャードは、圧死する前に殴られて気絶していたらしいことが判明するに至って、署長の不吉な予感は的中するのであった。

ものすごいことになっている密室だ。よほどすごいことをしないと、こんな密室はできない。最後に明らかになるのは、なるほど、すごいトリックだった。犯人はある現象を利用したのである。それが何かは、もちろんここでは書けない。よくぞアレを密室ミステリに使ったものだ。私はアレを利用したミステリの前例を一つだけ知っている。日本の昭和三〇年代の長編（現在では入手が難しい）で、そちらでは同じ現象がアリバイ・トリックに用いられていた。まぁ、『そして死の鐘が鳴る』の犯人にしても、わざわざ現場を密室にしたくてこんな真似《まね》をしたわけではないのだが――

エアードは薄味だと先に書いたが、堂々たる本格派であることが想像していただけたのではないだろうか。

ふわりとしたユーモアに富み、滋味豊かでいかにも英国本格らしいその著作は、久しく日本の新刊書店では手に入らないが、エアードは本国では押しも押されもしない大御所で、巨匠に贈られるＣＷＡのダイヤモンド・ダガー賞も受賞している。そして、八十六歳になる二〇一六年にもスローン警部ものの新作『Learning Curve』を発表しているのだ。私は、もっと彼女の作品が読みたい。

『そして死の鐘が鳴る』に話を戻して――実は、このトリックは現実には実行不可能だ。その様子を想像してみたら、うまくいきそうにないのが判る。石像が倒れる前に×××の×××が×××てしまうもの。しかし、それでもいいのだ。ミステリ上のリアリティ、形式論理的には充分に成立している。むしろ、「よく考えたら無理じゃないのか」と気づいた瞬間にこそ、私はにやりと笑ってしまったのである。

著者紹介
キャサリン・エアード　Catherine Aird（一九三〇〜）

イギリスのハダーズフィールドに生まれる。スコットランド系で、父の医業を手伝っていた。英ミステリの伝統に現代性を加え、知的ユーモアをちりばめた作風は多くの読者を獲得している。六六年に処女作『聖女が死んだ』を発表。長編小説の多くはスローン警部のシリーズ。戯曲や評論もある。

●改装工事中の教会

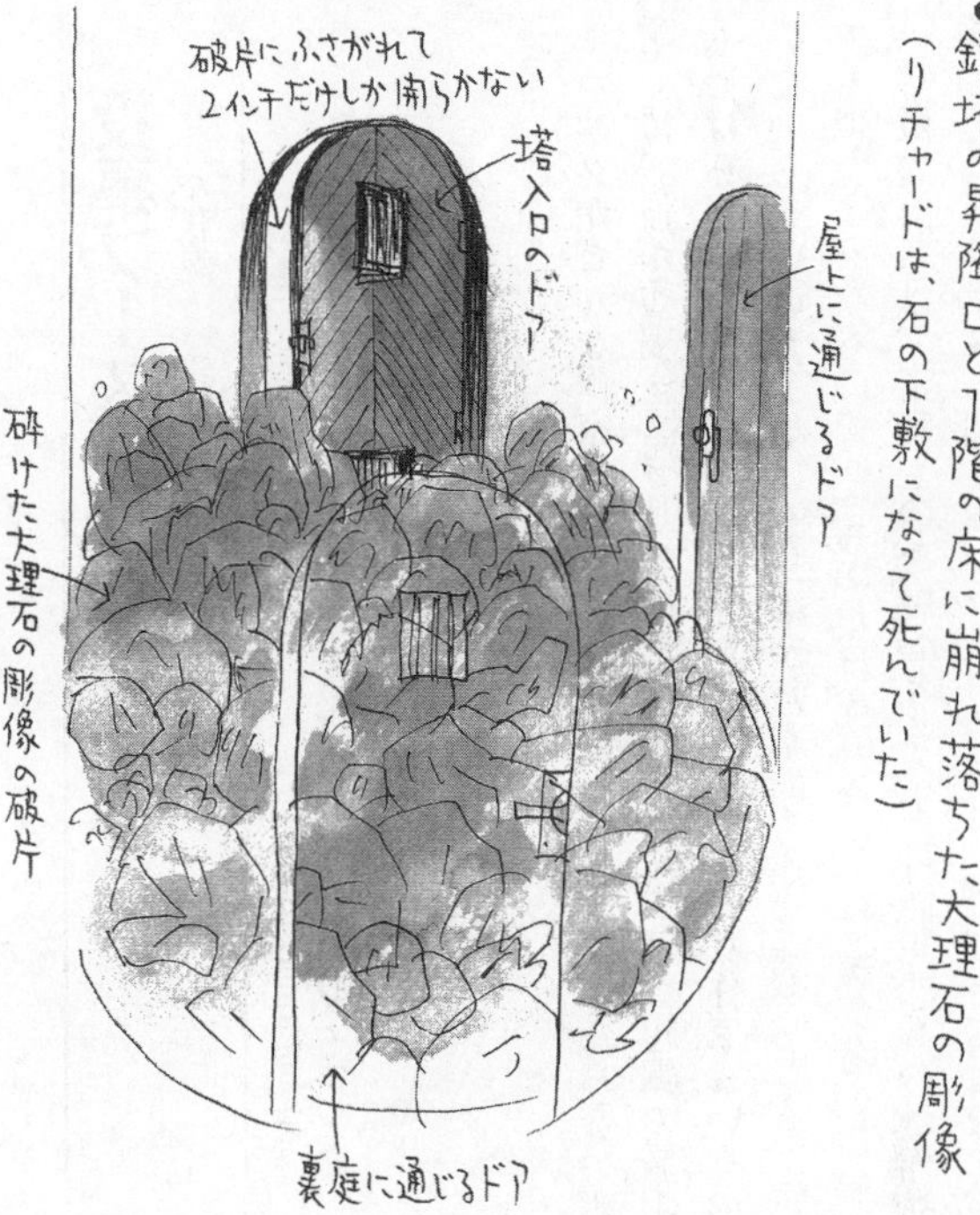
●鐘塔の昇降口と1階の床に崩れ落ちた大理石の彫像

作画POINT

名前すら知らない作家だが、有栖川氏が選ばれた作品だから、期待して読んだ。読んだけれど翻訳のせいか、あるいは原文もそうなのか、殺人現場の塔の形やその規模がよく解らないので困った。頭上から彫像が落ちてくるのだから、吹き抜けのはずで、おそらく階段も螺旋であるだろうに、塔の中、つまり二インチだけ開いた入口のある一階には、屋上に通じるドアがあるのだ。では螺旋階段ではないということになるし、螺旋状ではあっても階段は見えないことになる。とすれば問題は彫像がどこにあったのか、文章を読んでいるだけだと納得できるのに、イラスト化しようとすると、疑問にぶつかるのだった。

投票ブースの謎（一九七七）

異常な状況下で起きた事件の意外な結末

エドワード・D・ホック
Edward Dentinger Hoch

創元推理文庫

ホックがどんな作家か紹介する時に、はずしてはならないポイントが三つある。第一に、彼が短編ミステリの第一人者であること。短編の名手ならば大勢いるが、もっぱら短編を書いて活躍している現役ミステリ作家というのは、英米には彼しかいないらしいのだ（彼にも長編が数本あるが）。もっとも、短編不遇の事情は日本でも似たようなもので、「短編集は売れない」は編集者の口癖である。

特徴の第二は、密室ものを中心とした不可能犯罪ものが作品の多くを占めるということ。トリックに関するホックの情熱はただごとではなく、数でいけば世界最高のトリック・メーカーだろう。もちろん、数だけではなく質も高い。さすがに現代において瞠目《どうもく》するような画期的トリックを連発することは無理な相談であるものの、バリエイションの豊かさは誇っていい。

第三に挙げられるのは、多彩なシリーズ・キャラクター。二千歳に近いというコプト教の司教でオカルトがかった事件を解明するサイモン・アーク、最も多くの難事件とぶつかるレオポルド警部（後に警察を引退）、価値がないものであれば依頼の品を何でも盗んでみせる怪盗ニック・ヴェルヴェット、早撃ちガンマン探偵のベン・スノウ、二十一世紀の犯罪捜査組織コンピューター検察局などなど、実にバラエティに富んでいる。そんな中で、不可能犯罪もののナンバーワン・ヒーローといえば、サム・ホーソーン博士だろう。ホーソーンはニュー・イングランドの田舎町に住む開業医。これから紹介する「投票ブースの謎」を解くのも彼である。シリーズ・キャラクターの大安売りの感もあるが、短編ミステリ中心に営業していく上の知恵でもあるのだろう。これらの探偵たちの活躍ぶりが見たければ、日本で独自に編纂《へんさん》された短編集『ホックと13人の仲間たち』を読むのが一番。題名のとおり、十三人の探偵が登場する十三編の小説が収録されている。

ホーソーン博士が住むノースモントは小さな町のはずなのに、不可能犯罪が嵐のように押し寄せる不思議な町だ（それは言いっこなし？）。そして、一九二六年の選挙の際に発生した事件は、ホーソーンをして「あれは中でも一番不可能に見える犯罪だった」と述懐せしめるのである。

その選挙には、現職のレンズ保安官と新参者のオウスティスの二人が立候補していた。投票の当日、ホーソーンは看護婦のエイプリルと連れ立って投票所となった理髪店に赴《おもむ》く。そこには二人の立候補者や取材にきた新聞社のカメラマンの姿があった。カメラマンは両候補者が握手するところを撮りたがったが、オーティスは先に投票をすませようとする。用紙をもらい、カーテンが下りたブースに入ってマークをつけたら、すぐ外にある投票箱に投じる。それだけのことなのに、オーティスは五分近くたってもブースから出てこない。心配になった者が声をかけると、もうすぐ終わる、という返事が返ってきたのだが――

「しばらく待っていると、彼がカーテンを脇に引いて、出てきた。左手に折りたたんだ用紙を持ち、右手に鉛筆を持って、その顔には驚きの表情が浮かんでいた。／彼はおぼつかない足どりで二歩進み出ると、彼のシャツの前に血がついているのが見えた」

ホーソーンが支えようと飛び出したが、医者として手を尽くす間はなかった。彼は「殺人者……」「刺殺……」と言い遺《のこ》して死ぬ。確かに、胸についているのは典型的なナイフによる傷だが、彼はブースの中で完全に一人だった。カーテンの下から、ずっとその両脚が見えてもいた。ホーソーンはすぐにブースの中をあらためる。しかし、「木の台と、その上に置いてある二本の鉛筆のほかは何もない」「台の下と床の上を見た。黒いカーテンに触れてみて、ナイフが隠されていないことを確かめた。ブースのうしろにまわり、ナイフの刀がはいるような穴を捜した」が「何もなかった」。「ブースは三方が堅い木でできており、残りの一方にはカーテンがかかっていた。その中には、用紙にマークをつけるための台しかなかった」。

理髪店だから刃物はたくさんあるだろう、と捜しても凶器は見つからない。あまりのことに、「ブースに入る前に刺されていたのでは」「カメラマンのレンズからスプリング装置で氷製のナイフが飛び出したのでは」とか珍説が渦巻く。「透明人間が透明ナイフで」刺したとしか思えないのだ。

短い枚数の中に、異常な状況、仮説の検証、意外な結末を折り畳んだ手際《てぎわ》は、ホックならではである。おそらくこの作品は彼の最上のものではないにせよ、そんな手際のよさを鑑賞するのに好個のサンプルであろう。どうか、ご一読を。そうすれば、この次に投票ブースという〈小さな密室〉に入った時、本作を思い出してにやりとできるかもしれない。

ホックの密室ものに顕著なのは、状況の面白さだ。同じホーソーンものの代表作「有蓋橋《ゆうがいきょう》の謎」では、『マディソン郡の橋』で有名になったあの覆《おお》い付きの橋に入っていった四輪馬車と乗り手が、轍《わだち》の跡とともに中途で消えてしまう。「古い樫の木の謎」では、みんなが見上げる中でスカイ・ダイヴィングした男が絞殺《こうさつ》される。「十六号独房の謎」はフットレルの傑作に挑戦した脱獄もの。ノン・シリーズものには「長い墜落」という傑作がある。ビルの二十一階から飛び降りた男が消え、三時間四十五分後に落ちてきて死ぬのだ。とびきり素晴らしい謎の創出を含めての傑作である。

率直に言って、ホックの小説に手品の楽しみ以上のものを求めても得るものは少ない。賑々《にぎにぎ》しく活躍するシリーズ・キャラクターは〈愉快な仲間たち〉ではあるが、造形が浅くて仮装行列を見ているようだ。しかし、ホックはそれでいいのだ、と思う。「頭でこしらえた謎より人間の謎に興味がある」という作家は山ほどいるのだから、その反対の側に立つ作家こそ稀少《きしょう》である。

本書の序文でも紹介したが、ホックは『密室大集合』の〈まえがき〉で密室殺人や人間消失といったものこそ「本格推理小説の本質」と記している。そして「ミステリの多くがただの犯罪とか追跡のスリラーにすぎない今日、密室物や不可能犯罪の物語を手にする読者は、きっと真の謎ときの楽しさを味わえるであろう」とも。
それだけがミステリではないけれど、あなたはいいんだ、がんばれ、ホック!

著者紹介
エドワード・D・ホック Edward Dentinger Hoch(一九三〇～二〇〇八)
アメリカのニューヨーク州生まれ。謎解きの楽しみが満喫できる短編パズラーの第一人者。一九六八年「長方形の部屋」でMWA短編賞受賞。快盗ニック・ヴェルヴェット、レオポルド警部、オカルト探偵サイモン・アークなど多彩なキャラクターでも人気がある。代表作に『大鴉殺人事件《おおがらす》』『コンピューター検察局』『ホックと13人の仲間たち』『快盗ニックを盗め』など。

おそらく、こんなBarber shopが殺人現場だ。

●理髪店内の投票ブース 見取り図

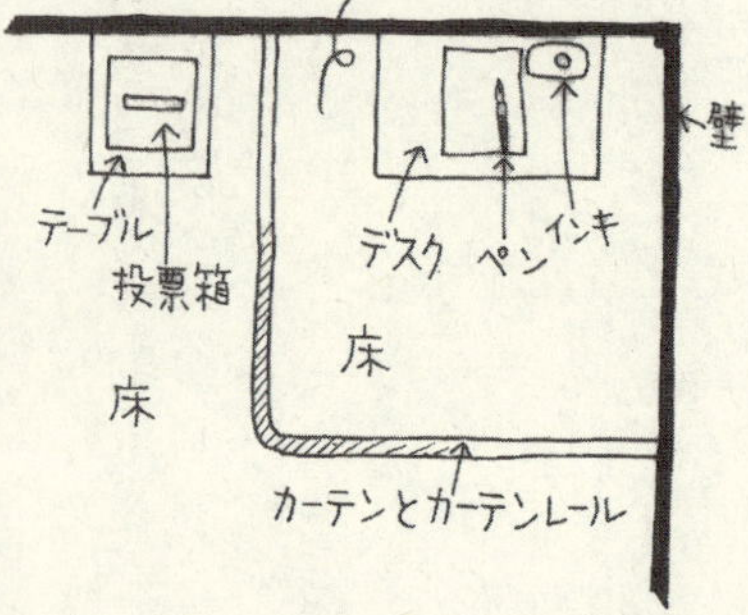

作画POINT

文句なしに気に入っているページである。作風も場所も時代も大好きだから、これもまた小さな小さな密室だが、周りの状況はまさしく絵になり、大変だった資料探しの苦労も、いざ資料を手に入れると忘れるほど、すぐにも描きたくてうずうずしたものである。

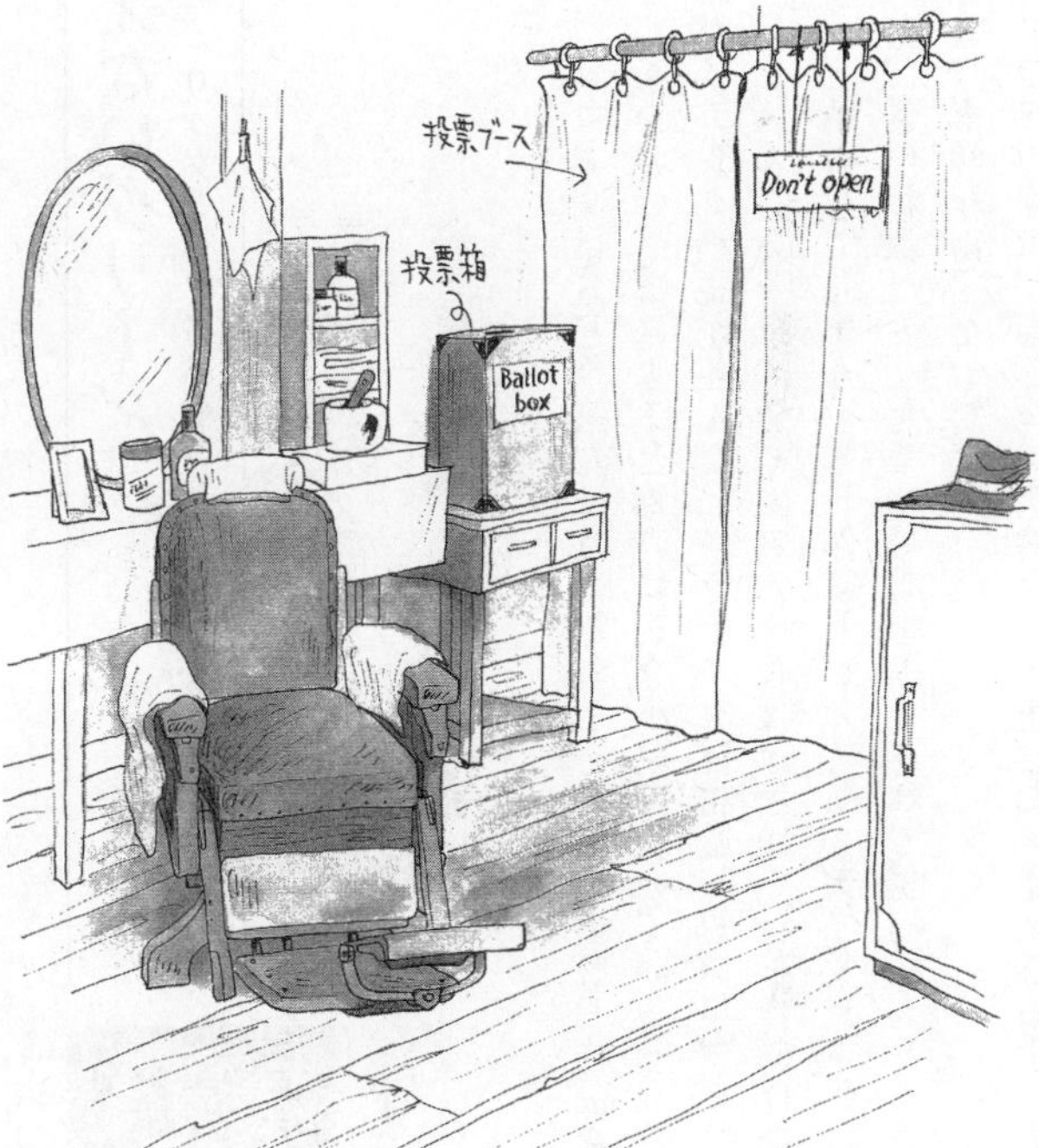

●1926年頃のニュー・イングランド地方の
Barber shop 室内想像図

見えないグリーン（一九七七）

冴《さ》えたトリックと様々な謎が楽しい本格ミステリの宝石

ジョン・スラデック John Sladek

◆ハヤカワ・ミステリ文庫

スラデックは本来はSF作家だそうだけれど、私は彼のSF作品を読んだことがない。ごめんなさい。噂《うわさ》によると相当に変な小説を書いているそうで、既存の枠からはずれたイカレタ小説が並んだ『スラデック言語遊戯短編集』（これには「密室」というナンセンスで濃厚なメタ・ミステリも収録されている）を読むと、そうなんだろうな、と納得してしまう。SF作家トマス・M・ディッシュと合作した『黒いアリス』も、さらわれた少女が薬物で肌を黒くされて誘拐犯人と不思議な逃避行をする、という奇妙な物語だった。

そんなスラデックは、あるコンテストに入選した「見えざる手によって」でミステリファンの前に現われる。主人公は〈心配事よろずひきうけます――当方、休暇中のアメリカ人、哲学教授、プロの論理学者でアマチュア探偵。難問を待つ〉という新聞広告を出す風変わりな男、サッカレイ・フィン。この短編は、「命を狙《ねら》われているから警備してくれ」と頼まれたフィンが見張っていた部屋で依頼人が殺されてしまう、というバリバリの密室ものだった。続いて発表した『黒い霊気』でもフィンが名探偵として登場。これまた降霊術をからめたオールド・ファッションの本格もので、密室から人間が消えたり、空中浮揚した人間が墜落死する、といったトリックが詰め込まれていた。よく考えられたトリック小説ながら、妙な味のする小説でもある。子供の頃から名探偵を夢見ていた、というフィンの設定からしてとぼけているが、物語全体に冗談めいたトーンが漂っているのだ。「男が二人でチークダンスをしているのを見た」というけったいな目撃証言の謎が解けた時の、あのおかしな気分といったら……。

才気があふれるあまりに普通でない小説ばかり書いてしまうスラデックが、こんなまっとうな本格ミステリ(冗談がまじっているのかもしれないけれど、豪速球なのは間違いない)を書いてくれることが、私はとてももうれしい。現代社会の問題を剔出《てきしゅつ》したり、人間存在の謎を描く、なんてお題目がついた〈退屈な大人に受けるよくできた小説〉は、普通に優秀な作家たちに任せておこう。普通でなくカッコいいスラデックは、そんなものを書かなくてもいい。

『見えないグリーン』は本格ミステリ長編の第二弾。と同時に、残念ながら彼の最後のミステリでもある。この作品は、かつて〈素人《しろうと》探偵七人会〉というミステリマニアのサークルに属していたメンバーが次々に殺されていく、という話だ。被害妄想の気味があって「グリーンに狙われている」と警戒していたストークス老人が自宅で死んだのを皮切りに事件が始まる。

現場は廊下脇《わき》のトイレ。パジャマ姿の被害者は、便器からずり落ちて床に座るようにして絶命していた。何故か、指先の爪《つめ》が割れている。壁のペンキが剝《は》げ落ちたそのトイレには窓がなく、頭も通らないほどの小さな換気口が一つあるだけ。死因は心臓発作。老人は強心剤を服《の》んでいたから、犯人と格闘していて発作を起こした可能性もあるのだが、現場は密室であった。まず、ストークスの身を案じたある婦人に頼まれたフィンが、夜通しその家を見張っており、誰も出入りしなかったことが確認されている。さらに警察の調べたところによると「あそこは密閉状態だった――表口と裏口は錠をかけ、ドア・チェーンをし、かんぬきが差してあったよ。窓という窓は長さ三センチの大釘《おおくぎ》で釘付けしてあってな。廊下には足跡がはっきり残るようにタルカム・パウダーがまいてあったし。階段には、一段か二段、糸が張りわたしてあってな。ありゃまさしく偏執狂だ——あの爺さんはあの家を要塞化していたんだ。入りこめる可能性はまるでない」という（でも、やっぱり殺人事件なんだけれどね）。

ストークスの死の後、メンバーらの身辺で奇怪な出来事が続く。ある者は窓からオレンジを投げ込まれ、ある者は家のドアに破った職業別電話帳《イエローページ》をナイフで留められ、故人となったある者の墓には青いペンキでクェスチョン・マークが描かれ……という具合で、どうやら犯人は虹《にじ》の色を七人に振り分けているらしいのだ。いったい何のために？　そして、姿なきグリーン氏は実在するのか？　最後まで残った色——赤をメンバーたちが思いもかけない形で目撃する時（ここは名場面）、悲劇の第二幕が上がる。

トリックが冴えているだけではなく、様々な謎と趣向、遊び心が全編に横溢《おういつ》しており、これほど本格ミステリの楽しさを満喫させてくれる作品はめったにない。主観で断じるならば、この作品が好きな人は本格ミステリが好きな人である（もちろん、その逆が必ず真であるとは限らない）。幸いにも日本では高い評価を受け、まだ容易に本が手に入るのだが、英米ではまるで評判にならなかったことが悔やまれる。しかし、それは（ミステリの本場だか何だか知らないが）本格ものを取り巻くあちらの状況が悪かったのだ、と言うよりない。日本のファンがこの宝石を守ればいい。

本作の解決でフィンが見せる推理は鮮やかなものだ。チェスタトン流の逆説で〈虹〉の謎を解き、クイーンのごとく論理的に犯人を指摘して、アリバイ工作だって見破ってしまう。犯行動機のうまく隠してあること。そして、ストークスを殺した密室トリックが素晴らしい。「馬鹿馬鹿しかったぞ」とか「あのトリックはギャグだ。笑った」という方がいるかもしれないけれど、私はあの発想に素直に感服した。〈馬鹿馬鹿しい派〉に対して〈ギャグ派〉は「洒落《しゃれ》が判《わか》らない人だね」と言うかもしれないが、私は〈ギャグ派〉に「本格ミステリと洒落は違うのでは」と異議を唱えたい。たとえスラデック自身に真意を尋ねたら「洒落だよ、洒落」と笑ったとしても。

というところで、「密室大図鑑」の海外編は終了。最後の作品が七七年のものというのが淋《さび》しい。ピーター・ラヴゼイの『猟犬クラブ』（一九九六）あたりで打ち止めにすることも考えたが、すでに席が埋まっていた。しかし、近年は英仏でもP・C・ドハティーやポール・アルテといったカーの後継者が人気を博しているという。〈密室〉という名の太陽黒点は、またもや活性化しつつあるらしいので、大いに期待したい。

ここでフィンの最後の台詞《せりふ》を引用しよう。

［おもしろいシュール・リアリズム的な光景を見逃しちゃうかもしれない。あれをごらんなさい！］。

著者紹介

ジョン・スラデック　John Sladek（一九三七〜二〇〇〇）

アメリカのアイオワ州に生まれる。本来はSF作家だが、一九七二年の短編ミステリ・コンテストに優勝し、以後ミステリに挑戦する。作品は『見えないグリーン』の他は『黒い霊気』のみだが、いずれも純粋な本格謎解き小説で、第三作を待ち望む本格ファンも多かった。

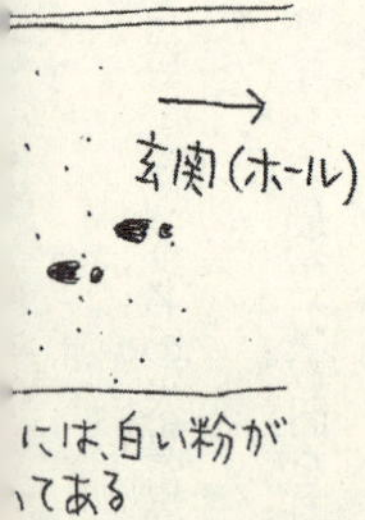
玄関(ホール)
には、白い粉が
ってある

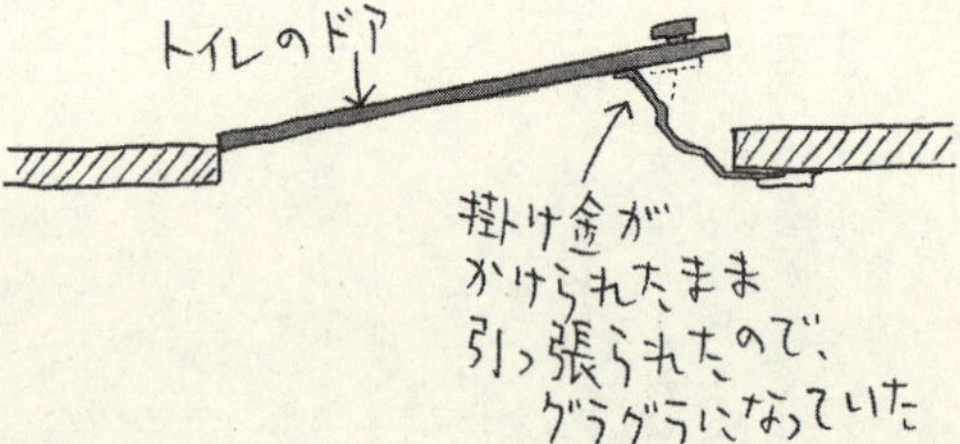
トイレのドア
掛け金が
かけられたまま
引っ張られたので、
グラグラになっていた

階段の軸柱には、
糸が張ってあった

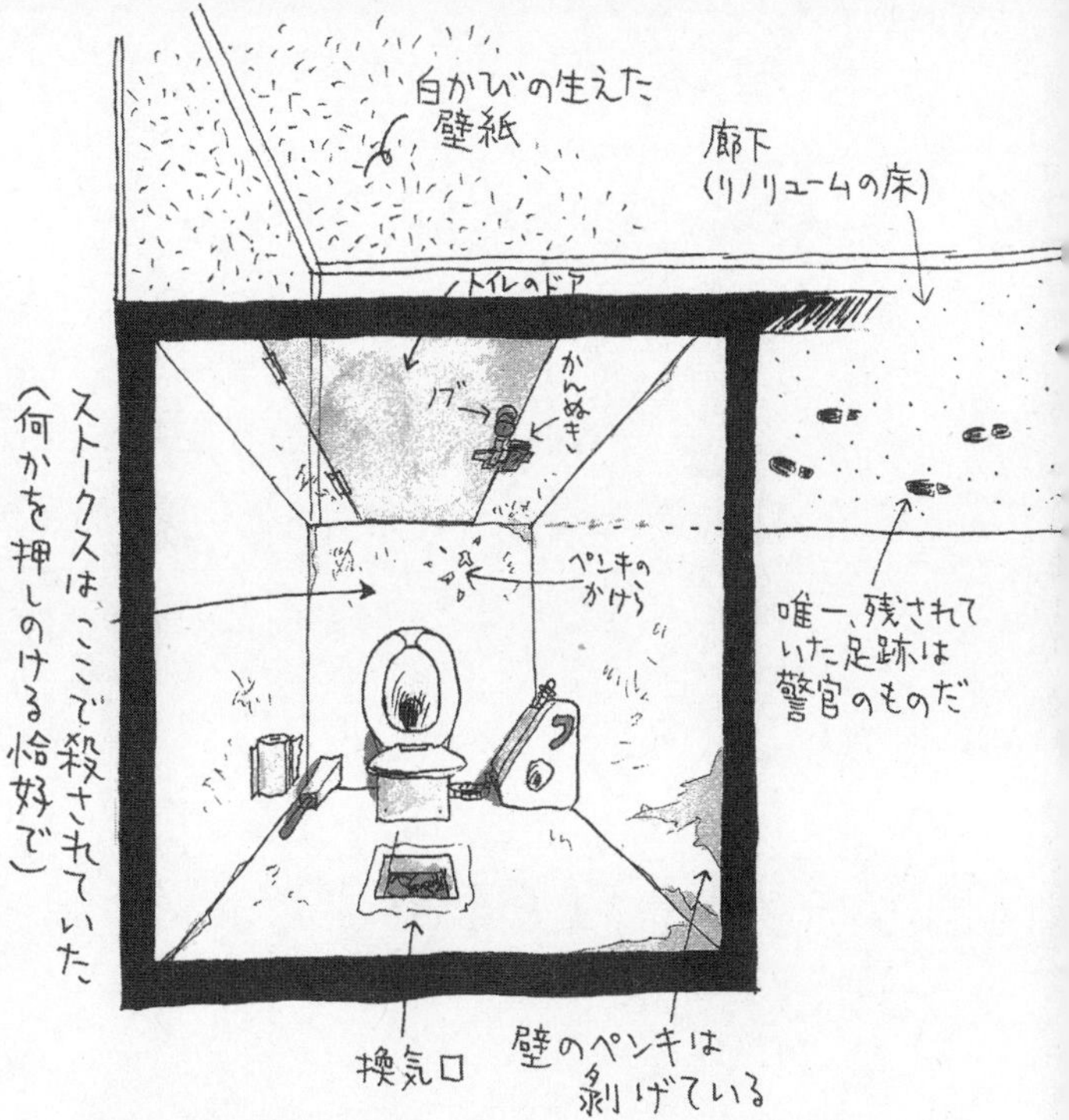

●殺人現場のトイレの図
（注）トイレには、窓がない

作画POINT

本書で有栖川氏が取り上げられた密室の中で、これが一番小さい密室だろう。しかしトイレが密室だなんて、勿論作者のスラデックも、もしかすれば有栖川氏だって、絵描きのことは眼中になかっただろう。トイレを絵に描かせるなんて絵描き泣かせじゃありません？　でも正直、これはけっこう楽しんで描けたのも確かである。

　蛇足ながら、トイレよりも小さいコインロッカーを密室にした殺人事件なんて、村上龍氏の『コインロッカー・ベイビーズ』ではないが「コインロッカー・キラーズ」なんて作品を有栖川有栖作で読みたいものである。

国内ミステリ

An Illustrated Guide
To Locked Rooms
1892～1998

D坂の殺人事件（一九二五）

〈お茶漬け風密室〉の名作

Ranpo Edogawa
江戸川乱歩

創元推理文庫
春陽文庫

国産ものの劈頭《へきとう》は、巨星・江戸《えど》川乱歩《がわらんぽ》に飾ってもらうことにした。日本の〈探偵小説の父〉。本邦で最も有名なこの探偵作家についてはくだくだ紹介する必要もないだろう。

小学生の頃に「少年探偵団」を耽読《たんどく》し、やがて「押絵と旅する男」「パノラマ島奇談」「陰獣」「屋根裏の散歩者」「心理試験」「人間椅子」「鏡地獄」といった目眩《めくるめ》く短編群に陶酔し、『孤島の鬼』『蜘蛛男』『黒蜥蜴』『黄金仮面』などの長編に夢中になる、というのは、ミステリファンの多くがたどるコースだ。それはしばしば

〈乱歩体験〉と呼ばれ、いつまでたっても褪《あ》せることがない。

読書というのはごく個人的な体験だから、同じ小説に感銘を受けたといっても、その内実は人によってまるで違っているのが普通だろう。ところが、どうしたことか私は確信してしまうのだ。「乱歩は面白い」という私と、「うん、面白いね」という〈あなた〉は、ほとんど同じように乱歩に魅せられているのだろう、と。また、「乱歩作品は初めて読むのに懐《なつ》かしい」という感想をよく聞く。それというのも、乱歩が紡《つむ》ぐ物語が、私たちの集合的無意識ともいうべきものに属する〈物語の苗床〉に水を撒《ま》き、発芽させたものだからなのかもしれない。そのせいか、「俺こそ最大の理解者だ」とか「私ほど乱歩を愛している人間は他にいない」という乱歩ファンには会ったことがない。

さて、その乱歩の密室というと、完全な密室で銃が人を射《う》つ「火縄銃」、戦時中でしか成立しない「何者」の他、奇想天外な殺害方法が密室を作ってしまう「目羅博士の不思議な犯罪」などいくつか作例がある。「少年探偵団」シリーズでは、二十面相や彼が扮《ふん》する怪人・怪物が密室状況から消え失《う》せる、という場面が頻繁《ひんぱん》に出てきた。ビギナー向けのトリックなので、〈黄金豹〉が鉄格子《ごうし》の嵌《は》まった部屋から消えたところで「あ、これは判《わか》る。見破ったぞ！」と喜んだりしたものだ。長編にはストレートな密室トリックが出てくる『化人幻戯』があるが、即物的であまり感心しない。乱歩は本格ミステリを深く愛し、熱いメッセージやエールを評論で送りながらも、本格の実作はあまり得意ではない、と自認していた。それを証明するかのような作品である。

そんな乱歩の密室ものから、「D坂の殺人事件」を採った。乱歩ファンなら読み落としていることはないだろう、という名作だ。D坂とは、明治時代には菊人形で知られた団子坂《だんござか》。物語の書出しはこんな具合である。

「それは九月初旬のある蒸し暑い晩のことであった。私は、D坂の大通りの中ほどにある、白梅軒《はくばいけん》という、行きつけの喫茶店で、冷しコーヒーを啜っていた」

語り手は乱歩自身を彷彿《ほうふつ》させる男で、仕事もせずにぶらぶらしている暇人だ。筋向かいの古本屋をぼけっと眺めていると、知り合いの明智小五郎《あけちこごろう》がやってきた。二人は古本屋の様子がおかしいことに気づく。店番をしているはずの女房が出てこないので、万引きをされ放題なのだ。どうしたことか、と店の奥を覗《のぞ》いてみると、女房は六畳間で扼殺《やくさつ》死体となっていた。

六畳間の「奥の方は、右一間は幅の狭い縁側をへだてて、二坪ばかりの庭と便所があり、庭の向こうは板塀になっている——夏のことで、あけっぱなしだから、すっかり、見通しなのだ――左半間はひらき戸で、その奥に二畳ほどの板の間があり、裏口に接して狭い流し場が見え、裏口の腰高障子は閉まっている。向かって右側は、四枚の襖になっていて、中は二階への階段と物入れ場になっているらしい。ごくありふれた安長屋の間取りだ」。

死体発見の三十分前、〈わたし〉は、店内の障子が閉まるのを目撃しているから、犯行はそれ以降のはずだ。その間、犯人が表から出入りしていないことは〈わたし〉が見ている。また、路地の出口にいたアイスクリーム屋の証言によって、犯人が裏口から出入りした可能性も否定されてしまう。二階の窓から出て、屋根伝いに逃げたのでもない。近所の菓子屋の親父《おやじ》が、物干しで尺八を吹いていたからだ。

明智は、ポーの「モルグ街の殺人」、ルルーの『黄色い部屋の謎』を引き合いにだして、「今夜の事件も犯人の立ち去った跡がないところは、どうやら、あれに似ているではありませんか」と興奮しながら話すのだった。

おや。「これのどこが密室ものなんだ?」と訝《いぶか》しんでいる読者がいらっしゃるようだ。「大正時代の安長屋を密室なんて呼べまい。すかすかで、どうとでもして出入りできるだろう」って? しかし、明智が「モルグ街」や『黄色い部屋』に似ているというのだから、密室とみなすべきだろう。現場の裏口に錠が掛かっていないわ、菓子屋の親父は物干しで尺八を吹くわ、パリのアパルトマンやロンドンの下宿屋に比べると開けっ広げで牧歌的に見えようとも、これは大正時代のわが国の現実を反映したいわば〈お茶漬け風の密室〉（？）なのである。換言すれば、当時の日本で密室ものを成立させるのは、なかなか困難だったわけだ。

日本家屋で密室ものは書けない、という通念がかつてはあったそうだ。この問題をクリアーするため、後で紹介する小栗虫太郎《おぐりむしたろう》・大阪圭吉《おおさかけいきち》・横溝正史・高木彬光《たかぎあきみつ》らは様々な工夫を凝らしている。あるものは舞台を海外にし、あるものは特殊な建造物を舞台にし。やがて、わが国でも密室はリアルになる。今日、超高層ホテルやマンションが林立する都心の一区画をとれば、夜間には錠とチェーンロックが掛かった堅牢《けんろう》な密室が千室単位で存在するだろう。ここまで密室が氾濫《はんらん》した時代から振返ると、「D坂の殺人事件」の長閑《のどか》さがちょっと懐かしい。

長閑とはいえ、当時の東京はもう世界有数の大都市になっており、個人にろくにプライバシーがないような前近代性からは脱却していた。松山巌《まつやまいわお》は『乱歩と東京』の中で、「D坂――」を［登場人物同士が希薄な人間関係の上に成立した作品］と評している。たとえば、作中の明智と被害者は同郷で幼馴染《おさななじ》みなのだが、これは真相にまるで関係がない。死体発見者が被害者と幼馴染みであることが、単なる偶然である場所──それが都市だ。東京という都市の裂け目から覗いた悪夢。それがD坂の〈密室もどき事件〉なのだった。

著者紹介
江戸川乱歩　えどがわ・らんぽ（一八九四〜一九六五）
三重県生まれ。早稲田大学政治経済学科卒。大学卒業後、職を転々としながら、一九二三年「新青年」に「二銭銅貨」「二枚の切符」を発表。以降、「心理試験」「屋根裏の散歩者」「人間椅子」「パノラマ島奇談」『孤島の鬼』「押絵と旅する男」など数々の傑作を発表。日本推理小説の開拓者、達成者、指導者、育成者として、あまりにも名高い。

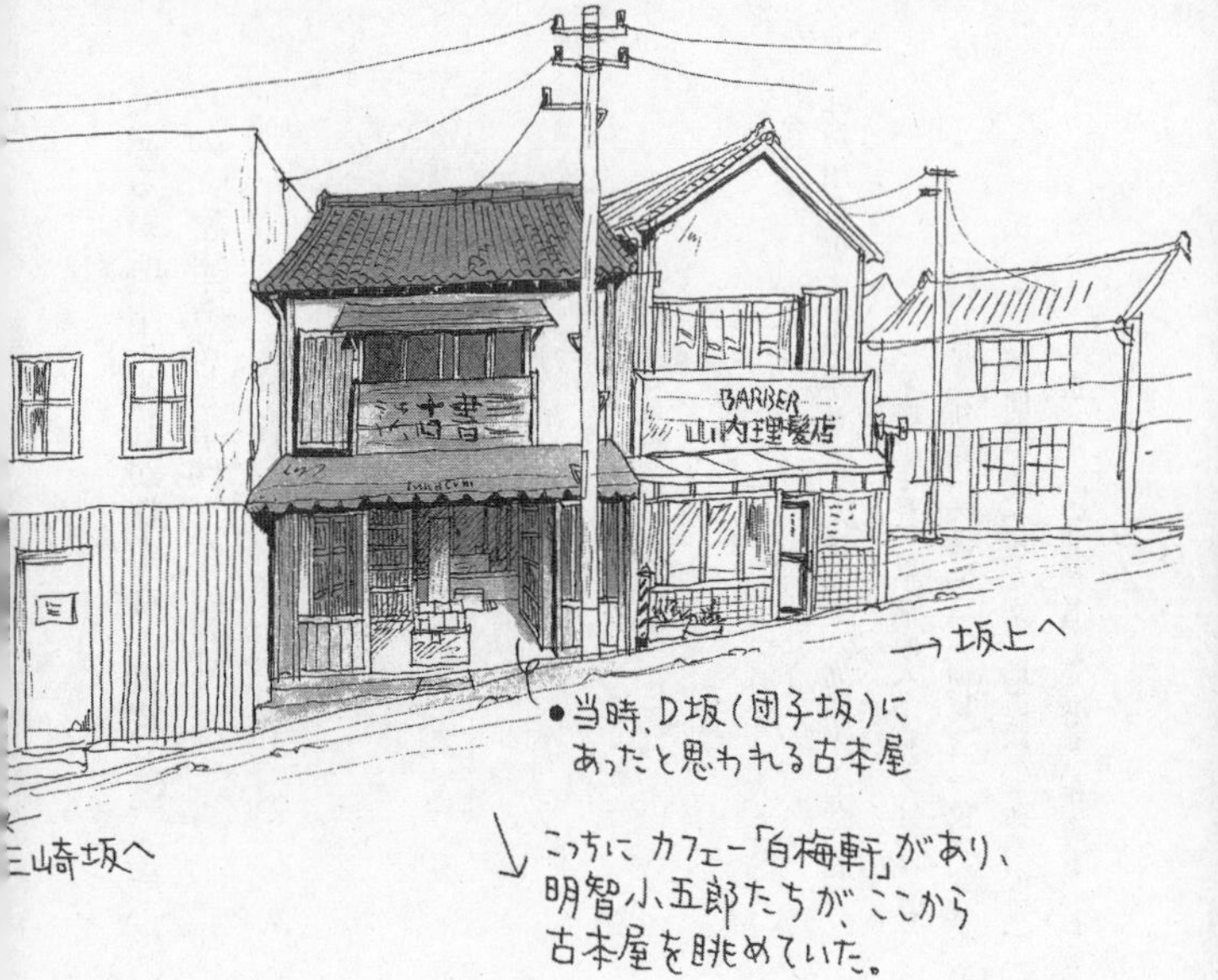

作画POINT

二十歳の頃、初めて読んだ推理小説である。その頃は作家になろうと思っていた生意気盛りで、純文学青年を気取り、ご多分に漏れず小難しい哲学書や文学書の類を解ろうが解るまいが読破していて、ボードレールやロートレアモンなどと一緒に、かのエドガー・アラン・ポーの詩集に出会い、彼の「モルグ街の殺人」や「ウィリアム・ウィルソン」などミステリアスな小説のあるのを知り、他の物は難解でも、これらが実に面白かったので、江戸川乱歩という名がポーの名をもじったのだと知るや、この作家と作品に飛びついたのである。

そんな思い出深い「D坂」だけに、読み返すのも実に楽しく、絵にするのも苦痛ではなかった。

●古書店の内部

●古本屋の見取り図（1階）

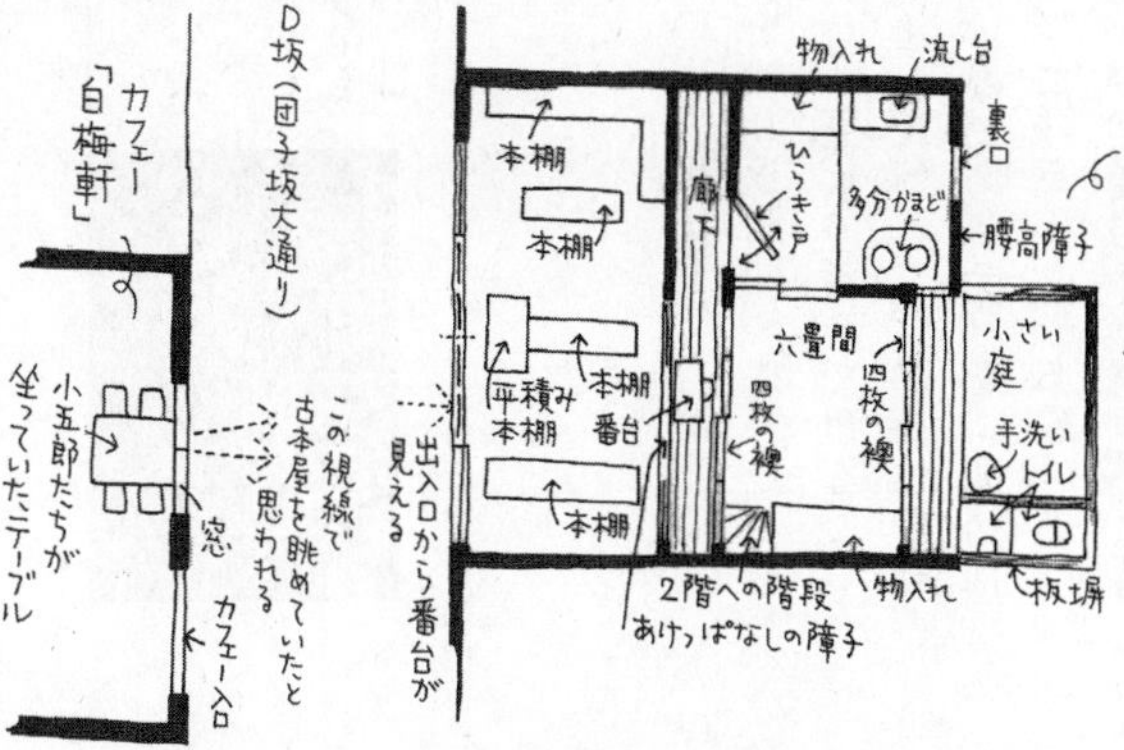

蜘蛛（一九三〇）

〈本格〉命名者の建物殺人

甲賀三郎
Saburo Kouga

創元推理文庫

ミステリファンなら〈本格推理小説〉〈本格もの〉という表現はよく目にするだろう。本書でもここまで、〈本格ミステリ〉という言葉を繰り返し使ってきた。もちろんこれは、作者が気合いを入れて書いた本格的な力作、という意味ではなく、謎解きを興味の主眼に措いたミステリ、を指している。これに対して、名探偵の推理だの犯人の巧緻《こうち》を極めたトリックだのを中心に据えていないミステリを〈変格推理小説〉（ああ、やっぱりワープロで変換できなかった）と呼ぶこともある。主に怪奇・幻想味が強いものや、サスペンス・スリラーを指すが、変格＝本格以外と解釈してハードボイルド・冒険小説・ＳＦまでを射程に収めることも可能だ。もっとも、これはミステリが日本に定着してまだ歴史が浅い戦前に創《つく》られた言葉なので、ジャンルの多様化と拡散が進んだ現在ではほとんど使われなくなっており、ハードボイルドやSFを〈変格推理〉と呼ぶ人は今日では一人もいない。〈本格〉だけが根強く用いられているのは単なる慣習だろう。本格がミステリ勢力図の中核にあるわけではないので実態に合わないのだが、〈本格推理〉の方が〈謎解き推理〉などより発語しやすいことが廃《すた》れない一因ではないか。

その〈本格〉という言葉の生みの親こそ、戦前のわが国では希有《けう》な謎解きものの第一人者、甲賀三郎《こうがさぶろう》である。謎解き派の彼が「われは〈本格〉、他は〈変格〉」と命名したのだから、〈本格〉というネーミングには優越感が込められていたかもしれない。理化学トリックを使った「琥珀《こはく》のパイプ」や「ニッケルの文鎮」など、短編には本格らしい作品が多い著者だが、長編となると実話を題材にした『支倉事件《はぜくら》』が有名な他は、『姿なき怪盗』など通俗活劇調のものが目立つ。ここでも短編からインパクトのある「蜘蛛」を紹介しよう。

物理化学の泰斗、辻川《つじかわ》博士は、突然に大学教授の職を擲《なげう》って蜘蛛の研究を始める。それだけでもセンセーションを巻き起こしたのだが、さらに世間を呆《あき》れさせたのは、彼が東京郊外の林の中に奇怪な研究室を建てたことだった。どんな研究室か？　イラストをご覧いただきたい。

あまりにユニークなので、本文から引く。それは［地上三十尺あまりにそびえている支柱の上に乗っていた。研究室は直径二間半、高さ一間半ばかりの円筒形で、丸天井をいただき、側面に一定の間隔でおなじ大きさの窓が並んでいた。一年あまり風雨にさらされているので、白亜の壁はところどころ禿げ落ちて鼠色になり、ぜんたいは一見不恰好な灯台か、ふるぼけた火見櫓《ひのみやぐら》とも見えた］。研究室に入るには、急斜面の鉄筋コンクリートの階段を上る。上ったところは畳一畳より少し広いぐらいの踊り場になっており、そこに立つと唯一のドアと向き合えるのだ。奇抜なのは外観だけではない。室内の壁には、数百種類の蜘蛛を飼育している函《はこ》がずらりと並んでいた。

語り手は、大学の動物学教室の助手をしている〈私〉。物語は、辻川博士が不注意で毒蜘蛛に咬《か》まれて死んだ一ヶ月後から始まる。〈私〉は、節足動物について専門知識があるということで、生前の辻川によく研究室に招かれて相談にのっていた。それで辻川の死去した後、残された夥《おびただ》しい蜘蛛たちの処置について遺族から相談を受け、様子を見るため研究室に足を運んでみることにした。

電気も点《つ》かない研究室の中で〈私〉は、辻川のことを回想するうちに、潮川《しおかわ》博士の死を思い出す。辻川の同僚の潮川は、半年ばかり前にこの研究室の階段から墜落して死亡していた。彼が死んだ時に、〈私〉も呼ばれてここにきていたので、事故の経緯はよく知っている。潮川は、床に這《は》っていたとたてぐもを毒蜘蛛と勘違いし、慌《あわ》てて外へ逃げようとして階段を踏みはずしたのだった。

だが、〈私〉は研究室にある秘密が隠されていることに気づく。そして、室内を探して発見した辻川の日記には、思いがけない事実が記されていた。

……とまぁ、そういう小説なので、「その話のどこが密室なのか？」と疑問に思われたかもしれない。厳密に言うと、密室ものに該当しないのだろうが、渡辺剣次《わたなべけんじ》の名アンソロジー『13の密室』に本編が採られていることでもあるし、広義の密室トリックということでご寛恕《かんじょ》いただきたい。

研究室に隠された秘密、辻川の日記に残されていた事実がどういうものなのか、前記のあらすじとイラストから見当がついた、という方がいらしても不思議はない。バレるわな、という感じだ。でも、面白いでしょ？

私がこの作品を読んだのはかれこれ二十五年近く前。真相は見破れたが、とてもチャーミングな短編だと思った。長さは原稿用紙にして四十枚弱というところか。その短い中に、ミステリアスな雰囲気が濃厚に漂っているのが、まずうれしい。冒頭に現われる研究室の奇怪さに引きつけられ、〈私〉がその中へ入っていく場面にくるとわくわくする。そして中に入ると、「あらゆる種類の蜘蛛が、一月ほど餌をあたえられないために、極度に痩せて、貪婪な眼をギョロギョロと光らせていた。そのうえに函の始末が悪かったためか、のがれでた蜘蛛たちは天井や部屋のすみに網をはっていた。壁のうえ、床のうえにも幾匹となく無気味なかたちをしてぞろぞろと走りまわっていた」のである。味わうしかないでしょう。

本作の前半は〈私〉の混乱、驚愕《きょうがく》、懐疑が描かれているが、後半は辻川の日記体になり、がらりとタッチが一変するのも楽しい。ばらしても怒る読者がいないと信じて書くが、潮川は辻川によって殺されたのだ。日記に書かれていたのは、潮川に対する殺意と、彼をいかにして抹殺するかを考察した記録。この部分だけを取り出せば、犯罪計画を描いた倒叙ミステリとして読むこともできる。すべては辻川の計画どおりに進行し、彼は目的を達したかに思えたのだが、日記は最後のあたりになると調子が乱れてくる。辻川の身に何が起きたのか？ それは読んでお確かめいただこう。

建造物そのものを凶器にする、という独創的なアイディアの先駆的作品として、これからも読み継がれていくべき作品である。私は今回、磯田氏にこの蜘蛛館をヴイジュアル化していただけて喜んでいる。絵で見てみたかったのだ。

著者紹介

甲賀三郎　こうが・さぶろう（一八九三〜一九四五）

滋賀県生まれ。東京帝大工学部卒。一九二三年「真珠塔の秘密」でデビュー、本格短編「琥珀のパイプ」、ユーモラスな「気早の惣太の経験」、大正時代の疑獄事件を扱った『支倉事件』などがある。本格的力量と心理的側面をついた力作を多く発表したが、作品には他に、「幽霊犯人」「焦《こ》げた聖書」「体温計殺人事件」「黄鳥の嘆き」「四次元の断面」などがある。

●辻川博士の研究室
くもの巣

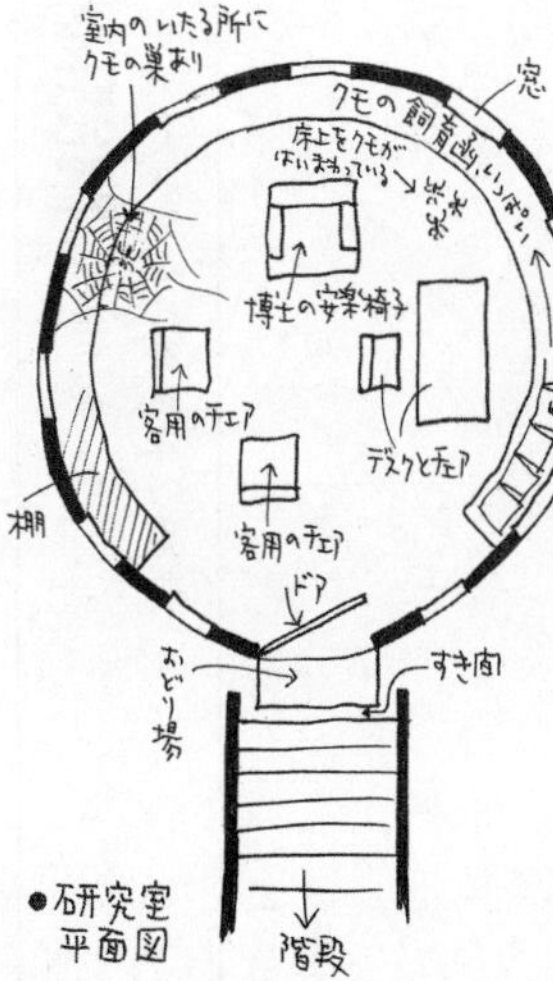

●研究室
平面図

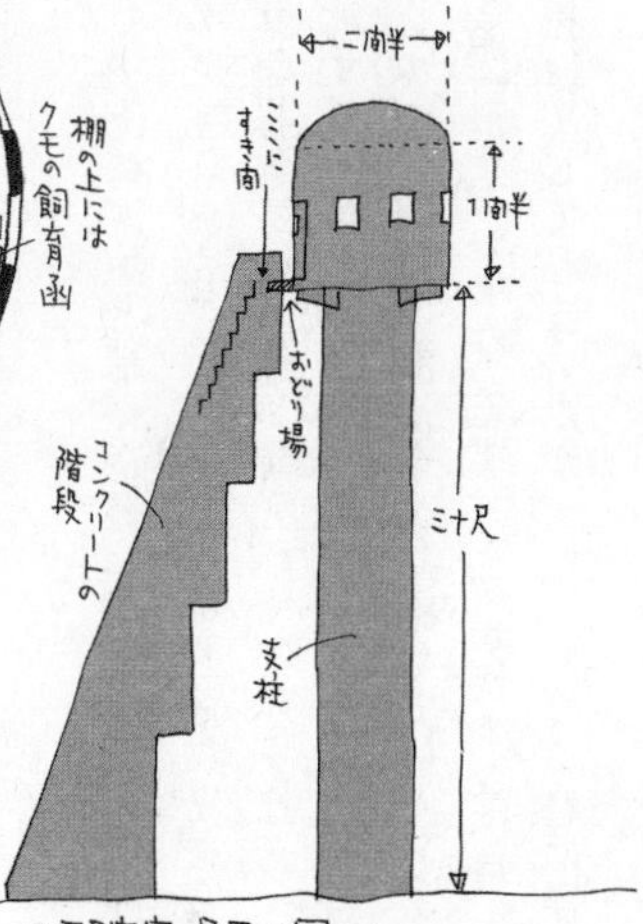

●研究室 見取り図

作画POINT

　地上三十尺あまりにそびえている支柱の上に乗っていて、直径二間半、高さ一間半の円筒形……。こう描写してあるので、これは簡単に具体化できるぞ、と喜んだのも束の間で、一年も風雨にさらされ、壁は剝げ落ちて、一見不恰好な灯台のようだとか、ふるぼけた火の見櫓のようだなどと続けられると、忽ち頭が混乱するのである。灯台のようなら鉄筋コンクリートだろうし、火の見櫓のようなら（今はコンクリート造りのもあるだろうが）木造のイメージだし、こういう描写は絵描き泣かせなのだ。でもまあ、階段はコンクリートなのだから支柱も研究室も、当然コンクリートであるはずだと確信し、ご覧の絵になったのである。

完全犯罪（一九三三）

エキゾチズムあふれる異界の犯罪

Mushitaro Oguri
小栗虫太郎

創元推理文庫

『怪奇探偵小説名作選6——小栗虫太郎集』ちくま文庫

日本ミステリ史上に燦然《さんぜん》と輝く奇書『黒死館殺人事件』の作者として、小栗虫太《おぐりむした》郎《ろう》の名はこれからも不滅だろう。北相模《きたさがみ》の丘陵にそびえ立つケルト・ルネッサンス様式（架空の建築様式）の城館・黒死館で黙示をなぞって繰り広げられる連続殺人劇。全編に横溢《おういつ》する暗合と暗号。博覧強記ぶりを発揮して余人には及びもつかない謎解きを披露しつつ、同時に混迷をより深めていく狂気じみた装置＝名探偵・法水《のりみず》麟太《りんた》郎《ろう》。『黒死館』においては、すべてが類例のないほど極端である。「わけが判《わか》らなくて途中で投げ出してしまったが、とにかくこれは傑作だ」という感想が受け容《い》れられてしまう小説など、そうそうあるものではない。その妖《あや》しく圧倒的で絢爛《けんらん》たる魔力については、一万語を費やすよりも一読していただくよりない。江戸川乱歩が『探偵小説四十年』で、聖書でも仏典でもなく『黒死館』を携えて戦地に赴《おもむ》いた年少の探偵小説愛好家のエピソードを紹介するなど、伝説にもこと欠かない。

その『黒死館』にも密室は登場するのだが、ここでは小栗のデビュー作でもある短編「完全犯罪」をご紹介する。古典的名作として評価が高く、小栗を語る上でも密室ミステリを語る上でも必読の名作だ。『黒死館』のあまりの晦渋《かいじゅう》ぶりに匙《さじ》を投げたせっかちな読者も、こちらなら味読できるはず。

ちなみに小栗からこの小説を送りつけられて感嘆し、雑誌「新青年」に紹介したのは、前述の本格派・甲賀三郎であった。今日では、日本人が一人も登場しない小説というのも珍しくはないが、当時はそういったエキゾチズムも大いにアピールしたことだろう。

時は一九三×年。場所は中国南部の奥地、八仙塞《はっせんさい》。地の果て、文明果てる地とも呼ぶべき僻地《へきち》である。そこにオクスフォードの人類学者ヒュー・ローレル教授が残した〈八仙塞の神秘〉と呼ばれる異人館があった。その家は、こう紹介される。

［葛と鎧扉《ヴエネチアン・シヤター》に囲まれ塗料が剝げ落ちて、外観《みかけ》は古めかしい英国風の破風造

りであるが、内部《なか》には、地下室と自家用の小発電所を除《の》けても、二十に余る室があり、雨洩りの汚染《しみ》一つない天井には、太い樫の角材が大爬虫のような骨格を張っていた。室々の扉《と》には、各々《それぞれ》の様々な花が浮き彫りになっていて、それは、現今《いま》でも教授の生地であるアバージン地方に残っている、典雅な貴族趣味の一つだった。

教授亡《な》き後、「八仙塞から一歩も踏み出してはならん」という遺言を守った娘のエリザベス・ローレルが館《やかた》の主人だ。ワシリー・ザロフ率いる苗族《びょうぞく》共産軍（中華ソヴェート共和国西域正規軍）がここを司令部とするために駐屯《ちゅうとん》してきたことから、惨劇の幕が上がる。軍は〈官能の空腹〉を満たすために女たちを伴っていた。その中に、もっぱら士官たちの相手をする妖艶《ようえん》なジプシーのヘッダがいた。

共産軍がローレル家にきて十日目、培萍《ばいひょう》軍との戦いに勝利して帰館すると、兵士も士官も〈情欲の飢餓〉を満たそうとする。くじ引きで選ばれた汪《おう》がヘッダの部屋に飛んでいき、残る四人がその隣室で麻雀《マージャン》に興じていると、忍びやかな風琴《オルガン》の音が聞こえ始めた。エリザベスがボイラー室で弾いているのだ。曲はマーラーの『子供の死の歌』。

やがて、ヘッダの部屋から汪が出てくる。ヘッダが酩酊《めいてい》していて手に負えないらしい。立腹した彼が去った直後、女の部屋からけたたましい哄笑《こうしょう》と男のものらしい含み笑いが聞こえてきた。何事かと部屋を覗《のぞ》いた男たちは、ヘッダがベッドに蚊帳《かや》を吊《つ》って眠っているだけなのを見て不思議に思う。——翌朝、彼女は死体で発見される。死因は、原因不明のショック死だった。

現場は堅牢《けんろう》な密室であった。「室中の窓には、鎧扉と硝子扉《ガラスど》と双方に掛金が下りていて、鎧扉の桟は全部垂直になっているし、その内外には足跡は愚か服の繊維一本も落ちていない。浴室の高窓は暫く開かないないと見え、煤と蜘蛛の巣が氷柱《つらら》の様に下がっている」。そして床や壁を叩《たた》いて調べても、隠し扉らしいところはないのだ。唯一のドアは士官集合所に通じるのみで、そこでは男たちが夜通し麻雀を続けていたとなると、犯人は煙のように消失したとしか考えられない。さらに奇妙なことを歩哨《ほしょう》が証言する。彼はヘッダの部屋から男女の声が聞こえた際に好奇心から覗き見をした。その時、室内に藍色《あいいろ》のパジャマ姿の男がいたというのだ。そんな者などいなかったことを、士官たちは確かめたはずなのに。

この謎を解くのは頭脳明晰《めいせき》なザロフだが、彼は変な男である。「まず、君達の狂信を醒ますために、完全な密室に於ける殺人と云う構想が、探偵小説の理想郷《ユートピア》だって事を云って置こう」「どうしたら、妖魔みたいな変幻出没が出来るだろうね？恐らく百万年後でも、それは不思議現象以外の説明は附くまいと思うよ」と興奮するし、［この事件がいよいよ密室の殺人という事になると、風琴《オルガン》の挽歌《ばんか》と甘酸《あまず》っぱい花粉の香《かおり》に浸って、笑いながら死んでいったヘッダよりかも、僕等の方が遙かに恐怖を覚えるじゃないか］と戦慄《せんりつ》を煽《あお》り、絶望的に呟《つぶや》く。

それだけでなく、彼が展開する推理は奇々怪々だ。それはいかにも小栗らしい衒学的《ペダンチック》なもので、唖然《あぜん》とさせてくれる。そのようなことも起きうるのであろう。しかし、めったなことで起きるものではない。なのに探偵は、それが起きた、と宣するのだ。読者は、眩暈《めまい》とともにその推理を飲み込むしかない。凡手にかかれば説得力を欠いた弱い結末になるかもしれないものが、小栗の筆にかかるとそうならない。犯人が〈芸術としての最高の殺人〉と自讃《じさん》するのも頷《うなず》ける、実に夢幻的なトリックである。

「完全犯罪」という題名は、通常の意味合いに加えて「美学的に完全な犯罪」を暗示しているのかもしれない。ラストで明かされる犯行の動機の特異さも、本作の輝きを増幅させている。これは、異国情緒たっぷりのトリック小説というより異界めいた場所で起きた犯罪の記録だ。どうか、地の果てから届けられた物語をじっくりと楽しまれたい。

マーラーのかの曲を耳にするたびに、私は胸に刻まれたこの小説を思い出す。

——こんな荒天《しけ》た日には、こんな嵐には、戸外で遊ぶ子はないのだけれど——

著者紹介

小栗虫太郎　おぐり・むしたろう（一九〇一～四六）

東京都生まれ。京華中学卒。電機会社を経て四海堂印刷所を設立、その傍ら『紅殻駱駝の秘密』『魔童子』などを執筆・刊行する。一九三三年、甲賀三郎の推薦によって「完全犯罪」を「新青年」に発表、一躍探偵文壇の注目を集める。作品には、「聖アレキセイ寺院の惨劇」『黒死館殺人事件』「鉄仮面の舌」「白蟻《しろあり》」などがある。

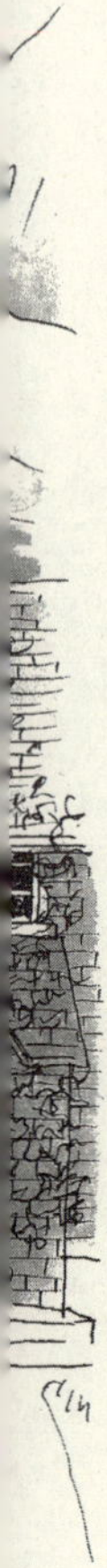

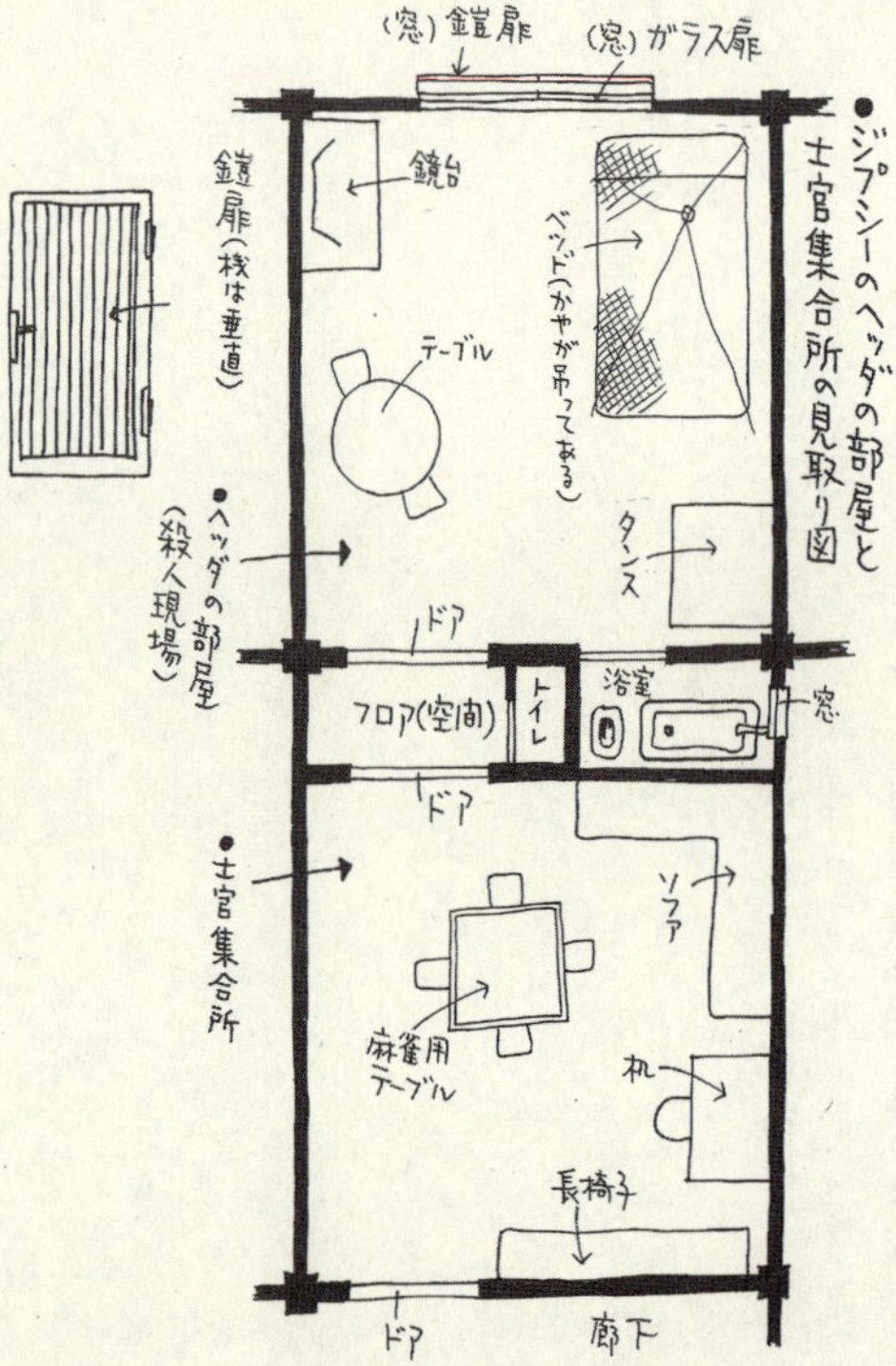

作画POINT

中国南部の奥地。地の果て。文明果てる僻地。こんな所に蔦に囲まれた英国風破風造りの大邸宅があるという設定のこの作品には、資料探しだけで数日を費やさねばならなかった。こちらの無知さもあって、英国風の破風造りの建築様式を知らないわ、アバージン地方がどこなのかも想像がつかず、いやはやお手上げ状態のまま、結局この作品のイラスト化は、後に回すことにして、編集部に資料探しを依頼したのであった。

それにしても、はたしてこのイラストの異人館が、小栗虫太郎のイメージに適っているか、はたまた有栖川有栖氏のイメージに近いか、正直この絵には自信が持てない。

●中国南部の僻地にある
つたに囲まれた「異人館」

燈台鬼（一九三五）

とびきり魅力的な舞台で起きた惨劇

大阪圭吉
Keikichi Osaka

創元推理文庫

残された作品は多くないが、大阪圭吉《おおさかけいきち》は戦前を代表する本格派の一人で、昨今、その評価はファンの間で定着している。江戸川乱歩や横溝正史さえもっぱら怪奇幻想小説を書いていた時代に、こんなにもガチガチの本格を書く作家がいたことは驚異だ。プロ野球に沢村《さわむら》賞があるのだから、ミステリ界に大阪圭吉賞があってもいいのでは、とさえ思う。沢村投手の名前を出すのは唐突なようだが、この二人には、惜しくも戦地で還《かえ》らぬ人となってしまった、という共通点がある。圭吉が病没したのは終戦の年、ところはフィリピン・ルソン島であった。

デビュー作は奇想天外な結末で読者を驚かせる「デパートの絞刑吏」。以後、敵性文学であるミステリを時局が許さなくなってスパイ小説やユーモア小説に転向するまで、「気狂い機関車」「とむらい機関車」「三狂人」「死の快走船」「動かぬ鯨群」「寒の夜晴れ」「幽霊妻」（どれも傑作）など十五編の本格短編を発表する。どの作品も、前例のない大胆なトリックが盛り込まれていて、本格ファンなら大喜びすること請け合いである。中には「これは、ちょっと無茶では……」というものもあるが、それはそれ。読んだ者同士で語り合いたくなる味があって楽しい。

意外な犯人・意外な犯行動機・密室・人間消失・アリバイ崩しといった様々なテーマを総なめである。しかも、単に不可能状況を解いてみせるだけでなく、その謎に濃厚な幻想味が付与されている。さらに加えて特筆するべきは、解決のプロセスが論理的であるよう配慮がなされていることだろう。プロットに余裕がなく、アイディアを披露した途端に幕が下りるので物足りないこともあるが、枚数の制約で仕方がなかったのかもしれない。この作家が平和を取り戻した日本に戻り、『本陣殺人事件』や『刺青殺人事件』を手に取っていたら、触発されてどんな傑作を書いてくれただろう、と思うと残念でならない。

密室ものには「デパートの絞刑吏」「石塀幽霊」「銀座幽霊」「闖入者」「坑鬼」などがあるが、ここでは舞台がとびきり魅力的な「燈台鬼」を選んだ。

その燈台は、三陸海岸に突き出した汐巻岬《しおまきみさき》に建っていた。沖合には悪性の暗礁《あんしょう》が多いため、汐巻燈台の果たす役割は大きい。物語の語り手〈わたし〉は、小さな入海を挟んで燈台と向かい合った臨海試験場に勤めていた。紗幕《ヴェール》のようにガスがたちこめたある夜、燈台の明かりが異状なのを見て、〈わたし〉が東屋《あずまや》所長とともに駈《か》けつけると、看守や小使い、無電技師やその家族らが騒いでいた。

風間《かざま》看守によると、燈台の上でガラスが割れる音や機械がこわれるような音を聞いて塔を見上げた、という。頂上のランプ室は真っ暗で、そこにいるはずの友田《ともだ》看守に呼びかけたが返事がない。とその時、塔の根元で大きな地響きが起こった。さらに、無電室から飛び出してきた技師らは、塔の頂上から身の毛がよだつような呻《うめ》き声と、幽霊のものとしか思えない無気味な声を耳にしたのだ。蠟燭《ろうそく》を掲げて、頂上のランプ室へ上った風間が見たものは、理解を絶した光景だった。

〈わたし〉たちもランプ室に上ってみると［円筒形にランプ室の周囲を取廻《とりま》いた大きな玻璃窓の、暗黒の外海に面した方には、大きな穴があき、蜘蛛の巣のような罅《ひび》が八方に拡が］っている。［三角筒の大ランプは、その一部に大破損を来《きた》し］［大ランプの台枠の縁には、廻転式燈台特有の大きな歯車が仕掛けてあるのだが、その歯車に連なる精巧な旋廻装置は無残にも粉砕されて、ランプの廻転動力なる重錘《おもり》を、塔の中心の空洞につるしている筈のロープは、もろくも叩き切られていた」。旋回装置の傍らには友田の死体が転がっている。その腹には、湿った大きな石が喰い込んでいた。友田の命を奪ったのは手斧《ておの》で頭部に加えられた傷なのだが、その後で石の直撃を受けたらしい。何とその石は海から飛来し、ガラス窓を破って友田を襲ったようなのだ。そんなことがあり得るか？　燈台の高さは三十メートルもあるのに。謎はそれだけではない。風間がランプ室に入った時、割れた玻璃窓から海へと「ひどく大きな茹蛸《ゆでだこ》みたいに、ねッとりと水にぬれた、グニャグニャの赤い奴」が飛び込んだという。リノリウムの床は、ぬらぬらした液体がこぼれていた。風間が目撃したものは何だったのだろうか？

霧深い夜に、燈台を襲った怪事件。燈台のランプ室における密室殺人という設定があまりにも素晴らしい。あんなに美しくて淋《さび》しげなところでは、どんなことでも起きるだろう。本作を一編の怪奇小説として読むことも、当然のように可能だ。せっかくのグロテスクな謎を最後に探偵が暴《あば》いてしまうことからミステリは好きではない、という怪奇小説ファンも、謎に負けずにグロテスクなこの真相には満足してくれることと思う。そういえば、テレビ番組『ウルトラQ』の第九話『クモ男爵《だんしゃく》』

の冒頭で、人間ほどもある巨大な蜘蛛が、霧の夜に燈台守りを襲う場面があった。私は幼稚園の時に観て戦慄《せんりつ》し、四十歳になってもその映像が脳裏から離れない。この「燈台鬼」の怪異もそれを彷彿《ほうふつ》させる。

ただ、『ウルトラQ』と違って、こちらは本格ミステリだから、結末で読者を納得させなくてはならない。作者は、相当に強引な手を使いつつも、それを達成している。強引さもまた、大阪圭吉の魅力であろう。文庫本にして二十ページ余りの長さに、よくこれだけのアイディアを詰め込めたものだ。事件が発生する前から、この燈台は時々おかしな光り方をするので、船舶が事故を起こすという噂《うわさ》があった、というエピソードも、最後になって重要な意味を持っていたことが明らかになる。細かな伏線がちりばめられているので、お読みになる時は注意していただきたい。

もちろん作者は、密室殺人の現場を燈台にしてみたらミステリアスなムードが出ていいだろう、というだけで本作を書いたわけではない。このトリックは、燈台でなければ成立しないものなのだ。それゆえに、いっそう読後の印象は鮮やかである。作者は、燈台の構造やメカニズムをかなり詳しく取材して執筆したようだ。大阪圭吉は戦前の推理作家にしては珍しく、丹念に調べて書くタイプだったのだ。斬新《ざんしん》なトリックを求めて、色んな方面に好奇心の網を張っていたのだろう、と想像する。

著者紹介

大阪圭吉　おおさか・けいきち（一九一二〜四五）

愛知県生まれ。日本大学商業学校卒。一九三二年、「デパートの絞刑吏」で「新青年」にデビュー。以後、本格短編を「新青年」「ぷろふいる」を中心として発表。三六年、作品集『死の快走船』刊、同年、「新青年」誌上で連続短編に挑戦、戦前を代表する本格作品として高い評価をされる「三狂人」「白妖」「あやつり裁判」「銀座幽霊」「動かぬ鯨群」「寒の夜晴れ」の六編を発表した。

●燈台と臨海試験場

●燈台（ランプ室）の見取り図

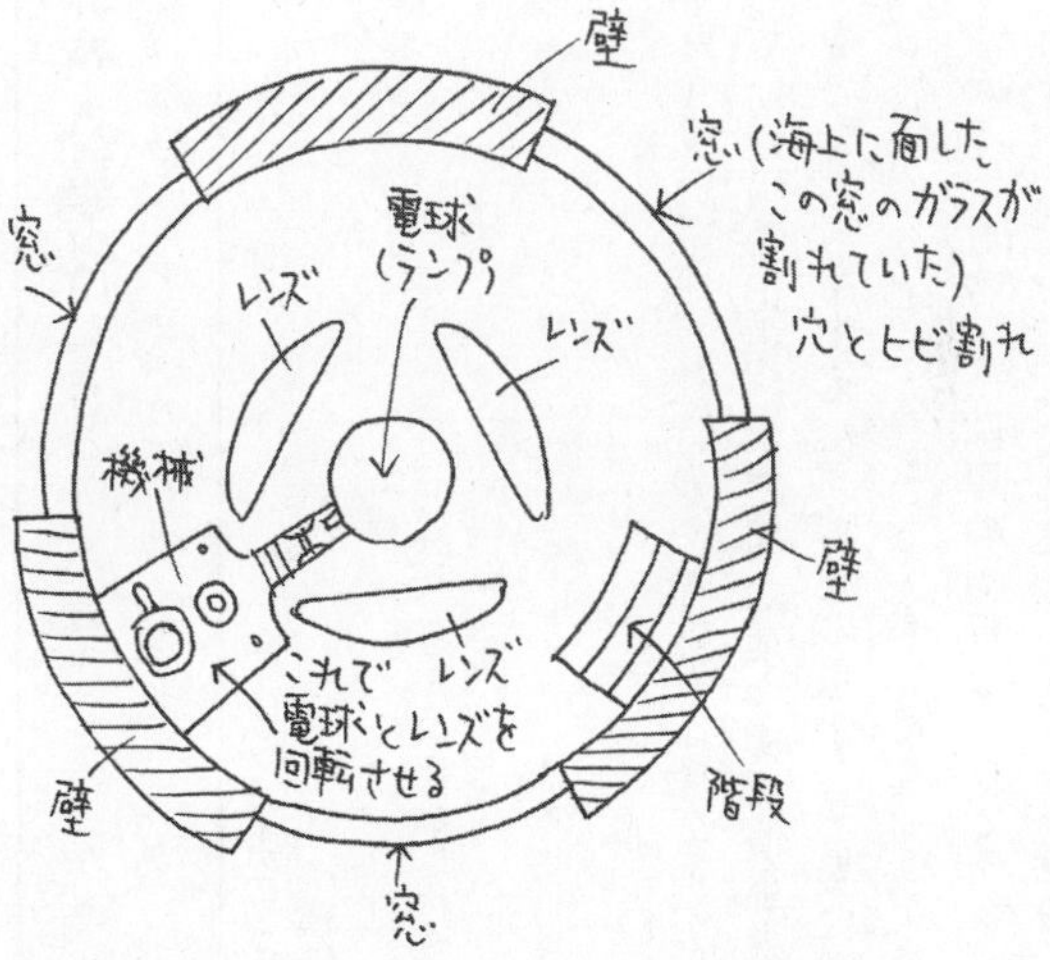

作画POINT

この作品は、イメージ画は描きやすかった。イラストレーターや漫画家、劇画家というのは、燈台や燈台の見える風景ぐらい何も見ずに（頭の中で思い起こして）描けるものなのだが、はたして燈台の中や仕組み仕様がどうなっているのかまでは、全く知らないものだから、文章でいかに克明に描写してあっても、見取り図を描き起こせるだけの想像ができないのであった。船の図鑑を捲っても、燈台は出ていても中までは載っていない。これはたんに、下手な絵描きの言い訳なのだが、締め切りも大幅に遅れているからなどと、文章描写を辿りながら、ただその通りに図面化したのである。

本陣殺人事件（一九四六）

国産の純粋本格ミステリへの転向第一作

横溝正史
Seishi Yokomizo

角川文庫
春陽文庫
創元推理文庫

草双紙趣味を受け継いだ独特の小説世界（怪奇・幻想・猟奇・耽美《たんび》）で戦前から人気を博していた横溝正史は、戦局が進んで探偵小説が書けなくなると、『人形佐七捕物帳』などで生活を支えた。時局の悪化とともに岡山へ疎開《そかい》。そこで終戦を迎え、「さぁ、これからだ」と発奮して筆を執る。彼が書き始めたのは、戦前のわが国に根づかなかったもの――国産の純粋な本格ミステリだった。

『蝶々殺人事件』『獄門島』『犬神家の一族』『悪魔の手毬唄』などで不動の地位を築くことになる横溝の華麗なる転向第一作にして、名探偵・金田《きんだ》一耕助《いちこうすけ》のデビュー作が、『本陣殺人事件』である。英米では一九二〇年代から三〇年代に黄金時代を迎えた本格ミステリは、日本では終戦の直後から花開く。『本陣』は横溝だけでなく、日本ミステリ界の一大記念碑なのだ。乱歩は、［日本探偵小説界でも二、三の例外的作品を除いて、殆《ほとん》ど最初の英米風論理小説］［画期的作品］と賛した。

ヴァン・ダインやエラリー・クイーン流の尋問が延々《えんえん》と続く本格は退屈だ、と感じていた横溝が傾倒したのは、ディクスン・カーだ。怪奇趣味などケレン味たっぷりの趣向、起伏の豊かなプロット、華々しく大胆なトリックといったものに惹《ひ》かれてのことだろう。「好きな作家は海外ではカー、日本では横溝」というミステリファンは非常に多い。また、おどろおどろとしたムードは演出のほんの一面なのに、それがセールスポイントのように誤解されがちなのも似ている。似ていないのは、横溝がカーほど密室トリックにこだわらなかった点で、彼が得意としたのは〈見立て殺人〉〈童謡殺人〉〈顔のない死体〉といったモチーフや〈一人二役トリック〉だった。

『本陣』が書かれたのは終戦直後だが、物語の設定は昭和十二年晩秋になっている。悲劇の舞台となる一柳《いちやなぎ》家は、岡山県岡——村にあって、江戸時代の宿場の本陣の末裔《まつえい》だ。哲学者である長男の賢蔵《けんぞう》が周囲の反対を押し切り、家柄の違う久保《くぼ》克子《かつこ》と結婚することにしたのが、大惨劇の発端である。ごく少数の人間だけで祝言《しゅうげん》が挙げられ、十二時過ぎてお開きになった時、外では大雪が降っていた。離れに新郎新婦を残して、一同が母屋《おもや》に引き上げた二時間後。離れから恐ろしい悲鳴が聞こえる。それから床を踏み鳴らす音。さらに——

「コロコロコロコロコロシャーン！　と、十三本の琴の糸を、やたらに引っ掻くような音がしたかと思うと、つづいてパターンと障子の倒れるような音。そして、それきりあとは死の静寂に立ちもどった」

何人もが起きてきて、雪の積もった庭に出てくる。閂《かんぬき》が掛かったしおり戸を斧《おの》で破って離れの庭に入り、まず東向きの玄関へ回ったが、格子《こうし》戸《ど》と板戸が二重に締まっていて、格子戸は内側から錠が差してあった。南の庭に面した雨戸もすべて閉ざされている。西側の便所の脇《わき》にある手水鉢《ちょうずばち》に上がり、雨戸の上の欄間《らんま》から中を覗《のぞ》いても、様子がよく判《わか》らない。そこで、雨戸を斧で破る。入ってみると、賢蔵と克子が切り裂かれ、折り重なって死んでいた。新婦の枕元《まくらもと》には琴があり、誰かが血にまみれた指でかき鳴らしたように糸に赤い筋が走っている。一本の琴糸は切れて、琴柱《ことじ》が一つなくなっていた。そして、金屏風《きんびょうぶ》には三本しか指のない手がなすった血の跡が……。

十三歳で初めて本作を読んだ時、私は「コロコロコロコロコロシャーン！」のところで身顫《みぶる》いがした。怪談話としてこわがったのではない。「これは密室ものの傑作だから、殺人事件が起きたんだ。琴の音は、きっとトリックに関係している。意味があるに違いない」と思ったからこそ、これが本格ミステリだと意識していたからこそ、ぞくりと戦慄《せんりつ》したのだ。このニュアンスは、本格ファンなら判ってくださるだろう。吸血鬼やゾンビより、容赦《ようしゃ》のないトリックの方が時に妖美《ようび》で恐ろしい。離れの周辺を警察が検証すると、北側の崖《がけ》から何者かが滑り下りて玄関に回った足跡が見つかるが、建物の戸締まりは完全だった。現場は密室だったのである。しかも、犯人が立ち去った足跡は皆無だ。さらに、庭を調べると便所の前に掃き寄せた落葉の中から琴柱が出てきたり、クスの大木の枝に鎌《かま》がぶち込まれていたりと、不審なことがいくつも出てくる。二人を刻んだ凶器の日本刀は、西側にある大きな石灯籠《いしどうろう》の根元にぐさりと突き立っていた。

それだけ色々なものが現場付近にちらばっていると、犯人が何か機械的なトリックを弄《ろう》したことが薄々と想像できる。そう思って読んでいると、金田一耕助が探偵小説マニアのある人物と〈探偵小説問答〉をする場面が出てくる。耕助が「密室を扱った探偵小説も沢山あるが、たいていは機械的なトリックで、終わりへいくと、がっかりさせられる」と言うのに、相手はカーの作品を例にとって「機械的トリックも必ずしも軽蔑したものじゃありませんよ」とやんわり反論する。暗示的なやりとりである。

最後でトリックを明かされても「ああ、そう」という感じだったのだが、妙に心に残った。その印象は時間がたつほどに強くなっていく。このトリックの最大の魅力は、それが明らかになった時の驚愕《きょうがく》にも増して、トリックそのものが鑑賞に堪《た》えることなのだろう。あまりにも旧弊《きゅうへい》な犯行の動機と、あまりにも日本的な道具立てのマッチングが美しい。

笠井潔《かさいきよし》は「『本陣殺人事件』の成功の秘密は、最初に伝統文化的な象徴効果を帯びて登場する諸々《もろもろ》のモノを、最後に探偵の推理において、無機的なモノに断固として還元してしまう異化効果にあるというべきだろう」としているが、私もそれに賛成で、同時にちょっと反対だ。

賛成するのは、石灯籠・鎌・水車といったモノを、垂直に立つ線分・円弧・円といった輪郭に還元し、まるでカンディンスキーの絵画めいた図（しかも、その抽象画の中を直線的に運動する日本刀！）として頭に描くことができるからである。反対するのは、このトリックがやはりどこか伝統文化的な象徴効果を保持しているやに思うから。
かつて皇太子成婚の式典に参列したある欧米人が「バレエのように優雅だった」と評するのを聞いた。『本陣』のトリックのはかなげな運動（ゆらゆら、しずしず）も、「バレエのように優雅」で、能のように幽玄ではあるまいか。異化効果すら、ゆらいでいるのだ。こんなに深く鑑賞できるトリックは他にない。

著者紹介
横溝正史　よこみぞ・せいし（一九〇二～八一）
兵庫県生まれ。旧制大阪薬専卒。一九二六年、博文館に入社、「新青年」「探偵小説」の編集長を歴任。三二年に退社後、文筆活動に入る。戦局が悪化したため『人形佐七捕物帳』などで息をついだが、戦後『本陣殺人事件』（第一回探偵作家クラブ賞長編賞）で金田一耕助をデビューさせ、以後『獄門島』『八つ墓村』『犬神家の一族』など数々の話題作を生んだ。

●一柳家離家の見取り図

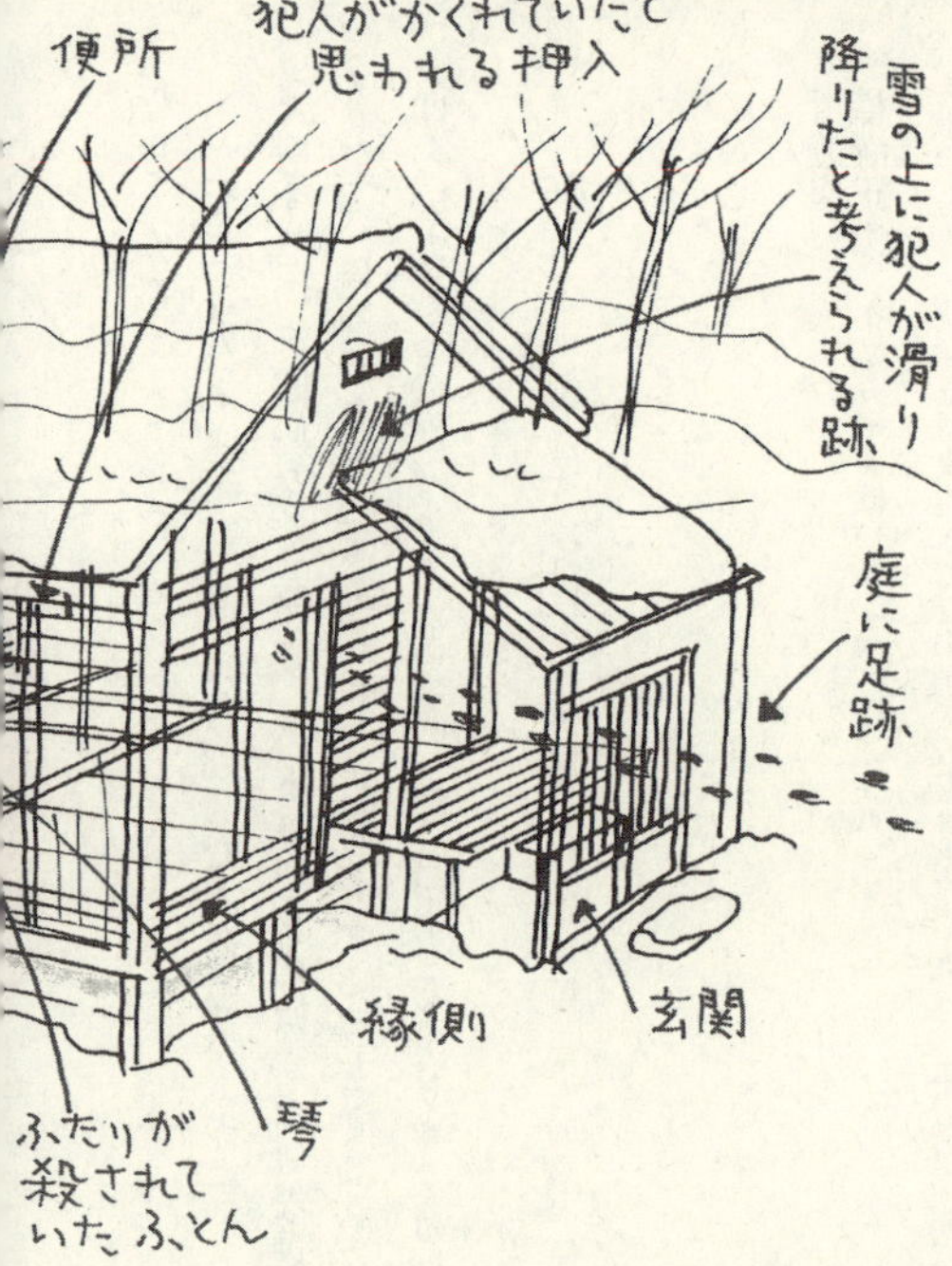

作画POINT

乱歩の次に、僕が推理小説を読んだのは横溝正史の作品だった。不気味で怪奇でグロテスクで、それでいて神秘的なまでの美しさも感じる不思議な作風に引き込まれていった。ヤスモンの絵描き風情が生意気だが、この仕事で初めて読んだり再読した二十編の密室モノの中でも、正史と乱歩の文章がやはり抜群に優れていると思う。

それほど好きな作家だから、この作品は何度読み返しても飽きずに済んだ。

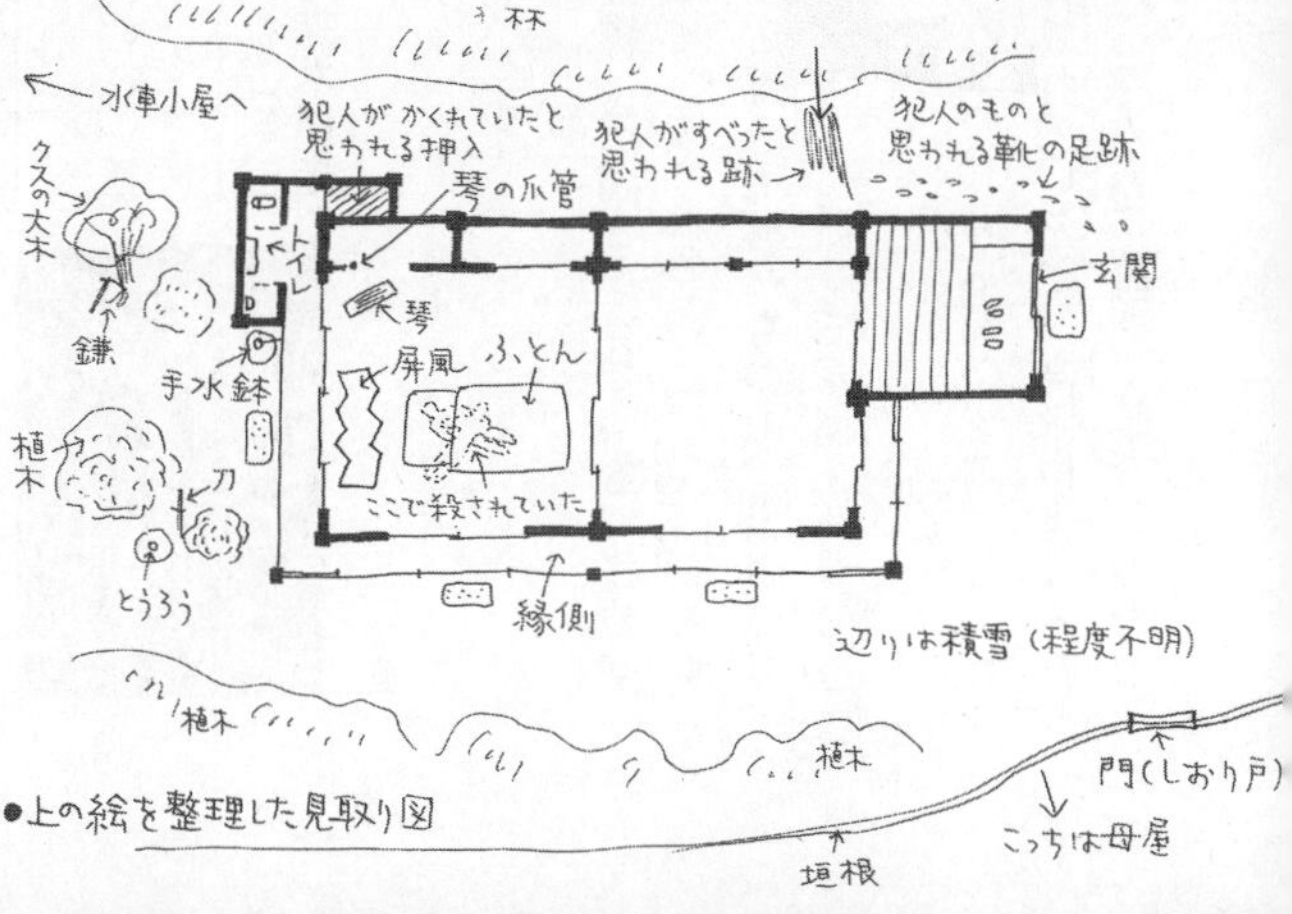

●上の絵を整理した見取り図

刺青殺人事件（一九四八）

最も日本的な本格ミステリ作家の第一作

高木彬光
Akimitsu Takagi

光文社文庫

不朽の名作『刺青殺人事件』が世に出るまでの経緯は伝説となっている。終戦直後、生活に窮乏《きゅうぼう》している最中に易者に見てもらったところ、小説家になれば成功する、と告げられたという。三週間あまりで『刺青』を書き上げたものの、出版してくれる先がない。そこで今度はおみくじのサジェスチョンに従って原稿を乱歩に送り、ようやく日の目を見たのであった。

『刺青』は、横溝正史の『本陣殺人事件』、角田喜久雄《つのだきくお》の『高木家の惨劇』とともに戦後まもなく興《おこ》った本格ミステリブームの傑作とされているが、高木彬光《たかぎあきみつ》は先行する二つの長編を読んで、「これぐらいなら書ける」と夫人に語って筆を執ったという。『本陣』や『高木家』が高木のハートに火を点《つ》け、名探偵・神津恭介《かみづきょうすけ》を生んだのだ。

ブームが去り、本格ものが書きにくくなると、高木は社会派ミステリ、法廷もの、歴史ミステリなどへ転身して『人蟻《ひとあり》』『白昼の死角』『破戒裁判』『成吉思汗《ジンギスカン》の秘密』などの傑作を遺《のこ》し、作家的スケールの大きさを見せつける。しかし、病苦と闘った晩年にも復活させた神津恭介ものを書き、自身の分身ともいうべき名探偵と生涯を添い遂げた。

高木の本格はケレン味に満ち、常にトリッキーだ。そこには何のためらいもない。奇怪な謎を知的でヒロイックな名探偵が解体して見得を切る。それこそが高木にとっての本格ミステリだったのだろう。斬新《ざんしん》なトリックを披露することは、頭脳明晰《めいせき》な探偵と狡知《こうち》に長《た》けた犯人の対決を描く上で欠かせなかった。おそらくは、高木こそが最も日本的な本格ミステリ作家である。横溝ミステリはわが国特有の風土や美意識に立脚していたが、その根底には英米本格のエキスがあった。高木のがむしゃらさは、横溝よりずっと日本的だ。これからも世代がひと回りするごとに「こんな面白い本格があったなんて!」と若いファンを狂喜させ続けるに違いない。

カーに傾倒しつつも密室にこだわらなかった横溝に対し、やはりカー贔屓《びいき》だった高木は密室に意欲を燃やした。『能面殺人事件』『呪縛《じゅばく》の家』『死を開く扉』『狐《きつね》の密室』『白雪姫』『妖婦《ようふ》の宿』『影なき女』『わが一高時代の犯罪』等など、いくつもの作例がすぐに思いつく。やはり〈密室は本格ミステリの華〉と考えていたのだ。
――それを裏づける台詞《せりふ》は、『刺青』にもちゃんと出てくる。

名人と謳《うた》われた刺青師・彫安《ほりやす》は長男に〈自雷也《じらいや》〉、長女の絹枝《きぬえ》に〈大蛇丸《おろちまる》〉、双子の妹の珠枝《たまえ》に〈綱手姫《つなでひめ》〉の凄絶《せいぜつ》な刺青を彫った。蛙《かえる》・蛇・蛞蝓《なめくじ》。まるでわが子の運命を呪《のろ》うような、三竦《すく》みのモチーフである。戦時中に長男と次女は消息を断つ。終戦後に東大法医学研究室で基礎医学の研究をやり直していた松下研三《まつしたけんぞう》は、刺青競《きょう》艶会《えんかい》を参観して、〈大蛇丸〉の刺青と絹枝自身に魅せられてしまった。事件が起きたのは、その数日後だ。

絹枝宅を訪れた研三は、開いた雨戸から中を窺《うかが》って血痕《けっこん》を目にする。驚愕《きょうがく》する彼の肩を摑《つか》んだのは、研三と同じく絹枝に呼ばれてやってきた早川《はやかわ》博士だった。二人は「八畳一間、六畳二間、四畳半二間に玄関の三畳という間取りを持ったこの家」を隅々まで捜すが、絹枝はいない。水が流れる音に気づいて、廊下の突きあたりの浴室へ行ってみると、「鍵穴もないのに、扉はぜんぜん開こうともしない」。糸屑《いとくず》ほどの割れ目があったので覗《のぞ》いてみた二人は、白いタイルの上に人間の片腕が転がっているのを発見した。研三は、警視庁捜査一課長の兄に連絡をとる。

駈《か》けつけた警察官らが扉を破ると、浴室に転がっていたのは、切断されて間もない女の首、二本の腕、二本の足だった。胴体は見当らない。水道の栓は開かれていて、浴槽からあふれた水が床を洗っていた。扉が開かなかったのは、「横に引いて下に落とす閂《かんぬき》式」の錠が掛かっていたためである。鉄棒が嵌《は》まった窓にも中から錠が掛かっており、窓縁の上では灰色の蛞蝓が蠢《うごめ》いていた。

この密室について、作中で縷々《るる》解説がある。「従来、日本家屋では、密室殺人というものはその構造上ありえないというのが定説だった」。各部屋は襖《ふすま》と障子で簡単に仕切られているだけだし、天井や床下は共通だからだ。「しかし、浴室というものは、純粋な日本家屋の中にあっても、完全にほかの部屋から独立している。この浴室も、床と壁は隙間なくタイルがはりつめられ、天井にも漆喰《しっくい》が塗られていた。扉の上にも下にも隙間はなく、研三たちが中をのぞきこんだ割れ目からも、糸や針を通すことはとうてい不可能だった」。

なるほど、純和風の家屋であっても、浴室ならばタイルや漆喰で固められていようし、扉に錠がついていても自然だ。発表当時はこの点が評価されたらしいが、中学時代に読んだ私は「それがどうした？」としか思わなかった。日本家屋がスカスカならば、臆面《おくめん》もなく西洋館で事件を起こせばすむではないか。連続殺人劇は広壮な屋敷でなければ描けないのだし、日本の家はやりきれないほど狭いのだから、西洋館を舞台にするべきなのだ（暴論だ）。それに、浴室なら日本でも密室殺人がリアリティを持つといったって、毎度、風呂《ふろ》場《ば》の殺人を描くわけにもいかないではないか。——と思ったら、高木は『呪縛の家』でまた浴室の密室殺人を書いた。面白いことに、そのトリックは『刺青』と原理は似ていながら、その利用の仕方が正反対なのだった。

日本家屋の中に〈浴室〉という密室を見いだしたことは、実はこの名作において大した功績ではない。現場を密室にしたトリックそのものも、私はさほど感心しなかった。神津恭介自身がトリックを解いた後で「こんな機械的トリックなら、たいしたことはありませんね」「この浴室を密室にすることによって、犯人の企図した心理的トリックが、はるかに、重大だと思いますね」と述べるとおり、輝くような部分は他にある。それは、〈首なし死体〉ならぬ〈胴なし死体〉がもたらす謎にからむ一種の心理的密室トリックなのだ。

最後に熱血本格作家の面目躍如たる雄叫《おたけ》びを引用しよう。死体発見の直後、「密室殺人！」と驚く研三に向かって早川博士は——

「そのとおり。密室の殺人、完全犯罪、ありとあらゆる探偵小説の作家が、いや現実の犯罪者が永遠に求めてやまぬ黄金郷《エルドラドー》だ。しかも求めて実現できない見はてぬ夢だ」

探偵役でもないのに、早川博士、凄《すご》い。

著者紹介
高木彬光　たかぎ・あきみつ（一九二〇〜九五）
青森県生まれ。京都帝大工学部卒。中島飛行機に入社、技師となったが終戦により失職。窮乏生活のなかで、一九四八年『刺青殺人事件』を刊行、注目を浴びる。『能面殺人事件』で第三回探偵作家クラブ賞長編賞受賞。探偵役として法医学者神津恭介、検事霧島三郎、検事近松茂道らを起用。作品に『人蟻』『白昼の死角』『誘拐』『破戒裁判』『成吉思汗の秘密』など多数。

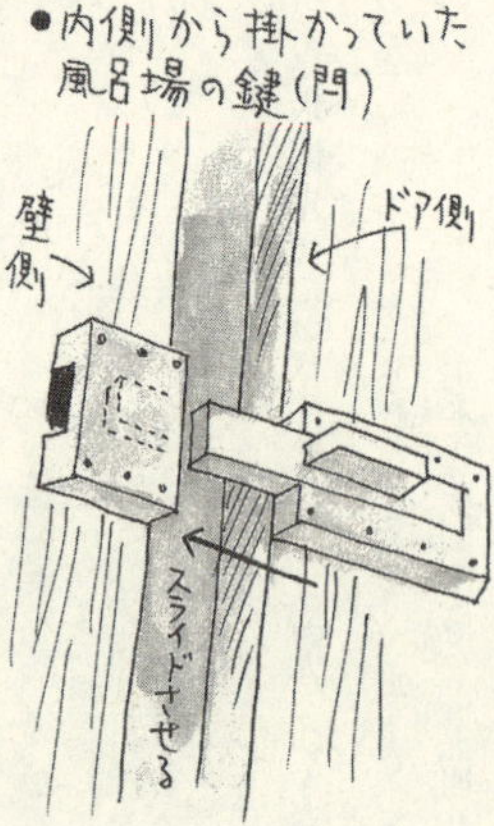
●内側から掛かっていた
風呂場の鍵(閂)
壁側
ドア側
スライドさせる

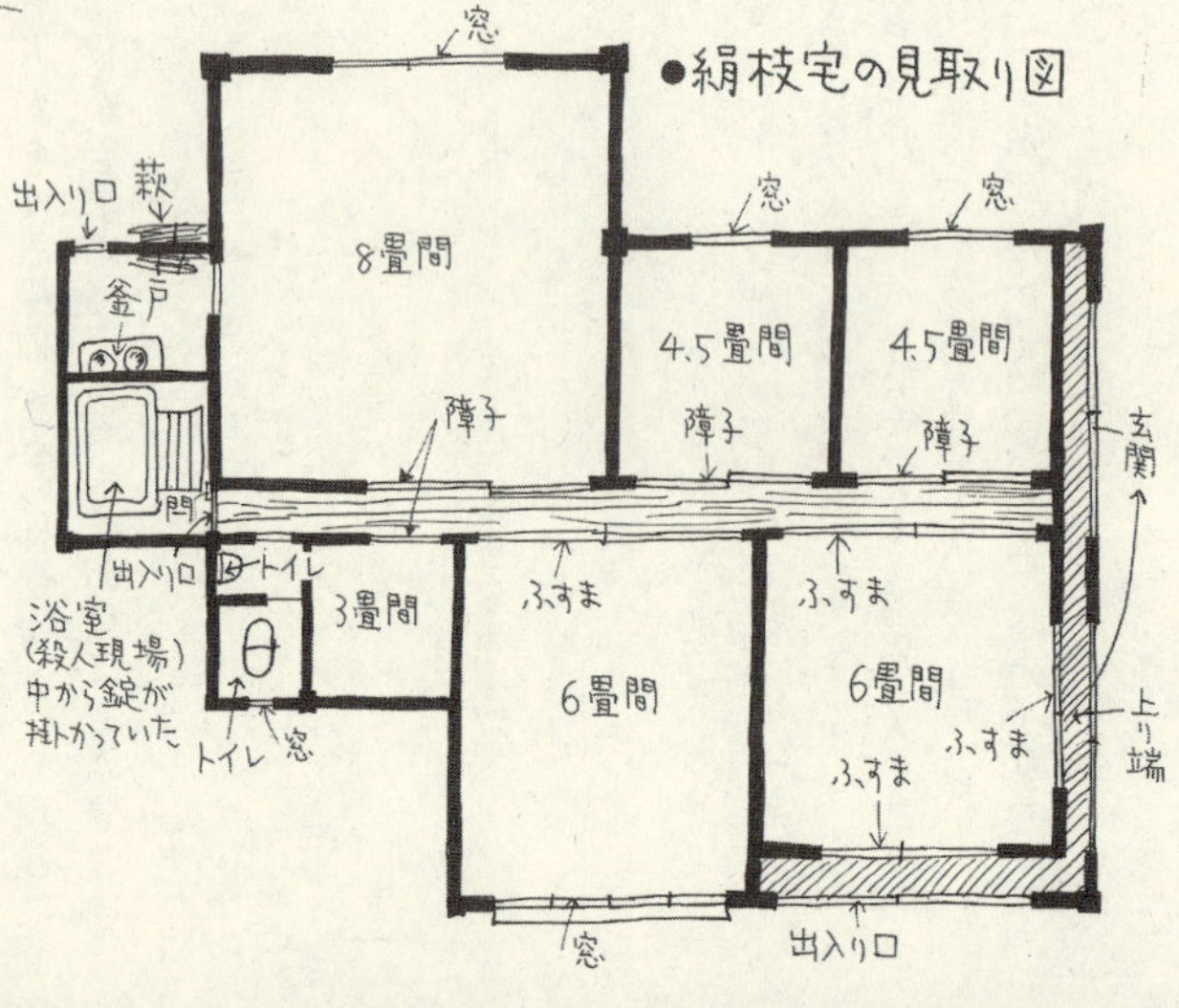
●絹枝宅の見取り図
窓
出入り口
萩
釜戸
8畳間
窓
窓
4.5畳間
4.5畳間
障子
障子
障子
玄関
閂
出入り口
トイレ
ふすま
ふすま
3畳間
浴室
(殺人現場)
中から錠が
掛かっていた
6畳間
6畳間
ふすま
上り端
ふすま
トイレ
窓
窓
出入り口

絹枝宅
日本家屋は密室になりにくいか。

作画POINT

　密室になった家の間取りは、詳しく説明してあるので見取り図そのものは、そのまま描けばいいのでこれも比較的手間を取らずに済んだのだが、日本家屋のイメージ画を描くだんになって、その外観のイメージが湧いてこないのには参った。いくら適当にイラスト化しても許されるフィクションの挿し絵とはいえ、そして、いかに部屋のあり方が重要な密室モノとはいえ、屋内が詳しく書かれている割には、外観の様子が書かれていないのだ。

　だからこそ自由に描けるというものではなく、この民家、描いていても心もとなく、書き終えた今もなんだか誤魔化したようですっきりしないのである。

高天原の犯罪（一九四八）

ストイックに過剰なまでに短い傑作

天城一
Hajime Amagi

◆日本評論社

天城一《あまぎはじめ》という作家の存在は、本格ファンにとってまったく特異である。本業は数学者。処女作を発表したのが昭和二十二年（島田《しまだ》一男《かずお》・山田《やまだ》風太郎《ふうたろう》と同年で、鮎川《あゆかわ》哲也《てつや》・高木彬光よりも早い）という長いキャリアを持ちながら、著書は『圷《あくつ》家殺人事件』『密室犯罪学教程』など片手で数えられる数しかない。しかも、すべて私家版。にも拘《かか》わらず多くの熱心なファンや研究家がついているのは、雑誌に掲載されたりアンソロジーに収録された作品が本格ファンを魅了してきたからである。似た作家は、同じ関西在住の余技作家で、「扉」などの名編がある山沢《やまざわ》晴雄《はるお》ぐらいか。

デビュー作の「不思議の国の犯罪」以来、天城一の作品はほとんどが密室ものだった。その並々ならぬ情熱は、数学者らしく記号を多用した密室の分類・研究にも及んでいる。ここで紹介する「高天原の犯罪」や「ポツダム犯罪」「明日のための犯罪」など傑作揃《ぞろ》いで、いずれもストイックなまでに短いのが特徴だ。この短さは、夾雑物《きょうざつぶつ》を排除した純粋な本格ものをよしとした創作姿勢によるのだろう。特に初期の作品は、紙の供給事情が極度に悪かったために（私は「鬼面の犯罪」という短編の掲載誌「黒猫」を持っているのだが、B6サイズで雑誌全部のページ数がたった四十五ページしかない）、掌編に近かったりするのだが、その短さがかえって作品に凄味《すごみ》を与えている。昨今は本格ものも重厚長大化していて、後に紹介する『哲学者の密室』や『人狼城の恐怖』といった傑作巨編を生む一方、長さゆえ鈍くなっている作品も時に目にする。それに対して天城作品は、過剰なまで（！）に短いのである。

数学者として多忙であったためか、本格ものが時流からはずれて書きにくくなったためか、一時は創作から遠ざかった作者だが、七〇年代半ばから今度は時刻表を駆使したアリバイものの好短編を次々と書き始めた。鉄道ミステリファンでもある私は欣喜《きんき》したのだが……それは本書のテーマからはずれるので措《お》いておこう。密室ものと同じく、いずれの作品もトリックの創意に賭《か》けた清々《すがすが》しいまでに純粋なミステリである。

話を密室に戻す。「高天原の犯罪」は掛け値なしの傑作である。トリックが面白くて忘れがたい、というだけの意味で傑作なのではなく、ミステリはこんなこともできるのだ、という可能性を示してくれたことでも偉大だ。本作を分析して一冊のミステリ論を書くこともできるだろう。

林のはずれに、塀に囲まれ、庭木に包まれた、村には稀《まれ》な造りの家が建っていた。その家こそは、現人神《あらひとがみ》である光満尊のおわす一宇教仮本部だった。そこで殺人事件が発生したとの報《しら》せを受けた島崎警部補は、犯罪研究家の摩耶正《まやただし》とともに世直しの大本山に急行する。絞殺《こうさつ》されたのが現人神であれば、ツァラトゥストラ的殺神事件と言うべきか。

光満尊は白衣に包まれて、祭壇の前に伏していた。犯行現場は紫神殿と呼ばれる二階の本殿。広さは八畳。隣りに六畳の拝殿があるだけの、ささやかな高天原である。警察医によると、死亡推定時刻は朝の七時から八時の間。この間に二階に上がった者はいるか、という島崎警部補の問いに、階段の下にずっと詰めていた二人の歩哨《ほしょう》は尻込《しりご》みをしながらも「千種姫お一人であらせられます」と答えた。彼女は天使の位の第一巫女《みこ》だった。捕縛された千種は、御神示を承りに上がっただけだ、と激高する。

あっけない解決だな、と島崎は拍子抜けしてしまうが、摩耶は千種姫は犯人ではあり得ない、と言う。光満尊を殺害する動機がないどころか、現人神の死は彼女に不利益をもたらすからだ。では、誰が犯人なのだ、と島崎は詰問《きつもん》する。彼女以外に犯行の機会があった者はいない。雨戸を閉め切った現場の「戸締りはいたって厳重だ。どこからも入る隙もない」「階段が唯一の通路だ。ところが、その階段の下には歩哨が二人立っていた」ではないか。歩哨は、千種姫だけが二階に上がったと証言している。これに対して摩耶は平然と構え、犯人は歩哨たちに見られないように二階に上がったのだ、と言い切った。

誰がどのように光満尊の死体を発見したのか、という説明が一切ない。普通のミステリでは奇異なことだが、これも天城一らしい。作者にとって、そんなことは語るに足りない枝葉末節なことなのだろう。問題は、犯人はどうやって歩哨の目につかないように一階と二階を往復したのか、である。鮎川哲也が編んだ『透明人間大パーティ』というアンソロジーにも収録されているとおり、この事件はまるで透明人間の犯行であるかのようだ。

チェスタトンに「見えない男」という短編がある。天城はこの作品を〈超純密室犯罪〉に分類し、「人智《じんち》の驚異を生んだ傑作として、密室犯罪が探偵小説の中に存在する限り、語り継がれるべき」「あらゆる密室犯罪の中で最高傑作」としている。「高天原の犯罪」は、そんな作者が「見えない人」に果敢に挑んだ作品だ。彼は〈日本人でなければ造り出せない見えざる人〉を創造しようと決め、見事それに成功を収めた。もちろん、透明人間になれる薬は存在しないから、犯人は目撃者の心理的盲点を衝《つ》いたわけだが、この手口が類例を思いつかないほど巧妙だ。「あまりに大きすぎて、かえって目に入らなかった」という類《たぐい》のことではなく、「心理的盲点に入ったがため、物理的に見えなかった」という奇跡的なトリックなのだ。これはもうチェスタトンを追い越している。二つの作品から寓話《ぐうわ》としての「見えない人」とは何なのか、を考察することは楽しく興味深い体験になるだろう。〈見えるー見えない〉を巡って、不安な興奮を喚起してくれる京極夏彦《きょうごくなつひこ》の『姑獲鳥《うぶめ》の夏』と読み比べるのも面白い。

天城は「密室犯罪を扱う幻想的な探偵小説が、現実を反映していないと非難を受けるのは不当である」とし、イソップのように「おとぎ話の中に、不朽の真実がひそんでいる」と書く。と同時に、ポアンカレを引いて「探偵小説のための探偵小説」は「人生のための人生」に匹敵する、とも。これは、密室ファンを大いなる自惚《うぬぼ》れに誘う甘い言葉だ。だからこそ、読者として、実作者として、私は自惚れに溺《おぼ》れないよう自らを戒めたい。本格ミステリだから、密室トリックだから素晴らしいわけではない。「高天原の犯罪」のように素晴らしい作品が素晴らしい、というだけのことなのだ。

著者紹介

天城一　あまぎ・はじめ（一九一九〜二〇〇七）

東京都生まれ。東北帝国大学卒。理学博士。大阪教育大学教授も務める。余技として推理小説を執筆。長編は『圷家殺人事件』と『Destiny can Wait』『沈める濤』のみで、それ以外はすべて短編。密室ものと鉄道を利用したアリバイものを多く手がける。

●殺人現場 見取り図

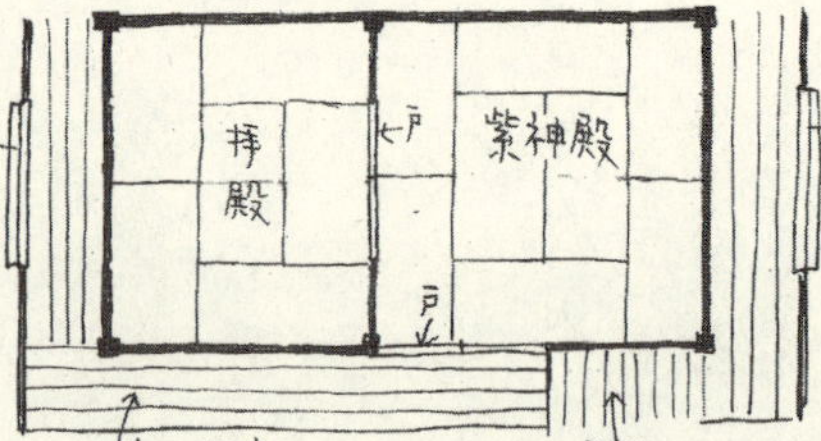

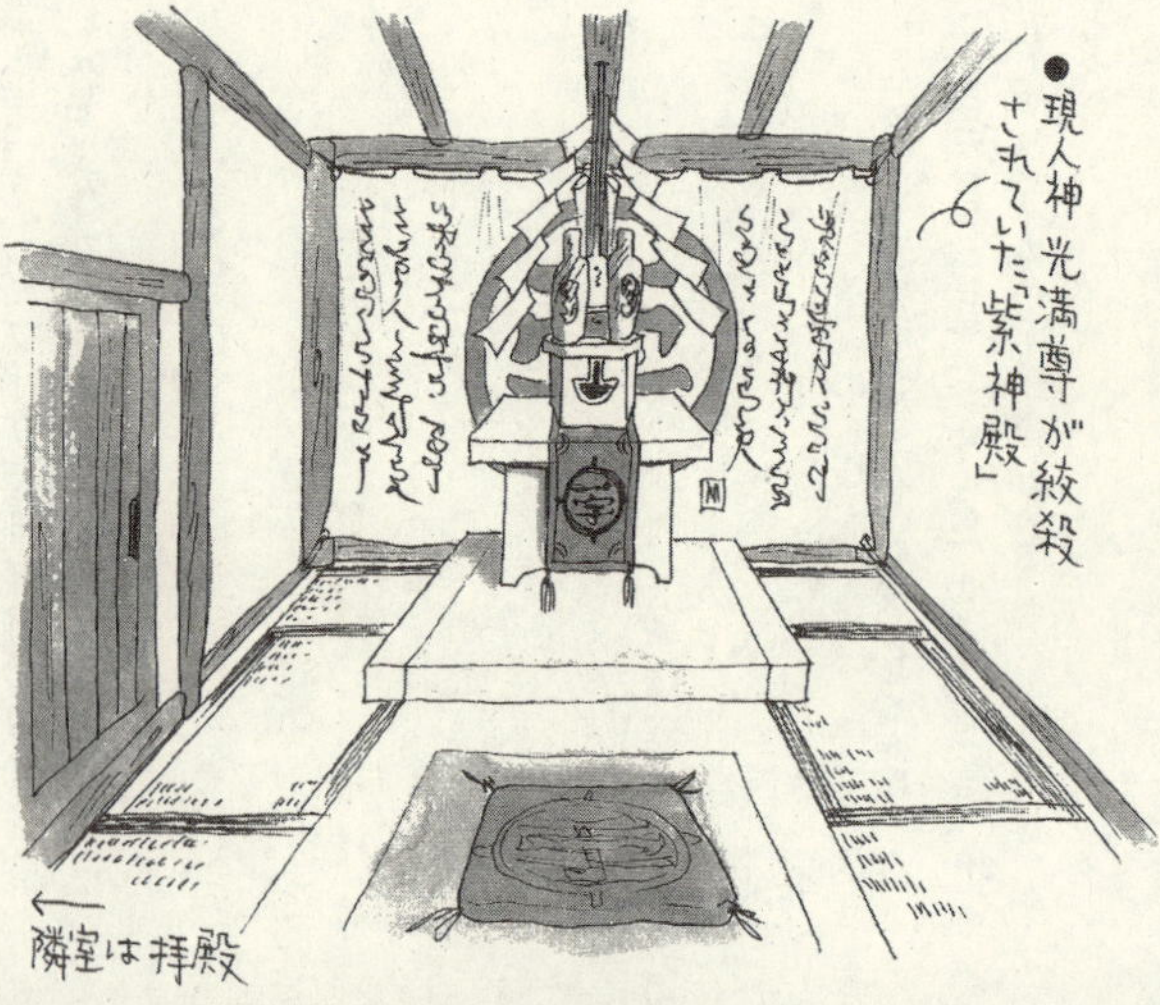

●現人神 光満尊が絞殺されていた「紫神殿」

一宇教仮本部は、林の中に在り、さらに塀に囲まれ、庭木に包まれていた。

作画POINT

新興宗教一宇教。教祖光満尊。紫神殿。天使の位の巫女。オウム真理教や麻原や、側近の女性たちがイメージとして現れ、払拭するのに難儀した。それにしてもこの作品は、自分好みで言わせてもらうなら、作風が肌に合わず読んでいても苦痛だったし、苦痛だから頭に入らず、とにかくこれも後回しにして、最後の最後に仕上げたのである。

赤罠（一九五二）

明治維新期を舞台にした洒落《しゃれ》た構成

Ango Sakaguchi
坂口安吾

角川文庫

ミステリファンにとって坂口安吾《さかぐちあんご》といえば、名探偵・巨勢《こせ》博士の登場する『不連続殺人事件』や「心霊殺人事件」、絶筆となった『復員殺人事件』の作者である。第二回探偵作家クラブ賞を受賞した『不連続殺人事件』は、ファン必読の書と言ってもいい。

安吾は熱心なミステリファンで、戦時中に文学同人の大井広介《おおいひろすけ》、平野謙《ひらのけん》、荒正人《あらまさひと》らと夜を徹して犯人当てゲームに興じたことが知られている。みんなが未読の本格ミステリの解決部分だけを切り取り、問題編をちぎりちぎり回し読みした上、答案をまとめて優劣を競ったのだそうな。何と無垢《むく》な文人たち。このゲームは敗戦の後も、横溝正史の『蝶々殺人事件』などをテキストにして続いたという。

安吾のミステリ観はいたってシンプルで、ミステリはパズルのような知的遊戯であればよい、と考えた。彼は犯人当てで自分の答案がはずれると「テキストが不出来だからだ」と不平を述べたそうだから、よい本格ものを書くのは困難だと承知した上で、きちんとパズルであれ、と望んだのだろう。そんな彼が『不連続』を書いたのは、犯人当て仲間に挑戦して参らせることが動機だったらしい。この作品は雑誌連載時に懸賞つきで読者からの解答を募集しており、彼の犯人当てマニアぶりが窺《うかが》える。連載二回目だか三回目にして結末の見当がついた大井が「犯人を指摘しようか」と言うと、安吾は「いや聞かぬ」と耳をふさいだそうだ。無頼派の代名詞のくせに可愛《かわい》い。

名作『不連続』の陰に隠れてしまった向きもあるが、この『明治開化　安吾捕物帖』も読み継がれて欲しい作品だ。題名どおり明治維新を舞台にとった捕物帖シリーズ。往時の社会風俗の描写とそれらしい事件で、多彩なレギュラー・キャラクター、洒落た構成が楽しめる。

「赤罠」は、深川《ふかがわ》のさる大旦那《おおだんな》・不破喜兵衛《ふわきへえ》が「還暦祝いに葬式をする」と言いだすのが発端。ひねくれた式次第はこうだ。読経《どきょう》をした後、喜兵衛は頭を丸めて法衣《ほうえ》姿で棺桶《かんおけ》に入る。それから葬列がねり歩き、庭にしつらえた荼毘《だび》所に棺桶を安置して火を点《つ》ける。すると、荼毘所の扉が開いて赤いチャンチャンコ姿の彼が生まれ変わって現われ、宴会になだれ込む。そうなるはずだったが……。

大勢の坊主《ぼうず》、参会者、そして五、六十人もの火消装束《しょうぞく》の人足が見守る中で荼毘所に火を放ったところ、喜兵衛が出てこないのだ。人足頭のコマ五郎は「旦那はこうして死ぬつもりだったんだ」と一同を制した。そんなことがあるものか、と老師や人足たちが階段を駈《か》け上って扉を棺桶の上に押し倒すが、煙に追われて逃げ降りる。そしてその直後、荼毘所は崩れ落ちた。焼け跡から一体の焼死体が発見されると、当然のことのはずなのに、人足たちは「本当に誰か死んでいるぜ」とひそひそ話を交わす。現場に居合わせた結城新十郎《ゆうきしんじゅうろう》は不審を抱いた。さらに翌日になって、若旦那《ちんじ》の重二郎が式の前から行方知れずになっていることが判明。それは荼毘所の椿事とどう関係しているのか?

現場は大勢の人間の監視下にあったのだから、めったなことはできなかったはずだ。「ダビ所は間口二間、奥行三間ほどの神社のような造り」「床下の高さが一間の余もあるが、それは縁の下に薪をつめる必要のためだ」。抜け道を通って縁の下へ出て、煙にまぎれて脱出することは不可能だったし、薪が積まれたのは式の当日だから事前にそこに別の死体を寝かせておいた、ということもあり得ない。しかし、可能性の死角を看破した新十郎は同じ荼毘所と棺桶を用意させて実験を試みる。そして、荼毘所から抜け出した上、棺桶の中身を別の死体（藁人形《わら》）と入れ替えることに成功するのだ。

〈炎と煙の密室〉という点が「ジェミニー・クリケット事件」と共通している。二つの作品を読み比べてみるのも面白いのではないだろうか。それはまさに、赤い罠だったのである。画期的なトリックではないが、「赤罠」は味わい深い密室ものだ。

安吾が内外のトリックに精通し、それを自在に操れたことが窺える。『安吾捕物帖』連載に際して書かれた〈読者への口上〉の冒頭に、彼のトリック観が述べられている。曰《いわ》く「推理小説の生命はトリックであるが、トリックは各作家の努力によって日進月歩する。作者も読者も、これにおくれてはならないのである」。そして、両者が過去のあらゆるトリックを駆使して一戦いたすことこそ「推理小説の特別の魅力で、ダイゴ味である」と記している。

〈口上〉によると、安吾がこのようなシリーズを書いた理由の一つは、従来の捕物帖への不満。もう一つは、無味乾燥な科学捜査をはぶいてミステリを書きたかったためのようだ。都筑道夫が『なめくじ長屋捕物さわぎ』を書いた動機と通じている。

違うのは、都筑が［江戸末期を舞台にすれば、犯罪科学に邪魔されずに、論理のパズルを展開できる。それに、当時の人びとは怪力乱神を信じていたから、パズラーのなかの不可能犯罪ものが、楽に書ける］と考えたのに対し、安吾は人々が近代的合理主義に目覚めだした明治維新を舞台にしたことだ。パズル的な犯人当てが大好きの安吾は、「怪異だ、妖術《ようじゅつ》だ」と登場人物が騒ぐ場面に興味はなかったのだろう。

実は「赤罠」は、いつもとパターンを変えた構成になっていて、レギュラー・キャラクターも一部しか登場していないことをお断わりしておく。通常の主要メンバーは、徳川家重臣の息子で洋行帰りの結城新十郎、巡査の古田鹿蔵《ふるたしかぞう》、戯作者《げさくしゃ》の花廼屋因果《はなのやいんが》、剣術家の泉山虎之介《いずみやまとらのすけ》、そして勝海舟《かつかいしゅう》。物語はたいてい以下の五段からなっている。①事件を抱えた虎之介が師と仰ぐ海舟を訪ねてくる。②事件の説明。③海舟の推理。④真相を見破る新十郎の推理。⑤海舟の負け惜しみ。安吾によると、読者の推理がはずれた場合も「あの勝海舟でもはずしたのだから」と思えば傷つかないからだそうだ。海舟は、安楽椅子《いす》探偵かと思わせて道化役を演じるわけだが、「その場になきゃ判《わか》らねぇやな」と批評性たっぷりな（？）発言をしてくれたりする。

余談だが、このシリーズは大阪の朝日放送で「快刀乱麻　新十郎捕物帖」としてドラマ化され、一九七三年から七四年にかけて放映された。テレビでは希有《けう》の本格推理ドラマで、解決編前には視聴者への挑戦が入った。脚本は佐々木守。ゴールデンタイムにはあまりにも上質すぎて短命に終わった伝説の番組。出演は若林豪、河原崎長一郎、植木等、花紀京《はなききょう》、池部良、ナレーションは佐藤慶という豪華さであった。

著者紹介
坂口安吾　さかぐち・あんご（一九〇六〜五五）
新潟県生まれ。東洋大学文学部卒。一九三一年に発表した「風博士」が牧野信一に激賞され、芸術派の新人としてデビューする。敗戦後に書いた「堕落論」「白痴」などで新文学の旗手として不動の位置を得る。推理小説にも挑戦し、『明治開化　安吾捕物帖』は、探偵小説的捕物帖として知られている。

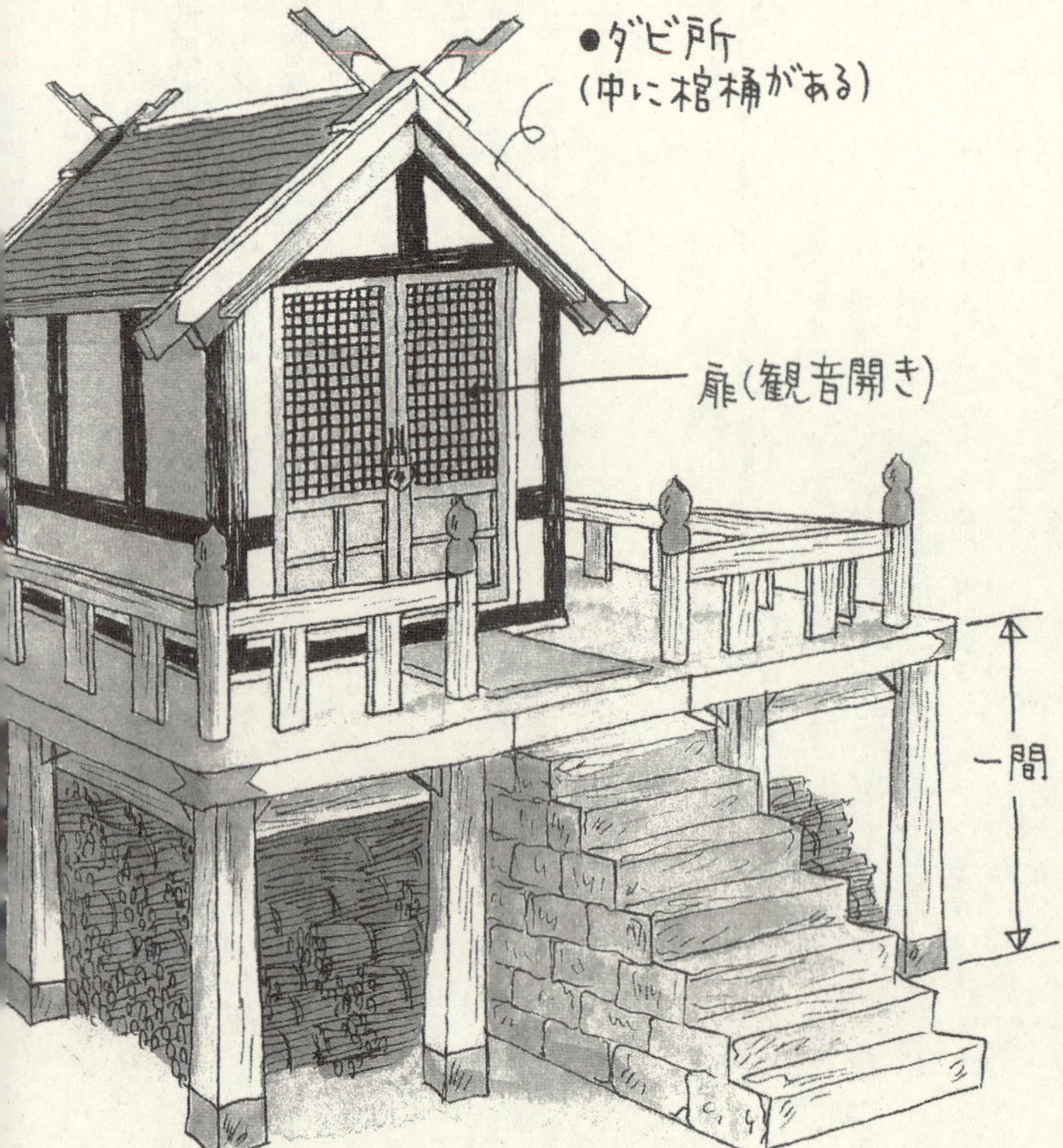
●ダビ所
(中に棺桶がある)
扉(観音開き)
一間

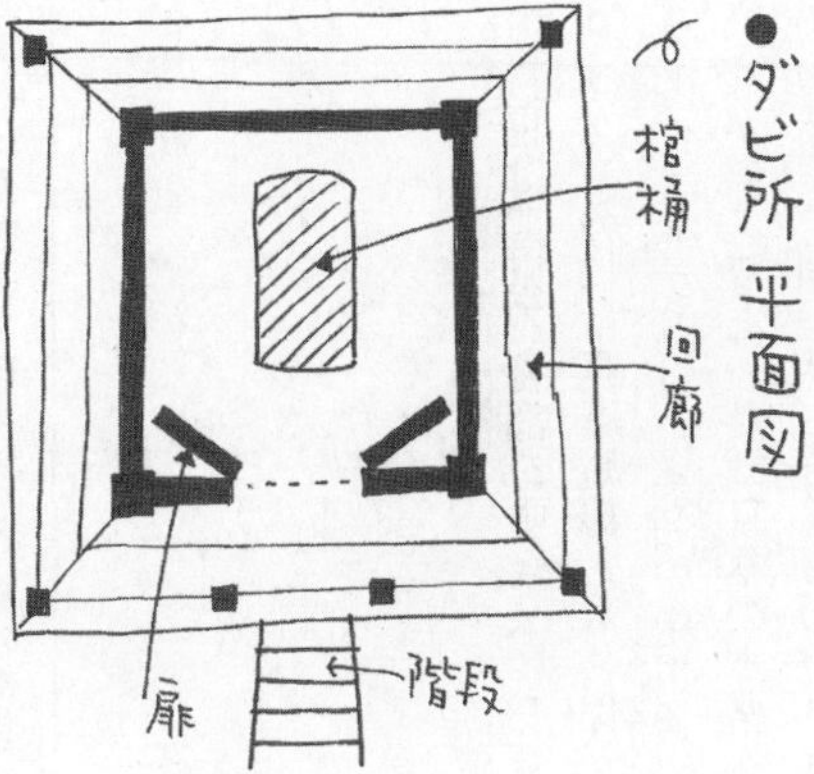

作画POINT

安吾がミステリファンだったとは知らなかった。そういえば父の所蔵本の中に『安吾捕物帖』のシリーズが数冊あったのを思い出す。坂口安吾は、一時期好きだった作家なのだが、捕物帖シリーズもこの「赤罠」も読んだことがない。

さて、この作品を読んでいて気付いたのだが、仕事のために読書することのなんと邪道で良くない行為だろう。ストーリーや文章を楽しむのではなく、何か絵になる箇所はないか、そんな考えが纏わり付いて、物語を追えないのだ。この経験で、一点一点絵を完成させるために読むのではなく、まず仕事は忘れ、与えられた素材のこれらの作品を読者として読み終えようと反省させられたのであった。

赤い密室（一九五四）

冴《さ》え渡った頭脳が創案する究極の奇想

Tetsuya Ayukawa
鮎川哲也

創元推理文庫
『『このミス』が選ぶ！ オールタイム・ベスト短編ミステリー黒』宝島社文庫

鮎川哲也《あゆかわてつや》は、鬼貫《おにつら》警部を主人公にしたアリバイ崩しの第一人者で、鉄道を利用したトリックものには長編短編とも名作が目白押しだ。そもそも作中に本物の時刻表を挿入したミステリは、本名の中川透《なかがわとおる》で書いたデビュー長編『ペトロフ事件』（一九五〇）が嚆矢《こうし》であった。日本の本格作家はアリバイトリックを異常に好む、という指摘がある。国民性にもよるのだろうが、それはわが国の作家だけが、鮎川哲也という絶妙のお手本を得たためではないか、と私は思っている。

アリバイトリックの頂点を極めた鮎川には、密室ものにも重要な作品があり、そちらには足でこつこつ捜査する鬼貫警部のリアリズムが似合わないせいか、超人的な推理力を持った素人《しろうと》探偵・星影龍三《ほしかげりゆうぞう》を起用している。それぞれに趣向を異にした「赤い密室」「白い密室」「青い密室」が有名。作者によると「黒い密室」も書くつもりでいたらしい。それが幻に終わった事情について作者は「次作として、雪のふりつもった公園のベンチに他殺体が横たわっていて、しかも犯人の足跡はどこにもない、という腹案をあたためていた。だが、密室物に関心がうすれるとともに書く意欲も失《う》せ、いまでは一切を忘却して了《しま》った」という。歯嚙《はが》みをするほど惜しい。

題名が印象的な三部作の他にも、雪の足跡トリックの「矛盾する足跡」、人間消失ものの「消えた奇術師」「妖塔記《ようとうき》」、姓名不詳のバーテンが探偵役を務める「マーキュリーの靴」「塔の女」などがあり、密室の分野でもトリックメーカーぶりを遺《い》憾《かん》なく発揮している。ことに、ピエロの扮装《ふんそう》をした殺人犯人がコンクリートのトンネルから消えてしまう「道化師の檻《おり》」は、ここでご紹介する「赤い密室」と双璧《そうへき》をなす傑作である。

舞台は某大学。その法医学教室には不穏な空気が渦巻いていた。浦上文雄、香月エミ子、伊藤ルイの三角関係に加えて、浦上を宿命のライバル視する榎茂。「四人《よつたり》の男女は、まるで人間社会の縮図さながらに、相互に憎みさげすみ合っていた」。

老いたルンペンが解剖室で棺《ひつぎ》に納められた翌日、法医学教室を衝撃が襲う。香月エミ子のバラバラ死体が解剖室で見つかったのだ。普通にバラバラにされているだけではない。まず、解剖台の上に五本のメスとともに首、左の大腿部《だいたい》と下肢と足首、右腕の上膊《じょうはく》、左腕の上膊と下膊が散乱していた。台の陰になっている床には、油紙と新聞紙でくるまれた上に麻縄でゆわえられた右の大腿部と下肢と足首、右腕の下膊と手首。そして、記録机の下の開きの中から、これまた油紙に包んで麻紐《ひも》で縛られた胴体と左手首が出てきた。油紙包みのものには荷札がついており、犯人は各パーツをどこかに発送しかけていたように窺《うかが》える。作業を完了しなかったのは、邪魔が入ったからか？——そんなことより不可解なのは、死体発見現場が密室だったことだ。

大学の敷地の片隅に離れてある建物は「赤い煉瓦の壁はきわめてがっしりとしており、まだ五十年や百年は手を加える必要もなさそう」という代物《しろもの》である。「入り口の戸はがんじょうな樫の親子扉で、太い鉄棒の閂がついている」。閂には五つ数字を合わせるダイアルロックがついており、死体発見時にはちゃんとロックされていた。扉を開くと横に長い二坪の準備室で、正面に解剖室へ通じる一枚扉があるが、ここも鍵《かぎ》で施錠《せじょう》されていた。左右の壁の窓は、ガラス戸にも鎧戸《よろいど》にも鉄格子《ごうし》にも異状なし。解剖室の五つ窓も同様。コンクリートの上に張ってあるリノリウムを剥《は》いでも、地下道などない。残る開口部は解剖台の真上の換気孔だったが、大きさがわずか二十センチ四方しかないため、犯人や死体の胴体が通れるはずがなかった。ダイアルロックの番号を知り、解剖室の鍵を預かっていたのは浦上だけだ。しかし、捜査の過程で彼が無実であることが判明し、殺害現場が別にあったことが明らかになる。だとすれば、犯人はどのようにして密室に死体を運び込んだのか？

手を焼いた警察に協力を求められた星影龍三は、事件の概要を聞いただけで密室の秘密を見破るのだが、その際にこんな興味深い発言をしている。「推理小説の密室物というとその九割九分まで機械的操作で扉をしめてるが、あいつは感心できないね。おまけに大抵の密室物が、密室状態にする必然性がないのだよ」「言ってみれば作者が密室トリックを思いついたから、それを誇りたいがために密室小説を書くのが大部分さ。あれはどうも滑稽だね」。これはもちろん、密室に対する作者の姿勢の表明だろう。鮎川は、機械的トリックを心理的トリックより低レベルのものとみなし、犯人があえて密室殺人を犯す必然性が重要であることを訴えている。となれば、本作がその思想をふまえた実践編でなかろうはずがない。まさしく、そのとおり。読者は、どれほど冴え渡った頭脳がこんな手順を創案したのか、と賛嘆するだろう。

　ところで、機械的トリックより心理的トリックの方が高級である、という論拠は何なのだろうか？　それはおそらく、心理的盲点を衝《つ》かれる知的快感は普遍《ふへん》的だが、機械的トリックの場合は往々にして「そんな道具があったなんて（そんなメカニズムが使えたなんて）、現場にいないと想像のしようもない」という不満が残りがちだからであろう。しかし、機械的トリックといっても、それが本当にトリックと呼ばれるに足る発想の飛躍を具《そな》えていたら、「その道具をそんなふうに利用するなんて」といった心理的盲点を衝いているはずだ。未知の薬品を利用したとか、実は窓枠がそのまま取り外しできた、というペテンは論外だとしても、一流の機械的トリックは一流の心理的トリックに劣らないのではあるまいか。

「赤い密室」に話を戻そう。この作品は読み返して仔細《しさい》に検証するほどに、凄《すご》さがより判《わか》ってくる。バラバラに解体された人体があるのが最も自然な場所は、（戦場を除けば）解剖台の上だろう。ところが、本作においては、その最も自然な場所で見つかるバラバラの人体が、最もあってはならない死体という無気味さを漂わせているのだから恐ろしい。これは究極の奇想ではないのか。それゆえ、本作はよくできた〈奇術〉ではなく、本格ミステリという〈小説〉の傑作なのだ。また、「赤い密室」という題名が解剖室を直截《ちょくせつ》に指しているがために、本作の舞台が解剖室であることがトリックの核心だ、ということが完璧《かんぺき》に隠蔽《いんぺい》されている。見事というしかない。

著者紹介
鮎川哲也　あゆかわ・てつや（一九一九〜二〇〇二）
東京都生まれ。一九四八年、「ロック」に「月魄《つきしろ》」（那珂川透名義）を発表。以後、中川淳一、薔薇小路棘麿《ばらのこうじとげまろ》などの筆名で短編を発表、五六年、講談社の書き下ろし長編公募に入選した『黒いトランク』より筆名を鮎川哲也とする。六〇年、『黒い白鳥』『憎悪の化石』で第一三回日本探偵作家クラブ賞を受賞。他の作品に『りら荘事件』『人それを情死と呼ぶ』『死のある風景』『鍵孔のない扉』等。九〇年からは鮎川哲也賞が設けられ、本格ミステリの新人発掘にも力を注いだ。

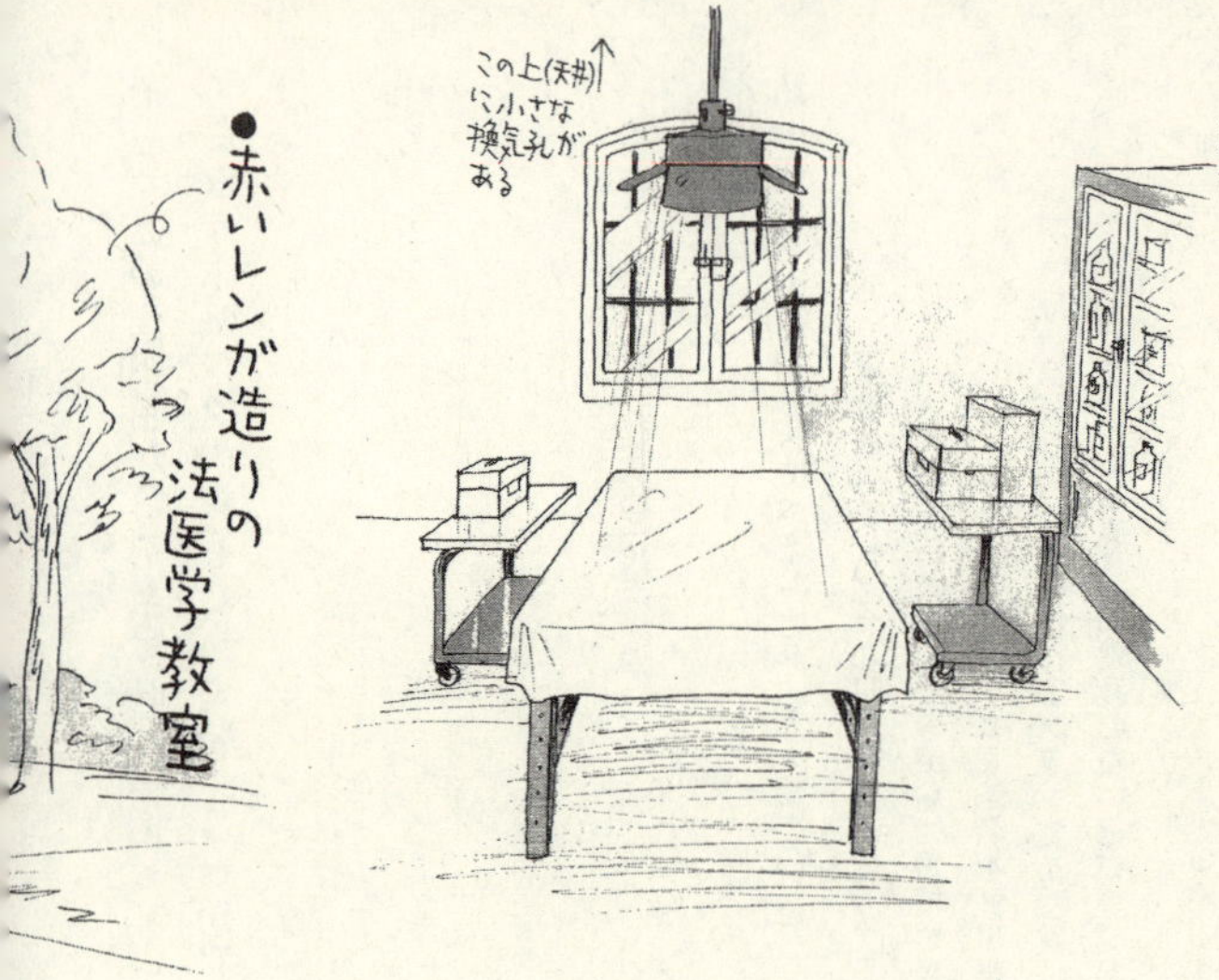
●赤いレンガ造りの法医学教室
●解剖台まわり
この上(天井)に小さな換気孔がある

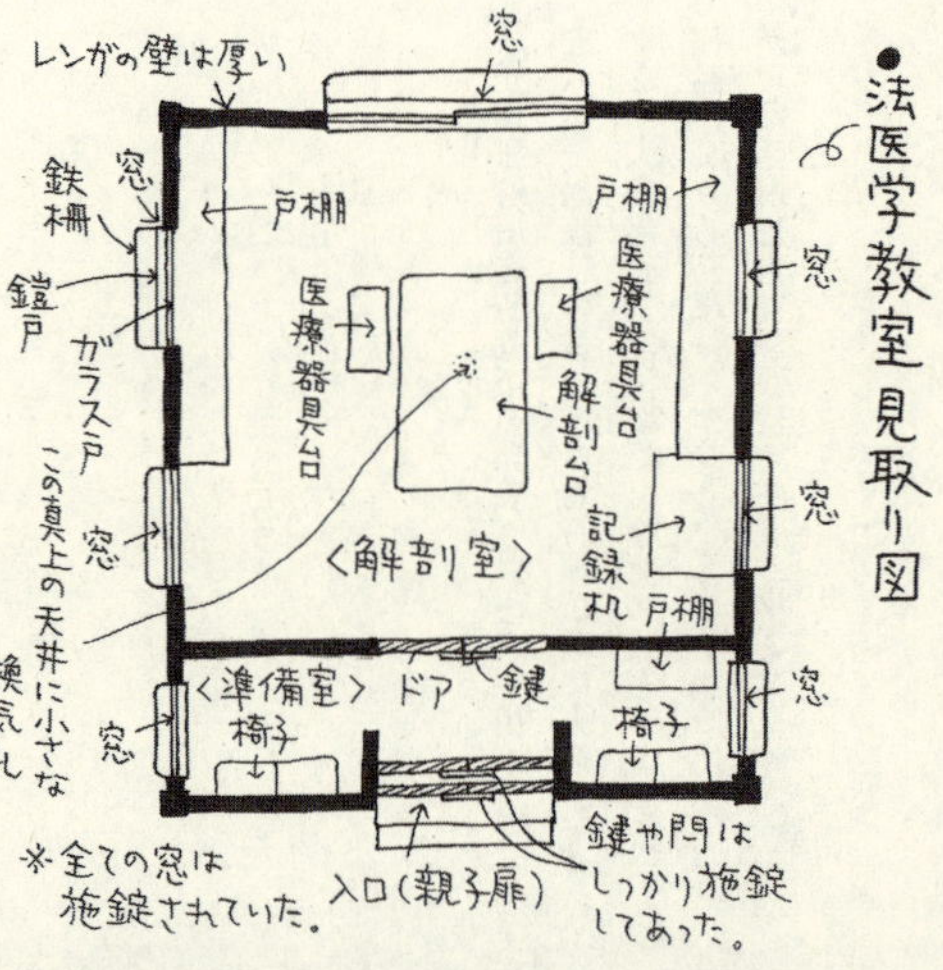
●法医学教室見取り図
レンガの壁は厚い
窓
鉄柵
鎧戸
ガラス戸
戸棚
医療器具台
解剖台
記録机
〈解剖室〉
この真上の天井に小さな換気孔
〈準備室〉
ドア
鍵
椅子
入口(親子扉)
鍵や閂はしっかり施錠してあった。
※全ての窓は施錠されていた。

作画POINT

法医学教室は大学の敷地内にある、と書いてあり、煉瓦造りとある。大きな建物の中の一教室かと早合点すれば、どうやら一棟なのだ。密室は一階建てということなので、館そのものはイラストのごとくであるはずだ。よかった。これは描き易いぞ、と思ったのも束の間。頑丈な正面玄関を入ると、すぐに解剖準備室とあるから困った。普通、フロアなり廊下があるはずなのに、扉や窓の数から組み立てていけば、どう考えても右の見取り図になる。戸建ての平屋とはいえ、トイレぐらい描き加えたかったが、じゃあ窓がないのか、正面玄関とあるから、正面じゃない例えば裏口とかがあるのか、考えるとキリがないので、心もとなくはあるが割り切ることにした。

名探偵が多すぎる（一九七二）

細部にまで遊戯精神に満ちたマニアへの贈り物

Kyotaro Nishimura
西村京太郎

★講談社文庫

七八年の『寝台特急《ブルートレイン》殺人事件』から始まったトラベル・ミステリのブームは九〇年代の半ば頃から沈静化をしていくが、本家・西村京太郎《にしむらきょうたろう》の勢いは留まることを知らない。いったい、作者は何十人（何百人？）の死体を列車の中に転がし、ＪＲは何回爆破予告に震撼《しんかん》したのだろう。そして、私は新幹線に乗った時、「今、この車中で何人のお客が西村京太郎を読んでいるのだろう」などと考えることがある。

トラベル・ミステリの第一人者として地位を確立した作者だが、デビューしていきなりベストセラー作家になったわけではない。昔日《せきじつ》は、ミステリファンの間で「西村京太郎は毎回趣向を変え、時には実験的な手法も取り入れて面白い作品を書き続けている良心的な作家だ。もっと売れるべきである」と思われていたぐらい。第二次大戦を材にしたスパイ小説『D機関情報』、トリックに双子を用いることを冒頭で宣言した上で読者を幻惑させる技巧派の本格もの『殺しの双曲線』、明智小五郎、エラリー・クイーン、エルキュール・ポワロ、メグレ警視が共演した、華麗な推理合戦を展開する『名探偵なんか怖くない』に始まる〈名探偵シリーズ〉など、読み逃せない作品はたくさんある。

現在の西村京太郎はトラベル・ミステリの代名詞だが、かつては海を舞台にした海洋ミステリや誘拐ものを表看板にしていた。『消えたタンカー』や『消えた乗組員《クルー》』はその両方を掛け合わせた作品。『消えた巨人軍《ジャイアンツ》』ではジャイアンツの選手たちが長嶋《ながしま》監督もろとも誘拐されるという大胆な設定を打ち出した。また、『華麗なる誘拐』の犯人グループは無差別殺人を予告することによって日本人全員を人質にとり、政府に莫大《ばくだい》な身代金《みのしろきん》を要求する。題名には表れていないが『夜間飛行《ムーンライト》殺人事件』もスケールの大きな誘拐ものだ。得意の誘拐と鉄道を合わせた『ミステリー列車が消えた』は、西村トラベル・ミステリの代表作と言っていいだろう。奇抜な設定とサスペンスを主眼においた作品が多いが、誘拐の過程で消失トリックと呼ぶべきものが使われるケースも少なくない。特に、イベント用の臨時寝台列車を線路の上から消してみせる『ミステリー列車が消えた』には、ジャンボ機を丸ごと消して誘拐するトニー・ケンリックの『スカイジャック』に通じる大トリックが出てくる。こうしてミステリ作家は、世界的マジシャンのデヴィッド・カッパーフィールドと紙の上で張り合うのだ。

さて、そんな西村ミステリから純正の密室トリックをご紹介しよう。面白いものがあるのだ。しかも、本書のどこかで紛れ込ませたかった船の密室。それは、前記の〈名探偵シリーズ〉の第二作にあたる『名探偵が多すぎる』の前半に登場する。明智小五郎の招きで日本観光に訪れたクイーン、ポワロ、メグレ夫妻らは、別府《べっぷ》行きの三〇〇〇トンの豪華客船に乗り込む。優雅な休暇になるはずだった。しかし、同じ船にアルセーヌ・ルパンが乗っており、挑戦状を突きつけられるに及んで名探偵たちは俄然《がぜん》忙しくなる。ルパンは宝石商の船客の宝石を盗むと予告してくるのだ。怪人二十面相もこの船に乗っているのではないか、と名探偵たちや同乗の刑事らが警戒をしているさなか、瀬戸内海を航行中に左舷《さげん》の特等室で宝石商が死体で見つかる。

現場には内側から錠が下りていたので、発見者たちは斧《おの》でドアを破らなくてはならなかった。被害者は室内で仰向けに倒れていて、胸には登山ナイフが刺さっていた。どうしたわけか、靴を脱いでいる。床や壁は血で染まり、テーブルの上には空になった宝石ケースがのっていた。壁には、《名探偵諸君。この謎が解けるかね？》というルパンからのメッセージ。ルパンが人殺しを……？

それも不可解だが、判《わか》らないのは密室の謎だ。ドアの錠は〈鉄製の心棒を、横に動かすことによって、簡単に掛かる〉が頑丈なものだ。そして、刑事の調べたところによると、針金や紐《ひも》を使った機械的操作で施錠《せじよう》された形跡はなかった。アルミサッシの船窓ならば隙間《すきま》があるので細工ができたし、窓の外には丸い鋲《びよう》の頭が並んでいるのでそれを足場に逃げることも可能だったのだが、上部デッキにいた明智の証言によって否定される。もちろん、室内に秘密の抜け穴はない。そんな不可能状況に直面した名探偵たちの頭脳は、猛烈な速度で回転を始めた。

彼らが注目したのは、死体発見の直前、右舷から一人の青年が海に突き落とされ、船が緊急停止をしたことだ。幸いにも、青年は泳ぎが堪能《たんのう》だったのでことなきを得る。助けられた青年の部屋には、何者かから花束が届けられていた。

細部にまで遊戯精神が満ちた作品で、マニアへの贈り物といった趣《おもむき》がある。たとえば「浴槽《バス》につかりながら、りんごを齧《かじ》ると、いい考えが浮かぶと聞いたものですから」と言う事務員にポワロが「りんご？　あれは女の食べものだよ。君」と返す場面。これは、クリスティが浴槽でりんごを齧ってアイディアを練ったという逸話の引用で、作者が判る読者だけに向けてウインクしているかのようだ。探偵たちの推理法もいかにもそれらしく描かれていて、西村京太郎のミステリ的教養の豊かさを窺《うかが》わせる。

密室の謎について、こうではないのか、と読者が想像するような推理は先回りして否定していく。刑事が唱える「ああ、それは面白いな」という仮説を論理的に消し込む手際《てぎわ》も素晴らしい。ただ、せっかくの船の密室なのに、今回読み返してみて、現場となった船室の描写がとても希薄なのに気づいた。もっとこってり書いてもらった方が、磯田氏はイラストにしやすかったかもしれない。

ところで、ミステリファンの言う密室と世間で言う密室の意味が異なっていることにお気づきの方は多いだろう。新聞の見出しで〈密室の……〉とあるので読んでみたら単に料亭で交わされた贈収賄《ぞうしゅうわい》だったとか、ホテルの〈個室〉で起きた事件だったとか。あまりドキリとさせないで欲しい。

ミステリの紹介文でも、現場が乗物（飛行機、列車、船）だというだけで〈密室殺人〉と書くのは不可だ。外部から隔絶した環境が即密室なのではない。船という密閉空間の中に、狭い意味での密室を置いたこの作品のようなものだけを密室もののと呼んでもらいたい。そう考えてみると、船の密室ものというのは稀少《きしょう》である。

著者紹介

西村京太郎　にしむら・きょうたろう（一九三〇〜）

東京都生まれ。都立電機工業学校卒。一九六三年、様々な職業を経て「歪《ゆが》んだ朝」で第二回オール讀物推理小説新人賞、六五年、第一一回江戸川乱歩賞を『天使の傷跡』で受賞する。十津川《とつがわ》警部、亀井《かめい》刑事のコンビが活躍するトラベル・ミステリでベストセラーを量産。八一年、『終着駅《ターミナル》殺人事件』で第三四回日本推理作家協会賞受賞。

たぶん、この辺りが宝石商の部屋（特等室）。
ここが殺人現場だ。

●宝石商が死んでいた特等室内

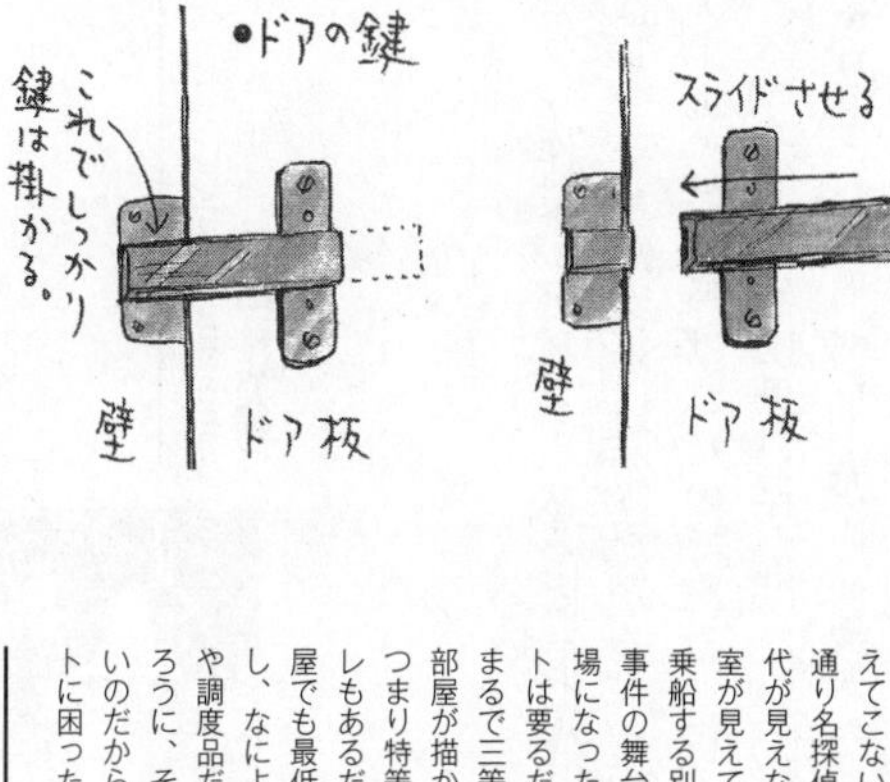

作画POINT

これもイラスト化に困った一つだ。作品は面白いのに絵が見えてこないのである。タイトル通り名探偵が多すぎて、まず時代が見えない。それに肝心の密室が見えてこない。探偵たちが乗船する別府行きの豪華客船が事件の舞台なのだから、殺人現場になった〈特等室〉のイラストは要るだろうと、読み返すと、まるで三等船室のように簡素な部屋が描かれているのである。つまり特等室なら、バスやトイレもあるだろうし、シングル部屋でも最低ふたつはあるはずだし、なによりも備え付けの家具や調度品だってけっこうあるだろうに、それらが描かれていないのだから、作画するのにホントに困った。

花の棺《ひつぎ》（一九七五）

紙と木でできた〝堅牢《けんろう》〟な密室

Misa Yamamura
山村美紗

★光文社文庫

出版社やマスコミは、有望な女性ミステリ作家がデビューすると一つ覚えのように〈日本のアガサ・クリスティ〉というレッテルを安易に貼《は》りたがるが、山村美紗《やまむらみさ》の場合は違った。彼女は〈トリック・メーカー〉と呼ばれたのである。日本でこういう称号を獲得した女性ミステリ作家というのは、他に思い浮かばない。山村美紗と言えば「京都が舞台の華やかなミステリ」「ベストセラーが片っ端からテレビドラマ化されて高視聴率を稼ぐ作家」というイメージが先に立ってしまうが、その〈トリック・メーカー〉ぶりを検証する作業がもっとあっていいと思う。

私は京都の大学の推理小説研究会に所属していたせいもあって、学生時代に作家本人に二度会っている。「トリックを一つ思いついたら帰っていいなんて会社があれば就職するのになぁ、と教師時代に思った」という話がとても印象的だった。そんな自負に恥じず、初期作品には巧妙なトリックが短編にも惜し気もなく使われている。だから『死体はクーラーが好き』『幻の指定席』『目撃者ご一報下さい』などは、とてもお買い得な短編集だ。たいていは密室かアリバイに分類されるトリックだが、「新幹線ジャック」のような誘拐トリックの大業《おおわざ》もある。キャリアを重ねるにつれてトリック製造能力が低下するのはすべてのミステリ作家の宿命だが、短編にも一つは新しいアイディアを、一つはトリックを、といつまでもサービスし続けた作者の態度は誠実だ。タコの入っていないタコ焼きを売りたくなかったのだろう。

彼女が新製品をトリックに取り込むのに敏であったことは、巷間《こうかん》よく知られているエピソードだ。留守番電話やファクシミリが日常的になってくるや、たちまちそれを利用したトリックを考案して作品化する。もちろん、このやり方は両刃《もろは》の剣で、時間がたつとトリックが古びてしまう危険もある。しかし、「他の誰よりも先に私が留守電でトリックを創《つく》って書いてやる」という貪欲《どんよく》さは、ミステリ作家として大切なことではないだろうか。また、書かれた時期を読者が念頭に措《お》いてくれれば、トリックというのは案外古くならない、という見方もある。

後年、商標であると割り切ったかのごとく題名に〈京都〉を冠しまくった作者だが、デビュー当初はそうではなかった。『マラッカの海に消えた』『黒の環状線』『葉煙草《シガリロ》の罠《わな》』『鳥獣の寺』、そして『花の棺《ひつぎ》』。どれもセンスがいいだけでなく、内容を的確に表わした好タイトルである。

『花の棺』は山村美紗がベストセラー作家としてブレイクした作品で、金髪の名探偵キャサリン・ターナーのデビュー作。生け花を学ぶために京都に滞在することになった米副大統領の娘・キャサリンは、エスコート役の浜口一郎《はまぐちいちろう》とともに、華道界の因襲《いんしゅう》と欲望にからむ連続殺人事件に巻き込まれていく。冒頭から京都の街のいたるところで謎めいた事件が起きたり、犯人が凝りに凝ったアリバイを偽造したりするのだが、密室に話を絞ろう。

殺人現場はある邸宅の離れの茶室。主人である家元がおうすの茶碗《ちゃわん》に入っていた青酸カリで中毒死する。自殺する動機はまるでなく、また抹茶の粉を入れたナツメから毒物は検出されないことから、他殺と判断される。邸内では今後の華道界の勢力地図に関わる集まりが持たれており、敵対する流派の家元たちが顔を揃《そろ》えた中での殺人だった。茶室の周辺に積もった雪（事件の少し前になってやんだ）には死体を発見した人間の足跡しか遺《のこ》っておらず、また、茶室の襖《ふすま》とにじり口には内側から掛け金が掛っていた。現場は二重の密室だったのだ。発見者らは異状を感じて、掛け金を引きちぎって強引に襖を開いたのである。これを見たキャサリンは「非常に、日本的な密室ね」という感想を洩《も》らす。高木彬光のように風呂場《ふろば》にこだわらなくても、和風の密室は可能だったのだ。

茶室と母屋《おもや》の廊下の間隔は三メートル。犯人（のみならず被害者までも）がそれを飛び越えられたはずがない。ロープを張って渡った形跡もない。どうやって足跡をつけずに茶室へ……というトリックは付け足し。メインはあくまでも「紙と木でできている」茶室の密室トリックである。キャサリンはアメリカ人の目から、「襖を開けずに、はずしちゃったんじゃないかしら？」「あの天井じゃないかしら？日本の天井は、小さな板を釘で止めずに、ただ並べてあるだけなんでしょう？」と仮説を出すが、どれも解決に結びつかない。しかし、最後にはトリックを見破るのに成功する。密室の謎が解けた、という彼女の言葉を疑う警部に向かって浜口は言う。「あの密室がなかなか解けないのは、僕たちの先入観が邪魔をしているためなのかもしれないからです。日本建築を見なれていて、そのために常識的な見方しかできなくなっているということも考えられますからね」。

京都と華道界が舞台というだけでも雅《みやび》やかなのに、探偵役に米副大統領の美貌《びぼう》の娘を配したのだから作品の雰囲気はますます華やいだものになる。加えて作者が新進の閨秀《けいしゅう》作家ときたら話題性も充分で、さぞや出版社も広告が打ちやすかったことだろう。だが、作者がキャサリンを起用したのは、本格ミステリとして大ファイン・プレイだった。浜口の台詞《せりふ》にあったように、トリックを解くためには先入観を棄《す》てて発想をジャンプさせなくてはならない。それが可能なのは、確かに外国人のキャサリンのように虚心に〈茶室の密室〉を見る目の持ち主であろうから。

このトリックの原理は、いたってシンプルだ。ただし、紐《ひも》を引っぱればでき上がりというほどお手軽なものでもなく、いくつかの段階を経て完成する。本書に挙げたものの中では「妖魔の森の家」や「赤い密室」もそのパターン。私はこういうトリックが好きなのだ。〈不可能は分割せよ〉というセオリーの見事な実践である。

また、このトリックが成立するためには、現場が「紙と木でできている」だけでは駄目で、引き戸になっていなくてはならない。この引き戸という特性をうまく利用した密室トリックは作例が少なく、にわかに思い出せるのは、高校の教室を殺人現場にした法月綸太郎《のりづきりんたろう》の『密閉教室』ぐらいだということを付記しておこう。

密室の必然性（一応の説明はある）がやや弱いことが玉に瑕《きず》だが、『花の棺』は〈トリック・メーカー〉山村美紗の代表作として、膨大な著作の中で特別の敬意を払われるべきである。

著者紹介
山村美紗　やまむら・みさ（一九三四～九六）

京都府生まれ。京都府立大学文学部卒。中学校教師退職後、主婦業の傍ら推理小説を執筆。一九六七年、「目撃者ご一報下さい」（「推理界」）でデビュー。出身地京都を舞台とした絢《けん》爛《らん》たる作品で名高い。作品に『死体はクーラーが好き』（小説サンデー毎日新人賞）、『マラッカの海に消えた』（江戸川乱歩賞候補）のほか、『黒の環状線』『鳥獣の寺』『百人一首殺人事件』『京都殺人地図』『燃えた花嫁』など多数。

作画POINT

読んでいても描いていても、この作品は楽しめた。山村美紗を初めて読んだということもあり、新鮮に思えたのだろうが、絵にはなる世界（殺人現場）だったし、この絵は珍しく一気に描き終えることができた。ただ、この茶室のイラスト、作品では周りが積雪とあるのに、茶室（建物）そのものの作画に気を取られ、描き上げた後から、雪を描き込むのを忘れていたことに気が付き、描き直したのだった。

余談だが、おおむね楽しみながらできたこの本も、ときおりこんなふうに後で作中の文章描写を確認していて、あ、窓の位置が違う！　とか、うわあっ、部屋の大きさがおかしい、とけっこう描き直したものである。

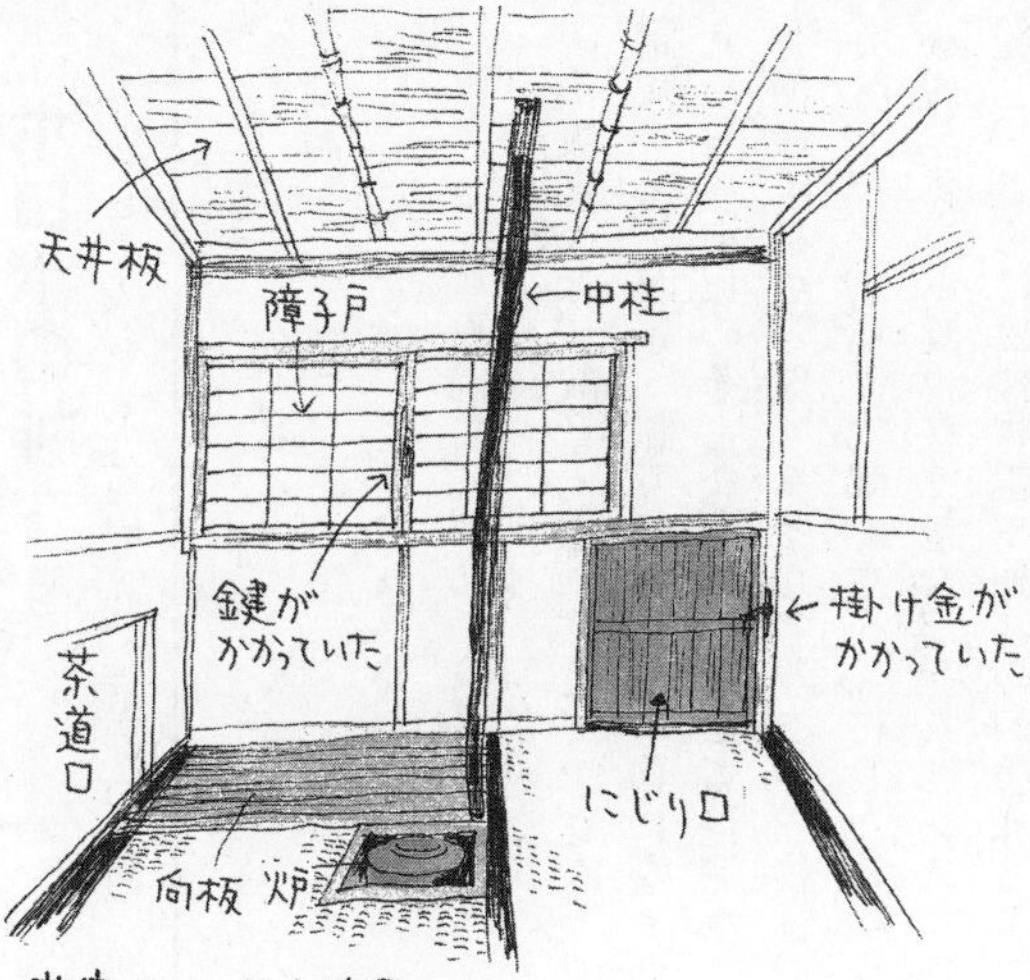

●茶室・にじり口付近図

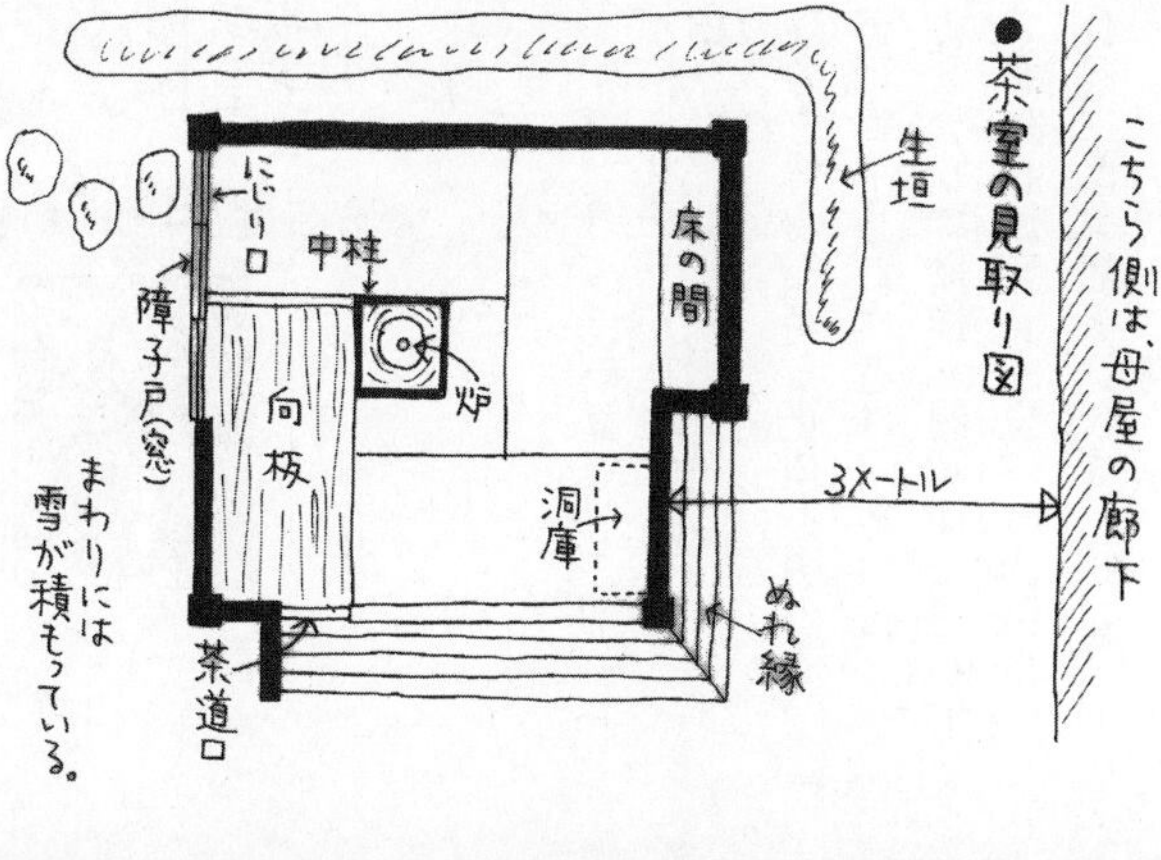

●茶室の見取り図

ホロボの神（一九七七）

トロピカルムードに隠された逆転の発想

泡坂妻夫
Tsumao Awasaka

創元推理文庫

泡坂妻夫《あわさかつまお》は、紋章上絵師《もんしょううわえし》にしてマジシャンにして推理作家、という一人三役を演じている。伝統・創意・技術が一体になったところに本格ミステリが誕生すると考えたら、泡坂のそんな有り様はごく自然なことかもしれない。

美青年ながら飄々《ひょうひょう》としてどこか三枚目、抜群の推理力を持ちながら正体不明のカメラマン・亜愛一郎《ああいいちろう》を主人公にした短編シリーズでデビューした作者は、その後、小説全体をトリックで包んだサスペンスフルな技巧派ミステリで傑作、問題作を連発し、さらには捕物帳や独特の幻想味とエロティシズムを醸《かも》した恋愛小説へと作風を広げていく。しかし、推理小説から離れて書かれた作品にも、読者に罠《わな》を仕掛けるような展開が多くみられ、泡坂妻夫ならではの小説空間が構築されている。本格ファンの熱い支持を浴び続けるこの作者には、デビュー直後から〈日本のチェスタトン〉の呼び声が高かった。奇想と逆説に満ちたトリッキーな短編群が強烈にアピールしたからだ。『亜愛一郎の狼狽《ろうばい》』『――転倒』『――逃亡』の亜シリーズは、もはや現代ミステリの古典と言っていい。それらには、足を掬《すく》われて世界が逆転してしまうようなスリリングな論理がぎっしりと詰まっている。

　マジシャンとしても一流の作者のこと、密室トリックにも秀作がたくさんある。熱風船のゴンドラに乗っていた男が空中で殺される「右腕山上空」、大仏の掌《てのひら》でチラシを撒《ま》いていた男が虚空《こくう》から狙撃《そげき》される「掌上の黄金仮面」、誰も近寄らなかったのに突如として男の腹に刃物が刺さる「病人に刃物」、密閉された球形の部屋の中での殺人を描いた「球形の楽園」、亜愛一郎が雪に囲まれた家から痕跡《こんせき》を残さずにいなくなる「亜愛一郎の逃亡」など、いずれも思いがけない結末で読者を驚かせる。名人の手にかかったら、筆先だけで人を転倒させることも可能なのだ。

　そんなシリーズの中でも「ホロボの神」の舞台は異色だ。南洋に浮かぶホロボ島の正確な場所は書かれていない。おそらくフィリピンかインドネシアの領土なのだろう。飛行機と船ではるばる島にやってきたのは遺骨収集団と学術研究団のメンバー。かつてホロボ島で僻地《へきち》守備についていた中神《なかがみ》は、学術研究団の学者と若い男（カメラマンの亜）と島民の習俗や死生観について話すうちに、戦時中に出会った事件のことを語りだす。それは、最愛の妻の死を悲しむあまり、後追い自殺をした（としか思えない）酋長《しゅうちょう》の話だった。

妻の亡骸《なきがら》を安置した祠《ほこら》にこもったまま酋長が出てこない、という土民の報《しら》せを受けた中神は、軍医と軍曹とともに様子を見にいってみた。と、日の出の頃に、祠の中から酋長が妻の名を呼ぶ声と［雷に似た音］が聞こえたという。何か異常なことが起きたらしい。中に呼びかけても返事がないので入ってみると、酋長は死んでいた。額には銃創がある。盛装した酋長の遺体の上には、妻の遺体が折り重なっており、彼女の手には何者かが守備隊長から盗んだ拳銃《けんじゅう》が握られていた。しかし、死体が拳銃を撃つはずがない。祠は丸太でできていて、萱《かや》に似た草で編んだ簾《すだれ》を四方に深く下ろしただけのものでしかないが、酋長が祠に入った後、その周囲は何人もの土民たちがずっと座って見守っていたというから、何者も外部から侵入しなかったことは動かない事実だ。したがって、酋長自身が妻の遺体に拳銃を握らせて、自らの額を撃ち抜いたとしか考えられない。

合点《がてん》がいかないのは、祠にあったホロボの神（彼らが信仰していたトーテム）がなくなっていること。そして、彼らのような習俗の人間が自殺をすることは不自然であること。中神はあくまでも、「私たちは現に、未開民族の酋長が自殺をしたところを、この目で見ているわけです」と言い張るのだが、亜はこれが他殺であることを見抜く。それがどのように行なわれたか、だけでなく、誰によって行なわれたのか、も。そして、密室だった祠から、何故《なにゆえ》にホロボの神がなくなっていたのか、も。

悲惨な戦争の影が落ちた話ながら、トロピカルなムードもあって、ちょっと南国の幻想譚《たん》めいていて忘れがたい。死刑囚を収監する独房や法医学研究所の解剖室に比べれば、簾が下りた開放的な小屋などいくらでも細工ができそうだが、大勢の目がそれを監視していたのだから、不可能性は微塵《みじん》も損なわれていない。亜によって暴《あば》かれるトリックは、よほど大胆に発想を飛躍させなくてはたどり着けないものである。真相を明かされた瞬間、私は「あ、畜生。やられた!」と叫びたくなったほどだ。類似の前例を思い出させないトリックなのだ。

再読すると、作者の周到さにあらためて舌を巻く。冒頭第二行目、中神ら一行がホロボ島へ向かう場面に「真白な漁船で、船首に濃艶《のうえん》な人魚の像がつけられている」とある。実は、さりげないこんな文章さえ、ものすごーく婉曲《えんきょく》にトリックを暗示しているのだ。瑣末《さまつ》な情景描写も、どこでどう結末につながっているかも知れないから油断できない。

トリックがばれないことを信じて、解決部分から亜の台詞《せりふ》を引用する。

「僕たちから見れば、彼らはいかにも奇怪な呪術《じゆじゆつ》を行う能力があるように見えるじゃありませんか。反対に、彼等の目からは、僻地守備隊は何に見えるでしょうか。まさか文化の発達した民族だとは思わないでしょうね」

あまり引用するとまずそうだから、ここで止《や》めておこう。こんな逆転の発想に事件を解く鍵《かぎ》が潜んでいる。このように、泡坂妻夫は既成概念がどれほど不確かなものか、ミステリの形で実証してくれるのだ。しかし、人間というものは度しがたいもので、泡坂ミステリに五回、六回と既成概念を壊されても、七回、八回とまた騙《だま》されてしまう。それだから楽しみが尽きないわけで、幸いでもあるのだけれど。

エッセイ集『トリック交響曲』の中で、泡坂はこう記している。

「トリックに通じるということは、そうした不完全な人間性を見詰め、理解することなのである」

また、こんなふうにも。

「芸術はたえず真実とともにある嘘の効果を注目し、虚構の世界に真実を描き出しているのである」

著者紹介

泡坂妻夫　あわさか・つまお（一九三三〜二〇〇九）

東京都生まれ。九段高校卒。高校卒業後、紋章上絵師の家業を継ぐ傍ら、創作奇術を発表、石田天海賞を受賞。一九七五年、「DL2号機事件」で第一回幻影城新人賞に佳作入選してデビュー。七八年、『乱れからくり』で第三一回日本推理作家協会賞、九〇年には「蔭《かげ》桔梗《ききょう》」で第一〇三回直木賞を受ける。ユニークなキャラクターの探偵・亜愛一郎三部作の他、『11枚のとらんぷ』『喜劇悲奇劇』『生者と死者』『奇術探偵曾我佳城全集』など。

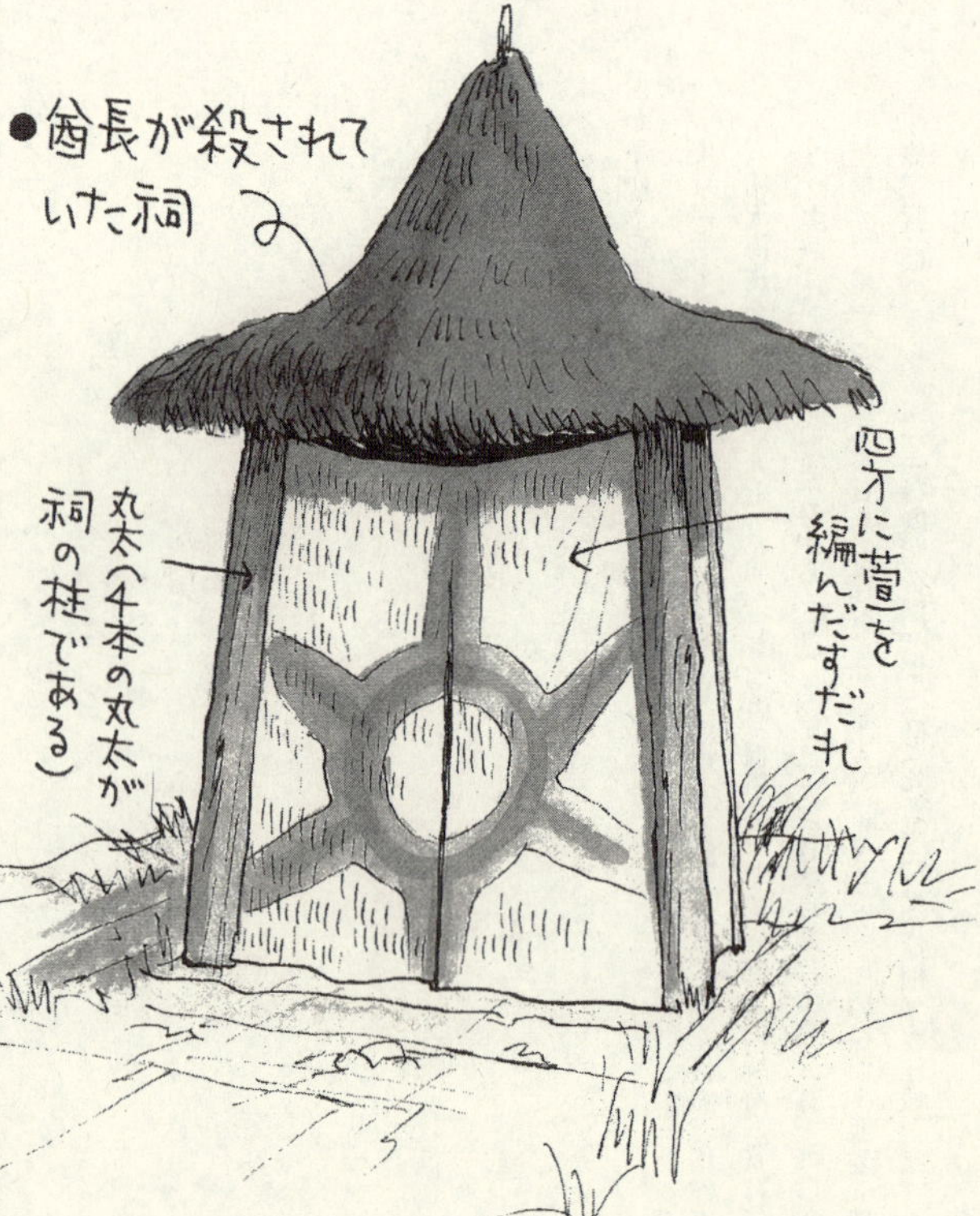
●酋長が殺されていた祠
丸太(4本の丸太が祠の柱である)
四方に萱を編んだすだれ

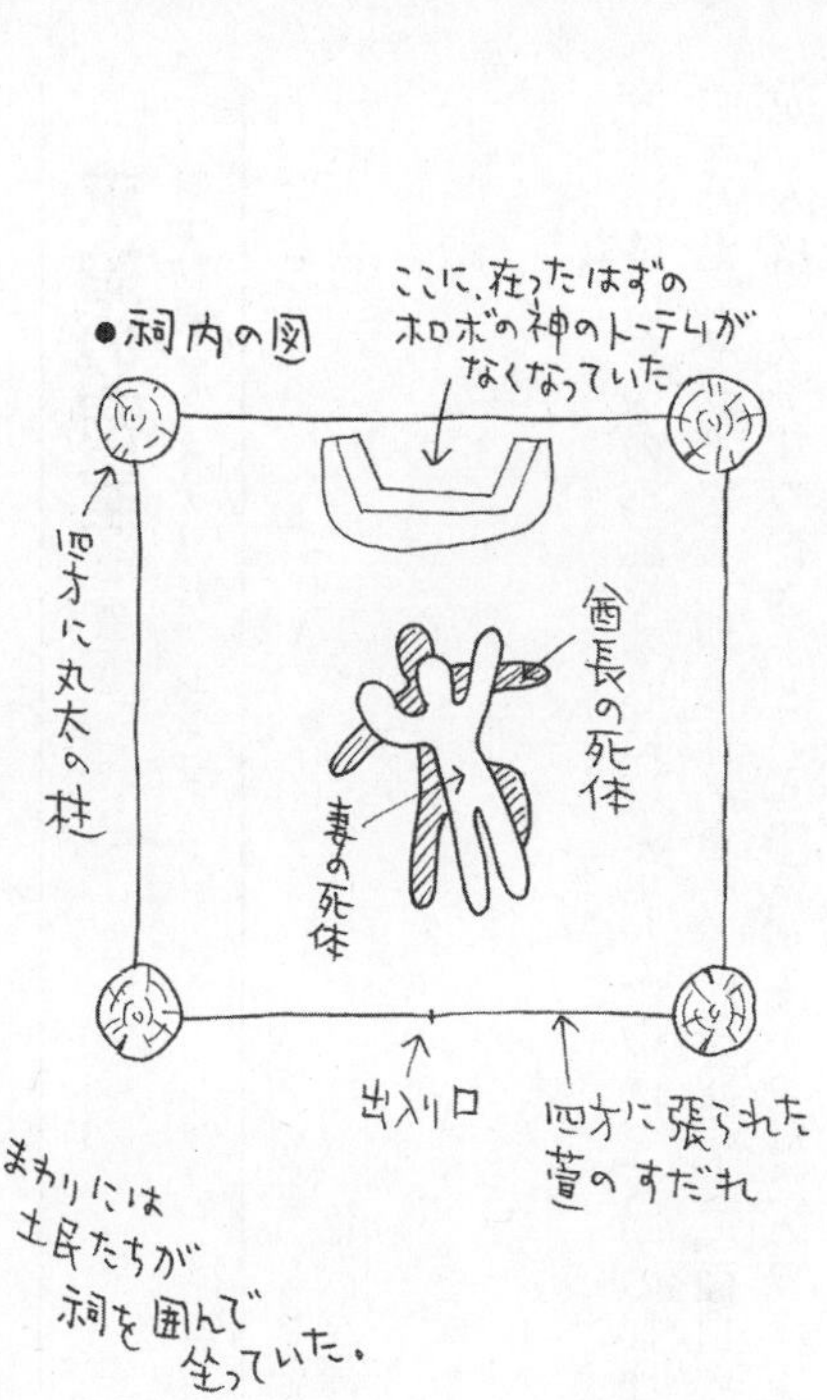

作画POINT

この作品は、ミステリファンの友人に奨められて読んでいた。それだけに懐かしく、けっこう夢中になって読み返せたのだ。だから再読前には、これは絵が描き易いぞと思っていたのに、実際に絵にするためのラフスケッチを取り始めたら、肝心かなめの密室が小さすぎて、祠のイラストとその図面だけでは、原則として編集部及びブックデザイナーの吉崎さんから与えられている、見開き2ページのスペースが埋まらないのである。それで酋長のコスチュームを添えたのだが、いくらストーリーやトリックが面白くても、具体化しづらい作品もあり、今回この僕の立場から言わせてもらえば、この作品など〈絵描きを悩ませたベスト5〉には入れたいものだ。

求婚の密室（一九七八）

騎士物語をミステリにアレンジ

笹沢左保
Saho Sasazawa

◆光文社文庫

私が笹沢左保《ささざわさほ》の小説を熱心に読み出したのは、大学の推理小説研究会に入ってからだった。それまでも初期の作品を一、二冊読んで「面白い」とは思っていたのだが、本格ミステリの書き手という印象が薄かったため、片っ端から読むには至らなかったのだ。笹沢左保といえば、股旅《またたび》ものの「木枯し紋次郎」シリーズ、あるいは『六本木心中』などの風俗小説や、サスペンスものを得意にした大ベストセラー作家。月に千枚からの原稿を書くために、眠ってしまわないよう立ったまま執筆した、という伝説も有名だったので、手の込んだ本格ものをこつこつ書いたりしないだろう、と偏見を抱いていたのだ。

無知であった。左保ファンの先輩に勧められるままに読んでみると、本格の傑作・佳作が目白押しなのだ。各作品ごとに趣向を凝らしてあるのも職人的で、「この人はすごい」と一時は耽読《たんどく》したものだ。特にアリバイものに関しては独特のスタイルを確立しており、『霧に溶ける』『暗い傾斜』（別題・暗鬼の旅路）『遙かなりわが愛を』『遙かなり　わが叫び』『炎の虚像』などなど、アリバイ崩しファンの私は魅了された。その話もしたいのだけれど……この本は『密室大図鑑』であった。

さて、その密室に関しても、笹沢左保はトリックメーカーぶりを遺憾《いかん》なく発揮している。ここでは、トリックの出来もさることながら、お話の枠が一風変わっている『求婚の密室』を採り上げることにした。変な題名だな、と思う方もいるだろう。その意味は、次のあらすじを読めば判《わか》っていただける。

ルポライターの天知昌二郎《あまちしょうじろう》は、美貌《びぼう》の女優・西城富士子《さいじょうふじこ》と知り合い、軽井沢《かるいざわ》の別荘のパーティに招かれる。彼女の父であり東都学院大学教授の西城豊士《とよじ》の誕生祝いと引退記念を兼ねたパーティであり、富士子の結婚相手を選ぶ場でもあるという。富士子は旧弊《きゅうへい》な父から自由を与えられておらず、結婚相手も父が見つけた医者（石戸《いしど》）と弁護士（小野里《おのざと》）のいずれかに決めよ、と命じられていた。パーティに集まったのは十三人。客たちは豊士と敵対していた者が多く、理解できない顔ぶれだった。

一夜明けて、西城教授は死体で見つかる。現場は庭にあるトーチカのような離れの地下貯蔵庫で、豊士の上に妻の若子《わかこ》がかぶさるようにして死んでいた。死因は酸化砒素《ひそ》による中毒死。夫妻の死体の近くには、毒入りのミネラル・ウォーターが入った合成樹脂の瓶（当時はペットボトルという言葉が一般的ではなかった）が転がっている。現場の頑丈な鉄扉《てっぴ》には内側から南京錠《ナンキンじょう》が掛かっており、一つしかないその鍵《かぎ》は室内の排水用の土管の底に落ち込んでいた。唯一の開口部である採光用の天窓は床から三メートル八十センチの高さ。そのような状況から、遺書はないものの、心中事件ではないか、と思われた。しかし、死体の脇《わき》に若子が書き残したらしいWSという意味不明の文字が遺《のこ》っていたり、夫妻が覚悟の死を遂げるそぶりをまったく示していなかったことなどから、簡単に断定することもできない。殺人ならば、密室殺人だ。

天知らは警察に足止めをくう。そんな中で、富士子の結婚候補者である石戸と小野里が、事件の真相について推理をぶつけ合いだした。議論は白熱し、ついには「密室で起きたこの事件の謎を解いた者が富士子と結婚をする」という約束にまでエスカレートするのだ。求婚の資格は、もともと二人にしか与えられていない。傍観するしかない天知だったが、彼は富士子と引かれ合っていく。はたして、密室の謎を解き明かして富士子と結ばれるのは、石戸か？　小野里か？　あるいは……。

一風変わっている、と先に書いたのは、密室トリックを暴《あば》こうとする人間の目的意識のことである。何と、密室を破ったら美女と結婚できるというので知恵を絞るのだ。あり得ない話だ、真面目《まじめ》に聞いていられないよ、と感じた方もいるかもしれないが、手だれの作者はこの設定へとスムーズに読者を導いていく。古い表現を使うなら、〈大人のメルヘン〉。現実味にこだわっていたら書けやしない物語なのだ。

女性の自由な選択を封じておいて推理合戦とは非常識な、と眉《まゆ》をひそめるのも野《や》暮《ぼ》だ。これはメルヘンと呼ぶよりも、いにしえの騎士物語をミステリにアレンジした小説と解釈したい。剣をまじえて戦うかわりに、騎士たちは推理の力で決闘するのである。古今東西の探偵の中には、愛する異性を窮地から救い出すために難事件に挑んだ者もたくさんいるが、こんなふうに決闘した探偵たちは寡聞《かぶん》にして知らない。推理とサスペンスとロマンスを融合し、大人のエンターテインメントを書くことに腐心してきた笹沢左保ならではの作品だ。

肝心のトリックの出来についても申し分ない。思いがけないものが、思いがけない意味を持っていたことを、読者は最後に知る。これまで見たことも聞いたこともない独創的なトリック……というよりは、どうしてこの手があると気づかなかったのだ、と密室ファンに歯嚙《はが》みさせるようなテクニカルなトリックだ。まさに組合せの妙。真相ににじむ人間心理の襞《ひだ》も味わえて、いかにも笹沢左保的だと言える。

ただ、この小説に関して一つ判らないことがある。それは、初出のカッパノベルスに添えられた作者自身の言葉だ。曰《いわ》く「もう新しい密室トリックは絶えた、という声がきかれるようになって久しい。事実、画期的な密室トリックという宣伝文句が泣くような、使い古されたトリックの焼き直しや、安易な機械的トリックにぶつかることが多い。そこで、初の密室トリックによる長編本格推理小説に、あえて挑戦してみようという意欲を覚えて、この作品に取り組んだ」。

？？？

納得がいかない。「初の密室トリックによる長編本格推理小説」という箇所に異議がある。著者のデビュー作『招かれざる客』にも、ちゃんと密室トリックは登場していたではないか。日本探偵作家クラブ賞（現・日本推理作家協会賞）受賞作の『人喰い』や、『霧に溶ける』（それにしても、みんな名作だなぁ）にも、拍手喝采《かっさい》ものの密室トリックがあった。『突然の明日』も一種の密室ものだ。初期の作品とはいえ作者が忘れるわけもないので、解釈の相違なのかもしれないが……いやぁ、どれもいい〈密室もの〉なのになぁ。

著者紹介

笹沢左保　ささざわ・さほ（一九三〇～二〇〇二）

神奈川県生まれ。関東学院中等部卒。「闇の中の伝言」「九人目の犠牲者」が「宝石」の「昭和33年度新人25人集」に採用され、一九五九年、『招かれざる客』が江戸川乱歩賞の最終候補となり、デビューした頃は、「新本格派」として注目される。また、「木枯し紋次郎」に代表される時代小説や「六本木心中」などの現代小説にも多彩に活躍。ミステリの代表作には、第一四回日本探偵作家クラブ賞受賞作『人喰い』のほか『盗作の風景』『空白の起点』『他殺岬』『アリバイの唄』『取調室』など、これも多彩。

●軽井沢の西城教授の別荘

作画POINT

笹沢左保は「木枯し紋次郎」でファンになったが、このシリーズ以外は読んでいなかった。推理小説も読みたいと思っていながら機会を逸していたので、今回この作品と遭遇できたのはラッキーだった。イラストもイメージしやすく、その点は悩む問題もなかったので、読者として読書に専念できた。

全部の作品がこうだと、この仕事もラクなのだが、世の中ラクな仕事なんてないのだろうし、ま、愚痴はよしますね、有栖川さま……。

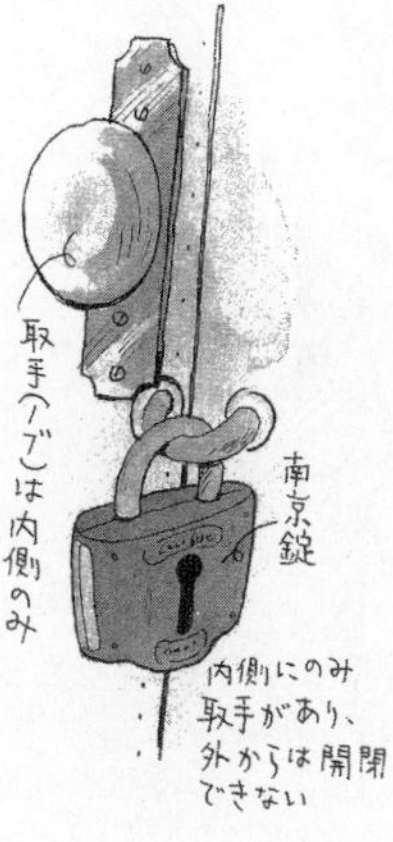
取手(ノブ)は内側のみ
南京錠
内側にのみ取手があり、外からは開閉できない

実験室
(トーチカのよう
造りのハナ

●別荘・地下室の見取り図

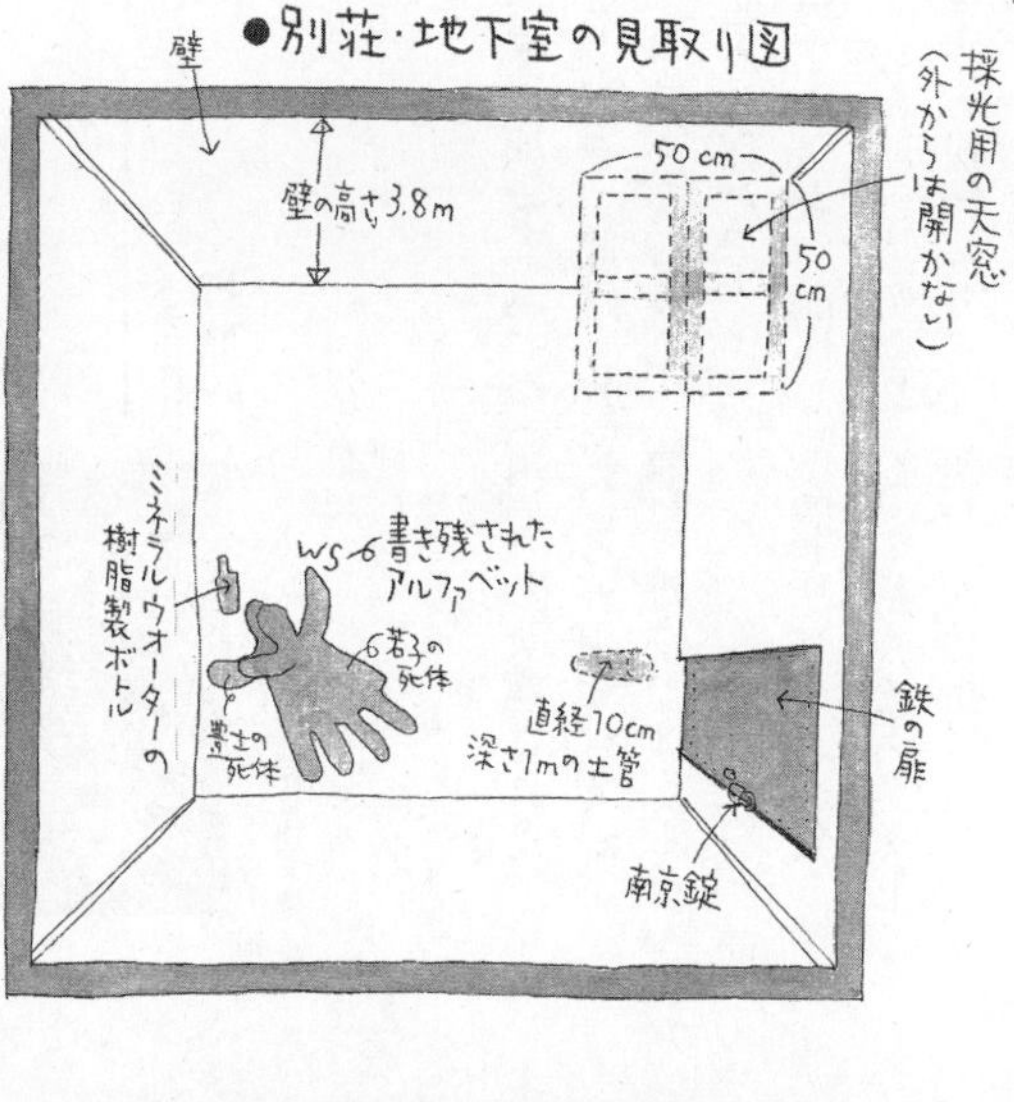
壁
壁の高さ3.8m
50 cm
50 cm
採光用の天窓(外からは開かない)
ミネラルウオーターの樹脂製ボトル
WS-6 書き残されたアルファベット
若子の死体
晋士の死体
直径70cm 深さ1mの土管
鉄の扉
南京錠

天外消失事件（一九八八）

リフトが列車プラス飛行機の不可能興味を演出

折原一
Ichi Orihara

創元推理文庫

短編集『五つの棺』（文庫化に際し、二編追加して『七つの棺』と改題された）は折原一《おりはらいち》のデビュー作だ。まったくの新人の本で、収録されている五編すべてが密室ものときたら、本格ファンとしては読むしかないだろう。『五つの棺』はそんな熱い期待に応《こた》える一冊で、好評をもって迎えられた。

これに続いて長編第一作の『倒錯の死角《アングル》』を発表。前作で密室トリック五連発を堪能《たんのう》した読者は、うって変わった作風に驚いた。三人の登場人物の視点を行き来しながら進行するサスペンス劇……と思いきや、最後にどんでん返しが仕掛けられているという技巧的な作品だ。小説でこんな書き方をしてあったら、それはこういうことなのだ、という約束事を裏切ることで読者にショックを与えるこの手法は、〈叙述トリック〉と称される。折原には江戸川乱歩賞候補作になった『倒錯のロンド』を始め、『螺旋館の殺人』『異人たちの館』『天井裏の散歩者』など、叙述トリックを駆使した作品が多数ある。独白、日記、インタビュー、作中作、年譜など、ありとあらゆる記述方法を盛り込んで新手を開発する情熱はただ事ではない。現実に起きた事件や狂気がよくモチーフになるのは、それが〈現実〉と〈虚構〉、〈虚構〉と〈虚構内の虚構〉の境界を混乱させるのに有効だからだろう。元・旅行雑誌の編集者という経歴を活《い》かした『奥能登《おくのと》殺人旅行』などトラベルミステリ風のものもあり、そちらのファンも多い。デビュー作で登場した黒星《くろほし》警部が主人公のユーモアタッチのものも引き続き書かれている。タッチは違っても、全作品が極めてトリッキーである。

叙述トリックは絵にならないし、本書は『密室大図鑑』なので、ここでは『七つの棺』の掉尾《とうび》に置かれた「天外消失事件」を紹介する（『五つの棺』に収録された際の題名は「おせっかいな密室」）。これは、クレイトン・ロースンの名作「天外消失」をもじってつけられている。

旅行雑誌『旅の情報』の編集者である沢田五郎《さわだごろう》は、取材のために白岡山にあるアベック・リフトに乗りにやってくる。［二人掛けのリフトにカプセルがついた、いわゆるロープウェイのミニサイズの乗物で、二十メートルほどの間隔で次々と運転されている］というものだ。［外観はほぼ球形で赤く塗られ、八十センチ幅のガラス窓がぐるっと一周する形になっている。直径は一・六メートルほどで、入る時は体を屈めなくてはならないが、座ってしまえば、乗り心地は上々だ。しかし、四人で乗るにはいささか窮屈《きゅうくつ》で、やはりこれは二人向きにできているようだった］。

リフトは山上駅と山麓《さんろく》駅を結んでいる。その距離はおよそ五百メートル。所要時間は八分。リフトとリフトの間隔は二十メートルなので、全部で五十台のリフトが常時ぐるぐる動いているわけだ。山の上と下の駅のホームはU形になっていて、二人の係が待機している。リフトが到着したら降車係が鍵《かぎ》をはずして客を降ろして、リフトが構内を半周したら乗車係が客を載せて鍵を掛ける。中の子供が悪戯《いたずら》したりしないよう、安全のために鍵は外側からしか掛けられなかった。

沢田は、山麓駅で係員の愛川《あいかわ》に取材をする。面倒くさがりながらそれに応じた愛川は、試乗を勧めて沢田をリフトに乗せるのだが、ほっとしたのも束《つか》の間《ま》だった。その五分後に山麓駅に着いたリフトに、腹部から血を流して死んでいる女が乗っていたのである。リフト内には犯人の姿も凶器もない。

通報を受けてやってきた白岡署の黒星光警部は欣喜《きんき》して「密室だぁ」と騒ぐ。ミステリマニアの彼は、こういう事件に遭遇するのが念願だったのだ。しかし、その警部も沢田の証言を聞いて頭を悩ます。彼は、すれ違う下りのリフトの中で、女をナイフで刺そうとする男を目撃したのだと言う。だとすると、犯人はどうやってリフトから脱出したのか？

リフトは外側からしか施錠《せじょう》できないし、そのボルトは針や糸で動かせるものではない。窓は通風のための小さなもので、ナイフを投げ入れる隙間《すきま》もない。仮に扉や窓から出入りする方法があったとしても、十メートルの空中を行くリフトから、ハイキング歩道の人目につかずに離脱するのは不可能。下手な鉄砲式に繰り出す警部の推理は、ことごとく空《くう》を斬《き》る。

まさしく不可能状況。動いている列車だの船だの乗物が密室になる作品は多いが、リフト（というより、ロープウェイ）での密室殺人とはユニークだ。すれ違う方に目撃者がいたり、空中にあるので犯人の脱出が困難だったり、リフトが列車プラス飛行機の不可能興味を演出しているのが面白い。

密室ものの教科書のような短編なのだが、年季の入ったミステリマニアでもある作者は、ひねくれた趣向をとった。それは、この作品を密室もののパロディに仕立てたことだ。現実にはあり得ない密室殺人マニアの警部（いないいない）という設定のため、「そんな馬鹿な」と密室の非現実性を問うことが封じられている。

単行本版のあとがきから引用してみる。「密室の時代はすでに終わっているし、たとえ密室が書かれても、それはパロディーしかありえないと考えている」「傑作と言われる密室作品は、過去であれ、現在であれ、パロディー色が強い」「紀田順一郎氏はかつてその『密室論』の中で、「密室に夕暮れが訪れた。閂のかかった分厚い扉をこじあけようとする者は既にいない」と言いきっているが、まったく同感である。私は紀田氏の意見を逆手にとって、「密室の分厚い扉を冗談（パロディー）で開かせる」つもりなのである」。

「冗談」とあるけれど、誤解なきよう。『七つの棺』に収められているのは、全部まっとうで上質の密室トリックである。

密室なんて時代遅れだ、という批判に対するこの回答が誤っているとは言わないが、私はシニカル過ぎるように思う。密室あるいは本格ミステリには、自己複製を続けるパロディのような側面があるにせよ、「これからは道化として生きます。だから居場所をください」と乞《こ》うようで、抵抗があるのだ。

太宰治《だざいおさむ》の『人間失格』に、主人公たちが森羅万象《しんらばんしょう》を悲劇名詞《トラ》と喜劇名詞《コメ》に分けて遊ぶ場面があった。そこで友人が〈生〉を喜劇に分類するのに語り手はこう反対した。

「いや、それでは、何でもかでも皆コメになってしまう」

著者紹介

折原一　おりはら・いち（一九五一〜）

埼玉県生まれ。早稲田大学文学部卒。「旅」誌編集者を経て、一九八八年、作品集『五つの棺』でデビュー。『倒錯のロンド』の他、作品に『異人たちの館』『誘惑者』『冤罪者《えんざいしゃ》』『倒錯のオブジェ　天井男の奇想』など多数がある。九五年、『沈黙の教室』で第四八回日本推理作家協会賞受賞。

作画POINT

これは参った。密室は密室でも、いわゆる部屋ではなく、リフトなのである。それも二人掛けのカプセル式の小さなリフトで、この小さくて狭い乗り物が犯行現場という仕立なのだ。

ロープウェイも絵にしにくいモチーフだが、編集部からなるべく一作に一点は描いてほしいと頼まれていた見取り図そのものが、絵にならなくて、読者及び有栖川氏や編集部にも、また作者の折原一氏にも申し訳のないことだが、このページのイラストは（僕の力不足もあって）不本意な表現結果になったことをお詫びしたい。このプロらしからぬコメントもまた、どうかお許し願いたい……。

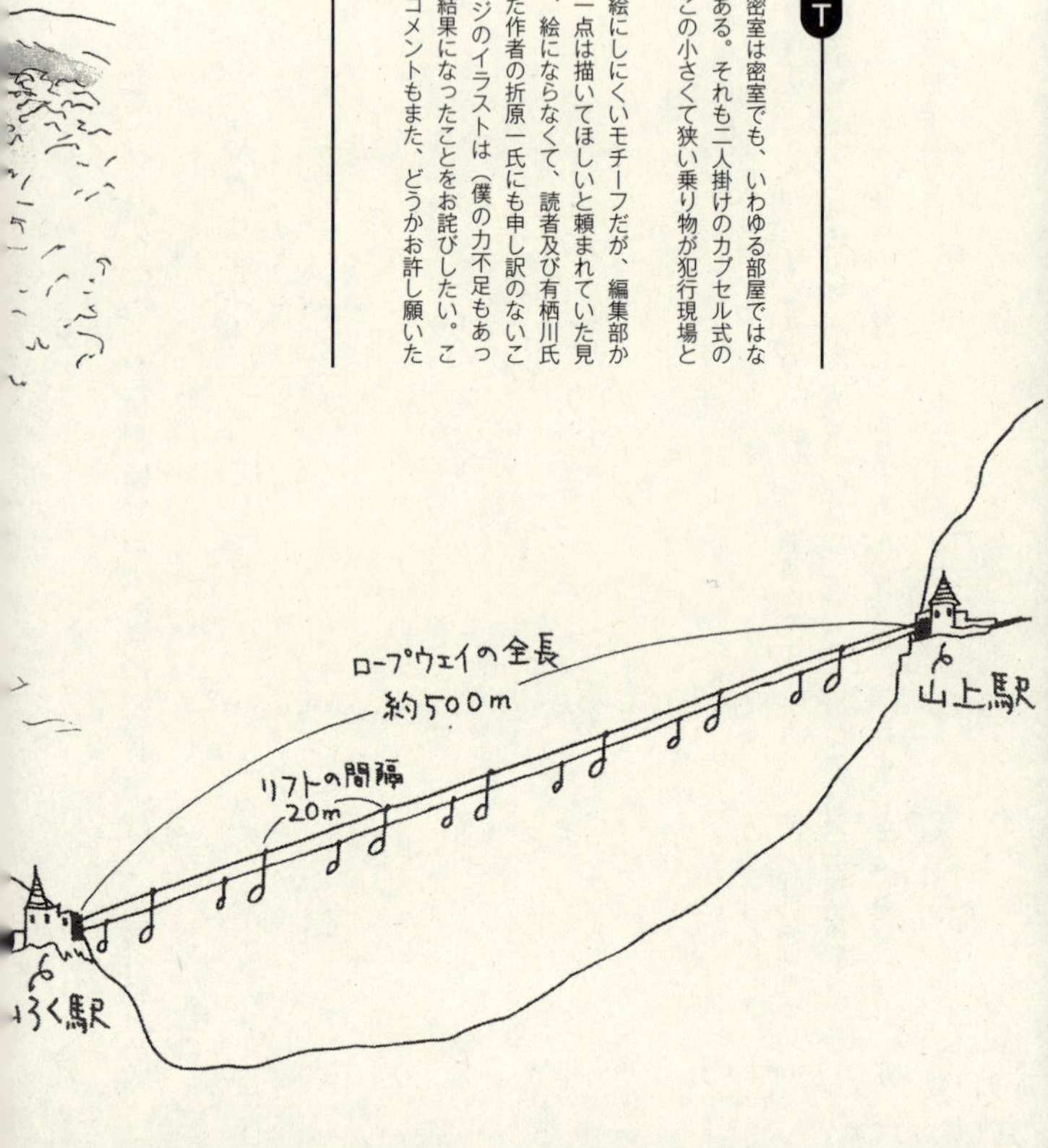

●球形のカプセル付き
二人掛けロープウエイ
外観(ボディ)は赤色
直径1.6メートル
窓幅80センチ(×2)
・リフトは約20メートル
間隔で続いている。
・ロープウエイの距離は
約500メートル。

人形はテントで推理する（一九九〇）

〈柔らかい密室〉の柔らかさ

我孫子武丸
Takemaru Abiko

◆講談社文庫

我孫子《あびこ》武丸《たけまる》の〈芸域〉は広い。猟奇的で酸鼻な描写がちりばめられたサイコサスペンスであり、かつ大きなトリックが作品全体に仕掛けられた『殺戮《さつりく》にいたる病』や、近未来SFタッチの『腐蝕の街』、ひとり雑誌という趣向で遊んだ短編集『小説たけまる増刊号』（文庫化の際、『たけまる文庫』と改題、二冊に分冊）といった多彩な小説を発表するだけでなく、大ベストセラー・ゲーム『かまいたちの夜』の作者としても知られているし、ホームページ〈我孫子飯店〉を開設しており、そこを覗《のぞ》くと発言者・我孫子武丸の貌《かお》を見ることができる。そんなエンターテイナー・我孫子武丸の全貌《ぜんぼう》はだんだんと明らかになっていったもので、デビュー作『8の殺人』は8の形をした屋敷で起こるディクスン・カーばりの密室殺人だった。不可思議な犯罪物語に盛り込まれたドタバタ喜劇は読者サービスのようでもあるが、それにも増してトリック小説にブラックな味付けをする効用も期待したのだろう。このあたりの手管《てくだ》も、カーに通じるものがある。この『8の殺人』では、ボウ・ガンで射られて密室内のドアに串刺《くし》しになった死体が登場する。そのトリックは内外に似た前例のないユニークなもので、私は本書でこちらを採り上げようか、と思案をしたほどだ。未読の密室ファンには、ぜひご一読をお勧めする。

さて、「人形はテントで――」。これは彼の四番目の著書であり、初めての短編集である『人形はこたつで推理する』に収録された作品だ。現在も書き続けられているこの人形シリーズの主人公は若い腹話術師の朝永嘉夫《ともながよしお》と、そのガールフレンドで幼稚園に勤める妹尾睦月《せのおむつき》。探偵役は嘉夫が操る人形の鞠小路鞠夫《まりこうじまりお》。人形が探偵とはどういうことか、と疑問に思われるだろうが、これは内気な腹話術師の分裂した自我である、と解釈するしかなさそうだ。といっても腹話術師の狂気を描いた映画『マジック』のような恐ろしい話ではなく、ユーモア小説になっているという点は『8の殺人』と同じ。ただ、ドタバタ仕立ては後退して、明るくてロマンチックでほのぼの笑わせてくれる。そして、密室やアリバイといったトリックやアイディアが盛り込まれた本格ミステリでもある。

舞台はワールド・ショーというサーカスのテント小屋。朝永嘉夫は腹話術を演じるためにやってきて事件に遭遇する。出演者の一人が楽屋で死体となって発見されるのだ。鈍器で頭を殴られて。

現場は完全な密室だった。楽屋の入口が見通せる位置には常にスタッフの目があったし、楽屋の内部には窓一つない。もちろん、テントの中なので、金庫のように堅牢《けんろう》な密閉状態ではないけれど、〈柔らかい密室〉（作中で鞠夫がこの表現を使う）といえども、犯人が出入りできなかったという不可能興味は少しも減じない。本書で紹介した山村美紗の『花の棺《ひつぎ》』に登場した茶室も〈柔らかい密室〉だが、両方を読んで〈柔らかさ〉をどう利用しているかを比べてはいかがか。

さて、このサーカス小屋。仕切りはいたって簡略そうなのだが、それでも犯人の凶行を物理的に阻《はば》むには充分だ。テントの布地には破れ目などないし、もちろん、刃物で裂いたのを縫い直した痕《あと》も皆無。そのテントは鉄のピンで地面に固定されているためにめくり上げることはできないし、ピンを抜こうにも特殊な工具を要するのでそれも無理。地面を掘り返して出入りした痕跡《こんせき》もない。はたして、どこに盲点があるのだろうか？

巻末の自作解説で、作者曰《いわ》く。

［前から暖めていたトリックで、自分ではすごいものだと思っていたのだが、書いてみると何だか地味だ。前例がありそうにも思うのだが、僕の周囲では誰も知らない。もし本当に前例がなければ、トリックだけは傑作といっても構わないだろう」

私も前例を知らない。そして、「そうか、こんな手があったか」と膝《ひざ》を叩《たた》いた。作品全体が地味だとは思わないが、枚数の制約のためにやや淡泊な印象を受けるのが惜しまれる。が、トリックは確かにコロンブスの卵的な傑作だと思う。付け加えておくなら、探偵が人形という設定の前例も私は知らない。

ミステリファンは密室ものを何十作か読むと「トリックのパターンなんて、実はごく限られた数しかないんだな」と醒《さ》めた気分に陥ることがある。いわば、密室に対する倦怠《けんたい》期。それを通り過ぎて、「それでも密室と聞くと読まずにいられない」「パターンどおりのものであっても、現場の状況が新奇ならば面白い」「新奇な状況そのものを楽しめばいい」という境地に達したならば、その人は密室中毒と認定されるだろう。「小味なトリックでも物語にうまく嵌《は》まり込んでいたらOK」「解明のプロセスが鮮やかならばよい」という見方ができたら大人っぽい。さらにその先には、「状況設定もトリックそのものも新奇でなくったって、密室殺人というものに新しい解釈がなされていたなら、それを鑑賞する」という、ほとんど美術のコンセプチュアル・アートめいた領域も待っていたりする。

この「人形はテントで――」は、サーカスのテント小屋という新しい密室を提示しただけでなく、そこでなくては起きなかった事件を描いている、ということでポイントが高い。［前から暖めていたトリック］と、作者の言葉にあったが、我孫子はこれをいつ発案したのだろうか？　おそらく、ミステリファンとしてかなりスレてからではなかろうか、と想像する。「トリックの一つや二つぐらい自分にも浮かぶ」と思って、退屈しのぎに考えたことのあるファンも多いだろう。そんな推理作家ごっこの初期段階において、「人形はテントで――」のようなアイディアはなかなか飛来しないものだ。えてして、どうやったらドアの外側から内側の閂《かんぬき》に物理的な力を加えて動かすことができるかだの、犯行現場のどこに身を隠しておいていつそこから脱出すればいいかだの、従来のトリックのバリエーション作りにしか思考が向かないからだ。

この密室トリックを成立させるために、テント小屋というのは重要な条件なのだが、サーカスというハレの世界を舞台にしたことで、にぎやかで楽しくも、どこかミステリアスな雰囲気が漂っている。サーカスでなければ成立しない不可能犯罪を扱った作品には、他に井上雅彦《いのうえまさひこ》の『竹馬男の犯罪』、二階堂黎人《にかいどうれいと》の「サーカスの怪人」、大河内常平《おおこうちつねひら》の「サーカス殺人事件」などがあり、いずれも奇抜なトリックで、あっと驚かせてくれる。

著者紹介

我孫子武丸　あびこ・たけまる（一九六二〜）

兵庫県生まれ。京都大学文学部中退。京大推理小説研究会に所属し、在学中に『8の殺人』でデビュー。作品には他に『0の殺人』『メビウスの殺人』『探偵映画』『人形は遠足で推理する』『人形は眠れない』『屍蠟《しろう》の街』『ディプロトドンティア・マクロプス』『人形はライブハウスで推理する』などがある。コンピュータ・ゲームの原作者としても活躍。

●テントの平面 想像図

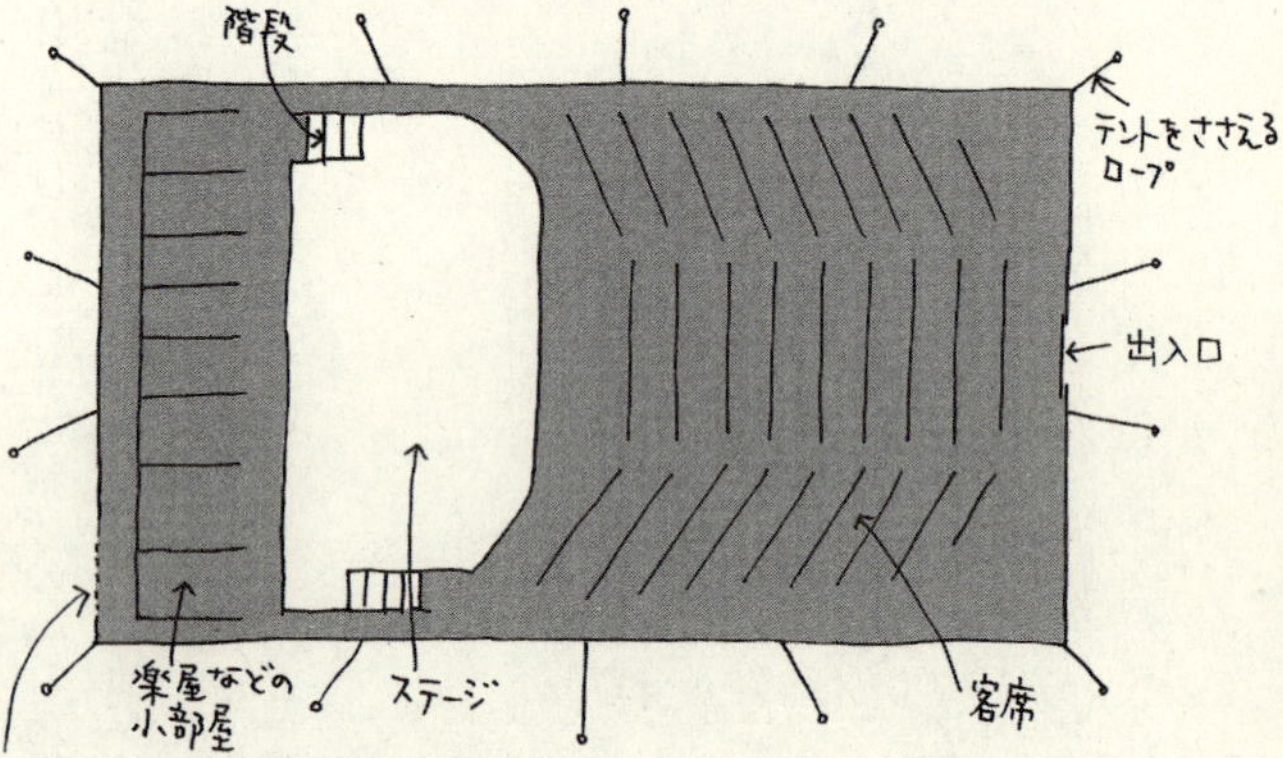

出入口は、ここにもあると思われる。

・テントのまわりに、キャラバン・カーやトラックや大道具、小道具、動物たちを入れるコンテナなどがかなりの数、あると思われるが、位置関係は不明。

れは、簡単には
き取れない

作画POINT

愛想のない絵になってしまった。読み出した時には、サーカスの好きな僕としては、これは楽しい絵が描けるだろうと喜んだのだが、その小屋の大きさ、つまりサーカスの規模が解らず、行き詰まってしまった。トリック重視で、状況が懇切には書かれていないので、具体化が不可能なのだ。大きい規模のサーカス小屋だと、テントではなくプレハブ式の組み立て小屋だろうし、かといってそんなに小さいテント小屋でもなさそうだし、けっきょくは、これまた不本意ながら一般的なサーカス小屋を描くことにした次第である。見取り図も下手に詳しそうに描くと、ウソっぽくなるので、極めてアバウトな図にしたが、手抜きではないことをご理解のほど。

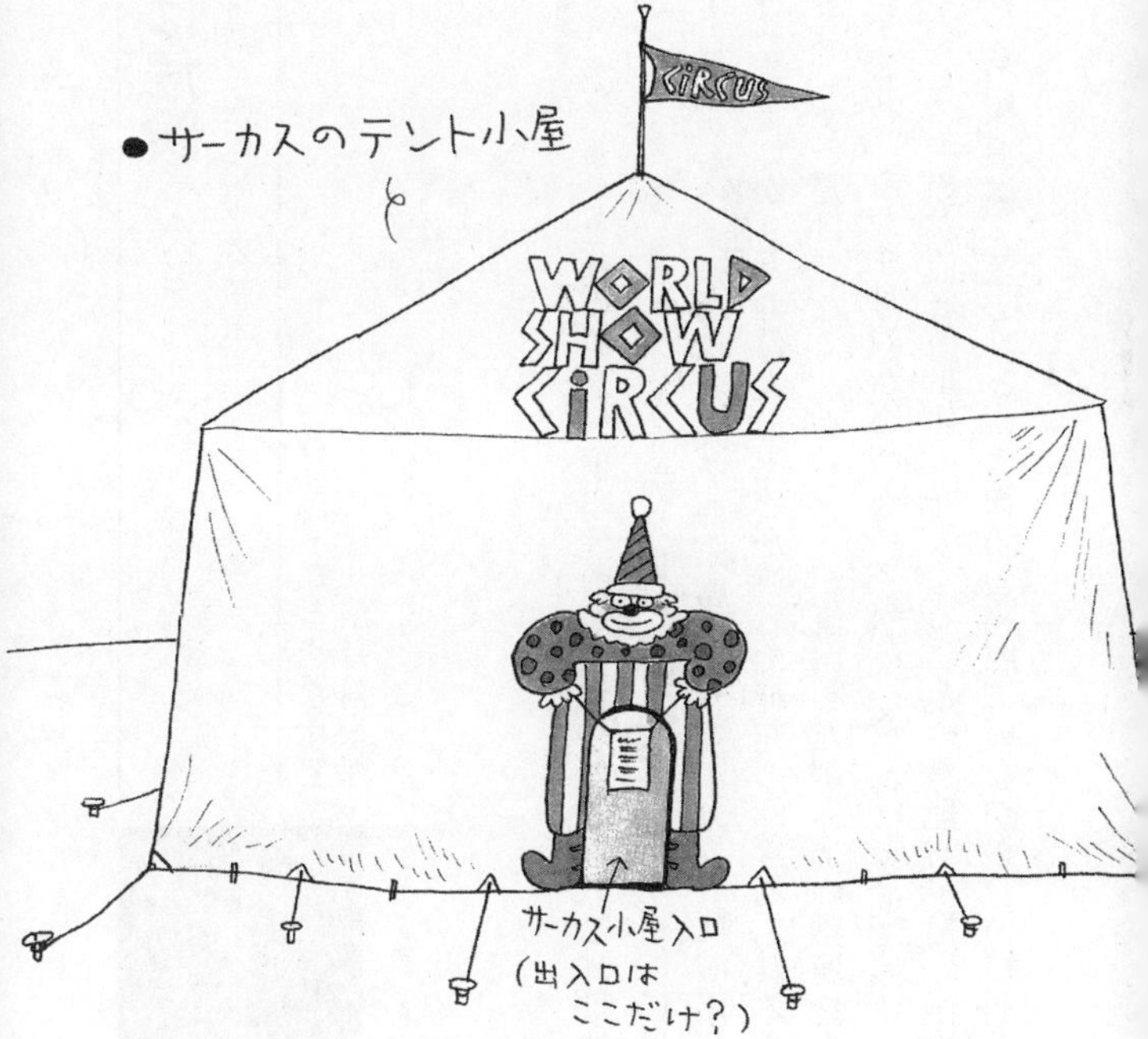
CIRCUS
●サーカスのテント小屋
WORLD SHOW CIRCUS
サーカス小屋入口
(出入口はここだけ?)

緑の扉は危険（一九九二）

説得力と奇天烈《きてれつ》さが同居する結末

法月綸太郎
Rintaro Norizuki

★講談社文庫

法月綸太郎《のりづきりんたろう》。作者の筆名と作中の名探偵の名前が一致している。これは彼が敬愛してやまないエラリー・クイーンのやり方に倣《なら》ったものだ。新本格派にはクイーン・フリークを自称する作家が多いが（その末席には私も……）、耽溺《たんでき》ぶりは法月が筆頭候補ではあるまいか。かの偉大な先達が遺《のこ》した理知の輝きあふれる本格ミステリを継承しようとするだけでなく、クイーンが直面した創作上の難題をもまともに引き継ごうとするところが法月の基本的スタンスだ。それは〈後期クイーン問題〉と称されるもので、名探偵が他者の事件に介入することの倫理的根拠の再検討から始まり、果ては、名探偵はミステリという物語の枠内にいながらその核心を射抜けるのか、という懐疑に至る。避けて通ろうと思えばいくらでも回避できるそんな問題と斬《き》り結ぶべく、法月は創作と並行して旺盛《おうせい》な評論活動を行なっており、本格ミステリの過去・現在・未来を探るその姿勢は刺激的だ。

その作品は深読みを誘うものも多いのだが、謎を解き明かす装置としての〈名探偵〉にこだわったテクニカルな本格らしい本格が創作の中心にある。現代思想入門書を座右に置かなくては読み込めないような評論を書く一方で、作者はあっけらかんと無邪気だったりするのだ。ミステリが好きなんだなぁ、と思う。

そんな法月のデビュー作は高校の教室で密室殺人が起きる『密閉教室』、第二作が雪の山荘で足跡のない殺人が起きる『雪密室』。第三作『誰彼《たそがれ》』でも、新興宗教の教祖が高い塔のてっぺんの部屋から消えるトリックが出てくる、といった具合で、彼は実は密室トリックが好きだ。発想も豊かで、一定のパターンに縛られている感じもない。きっと、これからも書くだろう。密室って何なんだ、とその根拠を問いながらも。

私の好みで「緑の扉は危険」を紹介する。これは、名探偵・法月綸太郎が図書館司書・沢田《さわだ》穂波《ほなみ》とコンビで活躍する〈図書館シリーズ〉の一編。図書館の内部で本にまつわる事件が起こる場合もあれば、二人が遠征した先で事件に巻き込まれる場合もある。

発端は、菅田《すがた》邦暁《くにあき》というディレッタントが「蔵書を図書館に寄贈したい」という遺言を遺して縊死《いし》したことだ。菅田は幻想文学マニアで、八千冊は下らない稀覯《きこう》本のコレクションを持っていた。図書館は約束どおり寄贈を受けようとしたが、思いがけないことに未亡人が引き渡しに応じない。古書店に売却して換金したいがためなのかもしれないが、態度が頑《かたく》なで様子が変だ。そこで、直談判に赴《おもむ》くことになった穂波は綸太郎に同行を求め、相手の真意を探ってもらうことにする。

会って話を聞くと、「寄贈を拒むのは亡夫の幽霊が夢枕《ゆめまくら》に立ってそう言うからだ」と未亡人は説明するのだが、やはり胡散《うさん》臭い。菅田の死は本当は他殺なのではないか、と訪問する前から漠然と考えていた綸太郎は、その疑いを深めていく。が、菅田の死体が発見された書斎を実地で見分してみると、そこは密室になっていた。

書斎は一階の東南の端、膨大《ぼうだい》な蔵書が収まった図書室の真下にあった。中にあるのは、がっちりとした書物机、温風ヒーター、人の形がついた寝椅子《ねいす》。南北の壁は書架でふさがれていて、西の壁には廊下に通じるドア、東の壁には庭に通じるドアがあった。死体が発見された際、西側のドアには内側から閂《かんぬき》が掛かっており、救急隊員が蝶番《ちょうつがい》を壊して入ったという。東側のドアは施錠《せじょう》されていなかったのだが、以前から開かずの扉である。

Ｈ・Ｇ・ウェルズの「塀についた扉」という短編に出てくる〈異界とつながった神秘的な緑色の扉〉から採って、菅田はそのドアを〈緑の扉〉と呼んでいた。庭に面した側が緑色に塗られていたのだ。しかし、釘《くぎ》で打ちつけてあるわけでもないのに、どうして開かないのかが判《わか》らない。生前の菅田は、周囲にこんな謎めいたことを話していた。「自分がこの世を去る時、〈緑の扉〉が開かれるだろう」。——しかし、彼が死んだ時もその後も扉は開くことがなく、警官が五人がかりで開けようとしても無理だった。

この密室においてあまりにも怪しいのは〈緑の扉〉である。しかし、どうして開かないか原因が判らないものを、どうやって開けばいいのだろう？　面白い謎の掛け方だ。作中で紹介される「塀についた扉」は古典的名作だが、その幻想的な雰囲気も効果的に移植されている。

真相＝トリックは意表を衝《つ》いていて非常に鮮やかなものだ。かつ、幻想が一種のユーモアに解体されていく味わいが洒落《しゃれ》ている。綸太郎は事件を解決に導いた後、「菅田氏は基本的には、遊び心にあふれた人だったんだ。一度、本人と話をしてみたかったよ」と述懐したりする。生前の彼の言葉が、遊び心の発露だったと知って。

〈なるほど、それはそうだ〉という説得力を充分に持ちながらも、〈そんなことって、ないでしょう〉という奇天烈さが同居した結末は、本格ミステリ独特の機知（あるいは遊び心）に満ちている。本作については、つべこべ書いているとトリックを割ってしまいそうなので、このような隔靴掻痒《かっかそうよう》の表現しかできないことをお赦《ゆる》しいただきたい。

実作者として、同時に評論家として、法月は密室についてあるインタビューでこう語っている。

「タイプとしては、トリックがシンプルで、狙《ねら》いがはっきりしているものが好みです。逆に、密室を作る必然性に欠けた作品はダメです」

よく判る。われわれは「ほら、こうやって、ああやって、それがこんなふうになったら、ほら、密室ってできるでしょ？」と野暮《やぼ》な実践をしてみせてもらいたいわけではないのだから。しかし、野暮で武骨でも「おい、そこまでやるか」と呆《あき》れながら感心してしまう困ったトリックがあることも事実だ。

「今の作家にとって密室というのは、語り口や演出の腕前を競い合う場なんですよ」とも言う。

これは密室だけでなく、本格ミステリ全体に敷衍《ふえん》して言えることかもしれない。

法月の『パズル崩壊』という短編集には、三編の密室ものが収録されている。「その処理の仕方は後に行くほど、歪曲《わいきょく》されたものになっています」という崩し方も、ご一読を。

著者紹介
法月綸太郎　のりづき・りんたろう（一九六四～）
島根県生まれ。京都大学法学部卒。在学中は京大推理小説研究会に所属。二三歳の時、島田荘司の推薦を受け『密閉教室』でデビュー。〝新本格〟の旗手の一人。作品に『頼子《よりこ》のために』『法月綸太郎の冒険』『パズル崩壊』『一の悲劇』などがあり、気鋭の評論家としても健筆をふるう。二〇〇二年、「都市伝説パズル」（『法月綸太郎の功績』所収）で第五五回日本推理作家協会賞短編部門を受賞。〇五年、『生首に聞いてみろ』で第五回本格ミステリ大賞を受賞。

●菅田邦暁の書斎
このドアの外は
廊下
閂が掛かっていた
こっち側には、庭に通じる
緑色のドアがある。

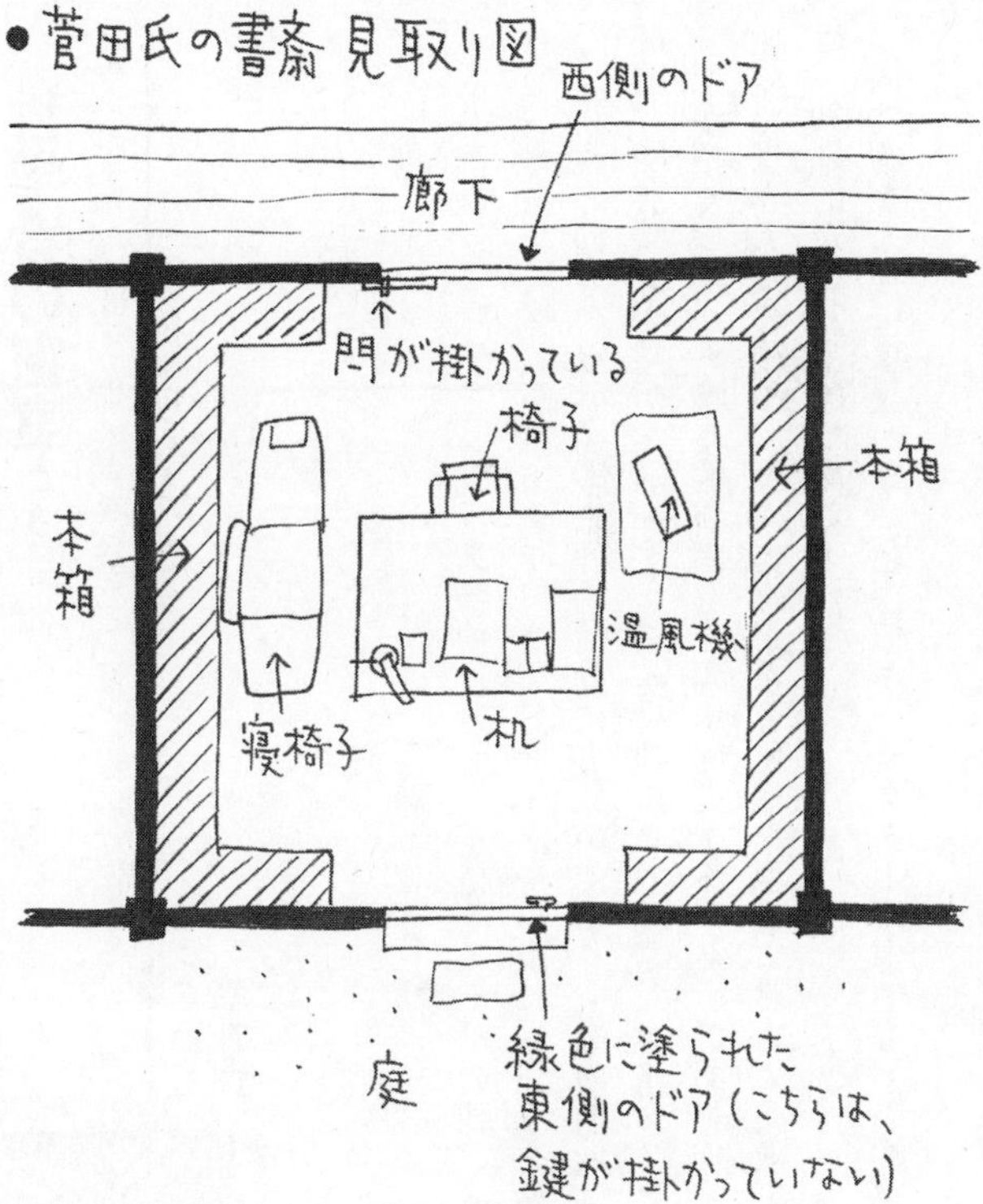

作画POINT

これぞ密室である。これぞ挿し絵家にとって、実に感謝感激の絵に描き易い密室である。文章を追って、その通りのシーンを想像し（というより、ただそのまま）、具体化すればいいのであった。したがって全く苦労する必要がなく、この作品は〈絵描きを悩ませなかったベスト5〉に入れたく思う。

哲学者の密室（一九九二）

二つの三重密室が時を超えて結びつく

笠井潔
Kiyoshi Kasai

創元推理文庫

笠井潔《かさいきよし》は、矢吹駆《やぶきかける》をシリーズ探偵役とした本格ミステリの他、メタフィクション手法を駆使した前衛的なミステリや、ＳＦ・伝奇小説にも健筆をふるっている。また、小説と同等のウェイトを評論活動にも置いており、その領域はミステリ・ＳＦ評論、文芸時評からポストモダニズム批判にまで及ぶ。本格ミステリの根拠は「大量死が招く虚無から特権的な固有の死を回復すること」であり、それゆえ「酸鼻を極めた世界大戦の後や、生の実感が希薄化した現代において興隆を見る」とした説は、独創的かつ刺激的である。

個性的な人物に事欠かない名探偵キャラクターの中でも、矢吹駆はひときわ異彩を放っている。彼は経歴不詳（ヒマラヤで修行をしていたという）のパリ大留学生。人間離れして禁欲的な暮らしを実践している。その学友で彼を思慕するナディアとともに、身辺で起きた異常な事件の謎に挑み、その果てに世界をテロリズムの恐怖で塗りつぶそうとする秘密結社〈赤い死（ラ・モール・ルージュ）〉とその首領ニコライ・イリイチと対決することになる。

矢吹駆シリーズの特徴は、探偵と犯人が殺人事件を挟んで闘争を展開するだけでなく、その犯罪の背景となった観念・思想（たとえば『哲学者の密室』ではハイデガーの死の哲学）をめぐっても死闘を演じるという重層性にあるが、とにもかくにも本格ミステリとしてのクオリティが異様に高い。『バイバイ、エンジェル』では首のない死体、『サマー・アポカリプス』では黙示録の見立て殺人（密室殺人を含む）、『薔薇の女』では連続猟奇殺人、『哲学者の密室』では密室殺人というように、各作品ではミステリの重要な主題が順に採用されている。いずれの作品も豊饒（ほうじょう）で、「哲学だの思想だのを飛ばして、ミステリの部分だけつまみ食いしてもおいしい」という懶惰（らんだ）な読み方をする隙（すき）を読者に与えない。

三部構成をとった『哲学者の密室』は非常に長大な小説で、単行本は枕（まくら）のごとく分厚い。第一部は、森屋敷と呼ばれるタッソー邸で起きた三重密室殺人について駆が一応の推理をまとめるまで。第二部では物語が第二次大戦中に飛び、コフカ収容所の所長が情婦として小屋に幽閉していたユダヤ人女囚が三重の密室で殺害された謎が描かれる。そして、第三部で二つの事件は結びつき、駆はようやく事件の真相を知るのだ。ここでは深く作品の核心に食い込んだユダヤ人絶滅収容所の密室を取り上げる。実のところ、私は第一部の密室の方により強く鬼気迫るものを感じたことを付記しつつ。

所長が女囚を情婦にしていることを確かめるべく、シュミットは積雪を踏みしめながら、将校居住区内の丘にある問題の小屋を調べにいった。坂道を登り切ったところの兵器庫から小屋までは、往路だけの足跡がついている。彼は兵器庫の裏で雪に半ば埋まった三人の兵士の死体を発見して驚くが、まずは小屋を調べなくてはならない。二十メートルほど東進した足跡をたどって小屋に着くと、扉は錠や閂《かんぬき》や鎖で外側から厳重に閉ざされていたので強引にこじ開けてみる。中にいたのは憔悴《しょうすい》しきった所長だ。さらに屋内扉を破ると、奥の寝室では金髪の美しい女囚・ハンナが死んでいた。所長は「話しているうちに彼女は激高して、寝室に飛び込んで錠を掛けた。その後、室内から叫び声と銃声が聞こえた。自殺したんだ。私がここから逃げようとしたら、誰かに閉じこめられて出られなくなった」と訴えるが、軍規に背いていた証拠を湮滅《いんめつ》するために所長がハンナを殺したのかもしれない。だが、そうだとすると小屋が外側から施錠《せじよう》されていたことと、寝室が内側から施錠された密室であったことの説明がつかなくなる。かといって第三者の犯行だとしたら、どうやって寝室から抜け出し、雪の上に足跡を残さずに逃げたのかが判《わか》らない。

作者は現場の状況について精密な描写を延々《えんえん》と続けているため、ここがポイントという箇所を限られた紙幅で抜き出すのに苦労する。［つまるところ、小屋の開口部は全部で四つしかない。居間にある東向きの正面扉、南向きの居間の窓と寝室の窓、そして寝室にある西向きの裏窓だ。硝子窓は両開きで、裏窓の板戸は片開き。窓は三つとも、内開きになっている。窓の外には鉄格子が嵌められているから、外開きにはなりようがない。そして、戸口の正面扉には、外側から閂と鎖と錠前］。窓には内錠が掛かっており、蜘蛛《くも》の巣が張っているものもある。［小屋の正体は完璧な牢獄だった］という一文に集約されていると言ってよいだろう。どこまで厳重で苛烈《かれつ》な密室であることか。が、これは作者が密室の堅牢《けんろう》さを無邪気に誇るために設定されたわけではない。ヒトがヒトとしての尊厳をすべて剝脱《はくだつ》され、存在するだけのモノになった位相として作者はこの密室を描いていて、それは本格ミステリという夢想への発射台でもあるのだ。

三十年後に謎を解いた駆によると、この密室は［特権的な死の夢想を封じた柩《ひつぎ》］であったという。このように謎の本質を理解した時、彼は現象学的本質直観を働かせて答えを見いだす。これは「正しい直観が与えられれば、無数にありうる論理的な解釈の迷路を辿《たど》って真実に到達できる」とする彼の推理法だ。作者はそれによって駆の推理を成立させるとともに、密室とは何か、本格ミステリとは何かといったテーゼを語り尽くしたのである。これこそ、推理作家と評論家をともに生きる笠井潔にとって絶妙の方法だったであろう。駆は常に真実に至ることで本質を見抜いたと仮構されるが、実はこの探偵は作者（結末を決めてから筆を執った者）にあらかじめ、いきなり真実を耳打ちされているのだから。

トリックの分類をした密室講義が出てくるミステリは、いくつも作例が浮かぶ。しかし、本作のような深度をもって密室殺人そのもの、ひいては本格ミステリそのものを分析した作品は空前だろう。密室の山脈は、一つの美しく尖《とが》ったピークを得たのである。

揚げ足とりめいて聞こえるかもしれないが、この本の巻頭に作者が掲げた現場の図版に不可解な点がある。指摘したのは筒井康隆《つついやすたか》なのだが、それが何かお判りだろうか？　そう、この小屋にはトイレがない。ここは元は所長の運転手が住んでいた家という設定だから、作者のミスとしか思えない。ミステリの見取図に、本筋とは無関係な細かな間違いが含まれていることはよくある。しかし、本作にこのミスはできすぎではないだろうか。

著者紹介
笠井潔　かさい・きよし（一九四八〜）
東京都生まれ。一九七四年渡仏、滞在中にパリを舞台に『バイバイ、エンジェル』を書く。他の作品に、『サマー・アポカリプス』『薔薇の女』『群衆の悪魔』『ヴァンパイヤー戦争《ウォーズ》』など。評論に『機械じかけの夢－私的ＳＦ作家論』『テロルの現象学』『物語のウロボロス』『探偵小説論Ⅰ・Ⅱ』など。九八年監修した『本格ミステリの現在』で第五一回日本推理作家協会賞評論部門受賞。

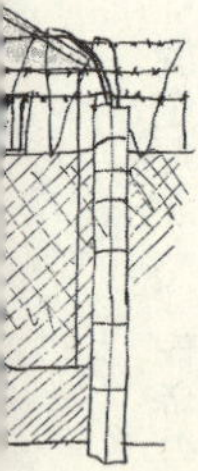

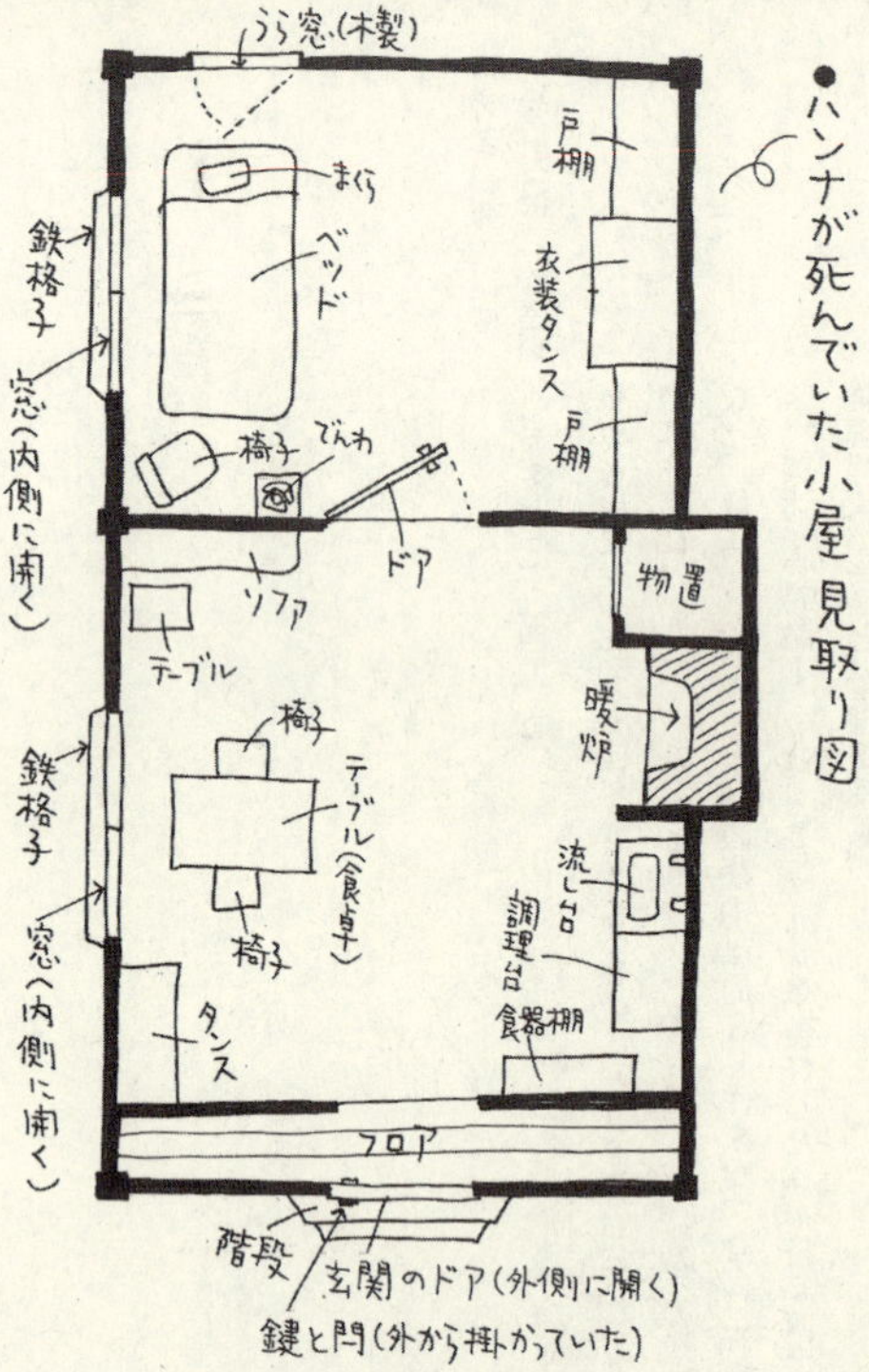

作画POINT

この作品のイメージ画は、ナチスのユダヤ人収容所を描けばいいので助かった。何年か前に僕はドイツのダハウ収容所を訪ねたこともあり、写真も残してあったから、コフカ収容所もダハウを参考に描くことができたのである。

だが、困ったのは密室の見取り図だ。有栖川氏も書かれているように、作者が作品に添えた図版にはトイレがないと筒井康隆氏が指摘していたというのは本当で、これを描き込むか省くかに思案したものだ。だが作者が（単純ミスにせよ）描き込んでいないものを、勝手に描くわけにもいかず、あえて描き込まなかった。それをいうとシャワーやバスルームは？　暖炉の煙突は？　とキリがないだろう。

●コフカ収容所風景
(このイラストはダハウ収容所を参考にしました)

●将校居住区内にある
所長とハンナの居た小屋

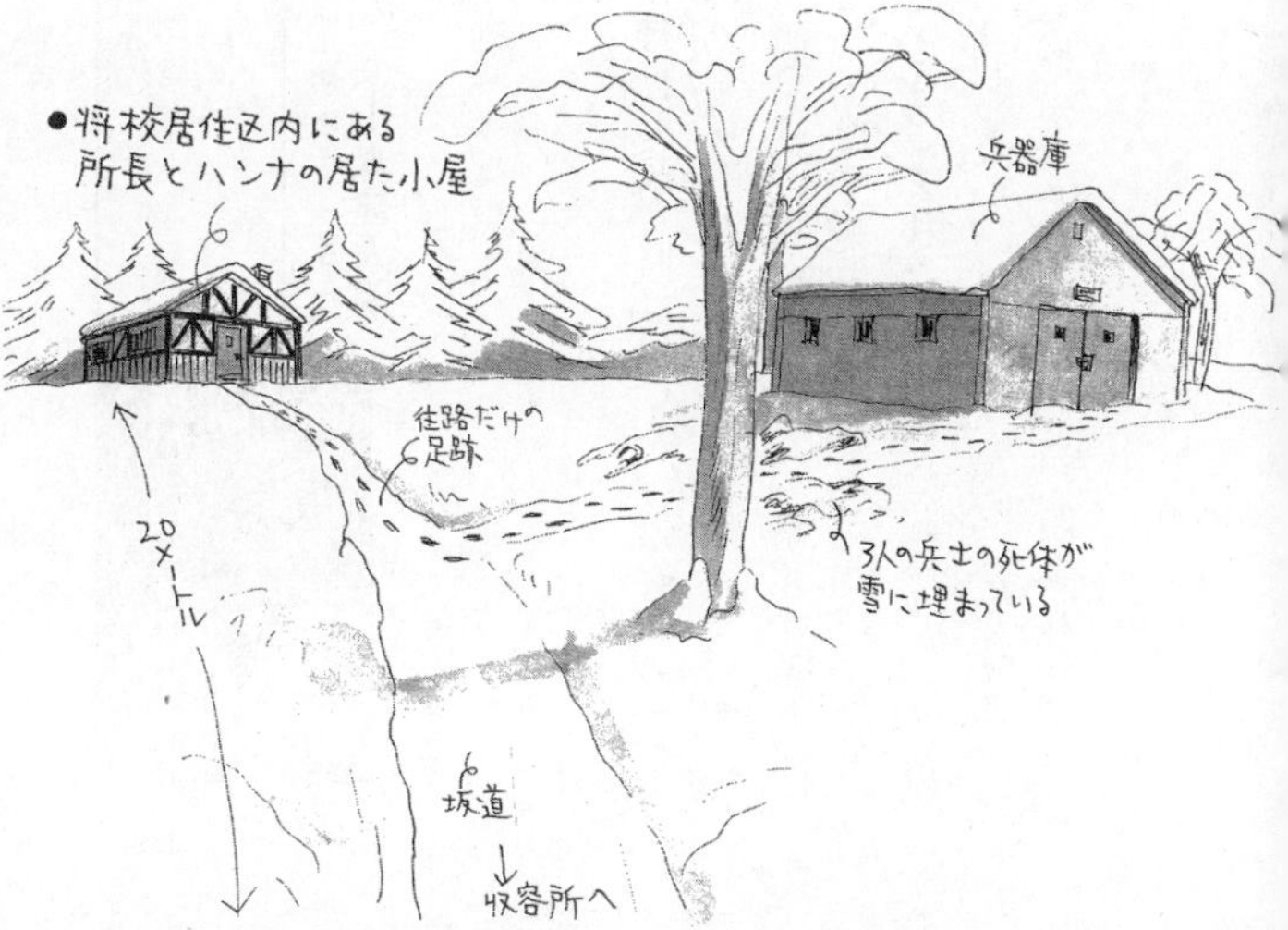

ローウェル城の密室（一九九五）

実行不能性において他を圧倒する破天荒なトリック

Kentaro Komori
小森健太朗

◆ハルキ文庫

第二十八回江戸川乱歩賞（一九八二）の候補作を見た時は驚いた。最終選考まで残った『ローウェル城の密室』の作者・高沢則子《たかさわのりこ》は十六歳というではないか。すごい女の子がいるもんだ、と感心した。選評を読むと「他の候補作との格差があり過ぎた」という酷評もあったが、「正直に言って、私は一番面白かった」という委員もいる。内容については「少女劇画の世界に送りこまれた少年少女の冒険」「二次元の殺人」という言葉があっただけで、よく判《わか》らない。とにかく題名からすると〈密室〉ものらしい。私は無性に読みたくなったが、それはついに出版されなかった。

……と諦《あきら》めていたら、思いがけない形で本になった。それから十二年を経た後、高沢則子は『ローウェル城』を改稿し、同人誌としてコミック・マーケット（コミケ）で販売したのだ。ミステリファンの間で伝説化されていた作品がついにベールを脱いだ、と話題になり、それをきっかけに作者は名前を小森健太朗《こもりけんたろう》（男やったんかい！）と変えて『コミケ殺人事件』でプロデビューを果たす。『ローウェル城』が単行本となって書店に並んだのは、乱歩賞応募から十三年後のことだった。

『コミケ殺人事件』は、ある同人サークルを巡って起きる連続殺人事件がテーマで、同人誌を作中作に用いてどこまでを本来の物語と認識すべきなのか読者を惑乱したり、幾通りもの解決が提示されたりと、一筋縄でいかない小説である。このようなメタ・ミステリと呼ばれる手法を駆使した作品はわが国の現代本格ミステリに多い。小森健太朗はこれを積極的に採用していて、作者自身が担当編集者と作中で動き回る『ネメシスの哄笑《こうしょう》』や『バビロン空中庭園の殺人』などの作例がある。下手をするとリアリティが蒸発し、小説が解体してしまいかねないという危険がある手法の可能性を小森が追求し続けるのは、ミステリの地平をあまりにも早く鳥瞰《ちょうかん》した早熟な彼にとっては、必然なのかもしれない。

メタ手法以外で小森ミステリに特徴的なのは、『ネヌウェンラーの密室《セルダブ》』

『神の子《イエス・キリスト》の密室』『マヤ終末予言「夢見」の密室』など、古代文明史・宗教学・神秘学への深い造詣《ぞうけい》を活《い》かした作品が多いことだ。おや、どれも題名に〈密室〉とついている。そう、彼は密室トリックにも意欲的なのだ。しかも、エジプトのルクソールの遺跡《いせき》で起きた四千年前の密室殺人だの、イエス・キリストの密室からの消失だの、古代マヤ文明の神に祈りを捧《ささ》げる〈ピラミッドの家〉での密室殺人だの、どれも設定からして奇抜である。たくさんの抽斗《ひきだし》を持った博識の作者が、次にどんな手を繰り出してくるか予想することは難しい。

『ローウェル城』に話を戻そう。中学を卒業した春休み、丹崎恵《たんざきめぐみ》と笹岡保理《ささおかほり》は森で迷った挙げ句に怪しい洋館にたどり着き、そこで〈三次元物体二次元変換器〉を研究している老人と会った。その機械を使うと、人間を平面に変換して本の中に送り込むことが可能なのだという。老人に乞《こ》われて被験者になった二人が「ローウェル城の密室」というゴシックロマンス風の少女漫画に入っていくと、本の中では靴屋の娘メグと国王の次男ホーリーという登場人物になっていた。メグは皇太子レイクの妃候補《きさき》としてローウェル城に招かれ、恋と剣の冒険物語が始まる。

結局、妃に決まったのはエローラ。王室での慣習として、次の国王夫妻となる者は結婚式を挙げる前にそれぞれ《北の塔》と《南の塔》のてっぺんに七日間こもることになっていた。頂部は、王家の先祖の骸骨《がいこつ》を納めた石棺が並び、窓は一つきり、衝立《ついたて》の後ろに便器と洗面台があるだけの陰気な石造りの部屋である。二つの塔は本城から一キロ離れたところで、険しい谷を挟んで向かい合って聳《そび》え、その間は急流を跨《また》いだ《鳳凰《ほうおう》の廊下》で結ばれていた。あと少しでエローラが塔にこもって七日目が終わる、という深夜に、《北の塔》の頂部から彼女の悲鳴が谺《こだま》する。

駈《か》け上がったメグたちが鍵《かぎ》を開けて見たのは凄惨《せいさん》な光景だった。エローラの首は天井からぶら下がり、切断された四肢は石棺の骸骨がくわえ、腹部がぱっくり開いた胴体は床に転がっていた。犯人の姿は室内にない。メグが現場を調べたところ、鎧戸《よろいど》が下りた窓には内側から閂《かんぬき》が掛かっており、他に出入りできる箇所はないかと見回したが、［部屋は四方を古く頑丈な石壁に閉ざされていた。たとえ壁のどこかが通り抜けられたとしても、外は絶壁の塔である］。扉は施錠《せじょう》されていたし、外には二人の番人が見張っていたし、狭い螺旋《らせん》階段の下の詰め所ではメグらが待機していた。犯人はどうやって犯行をなし得たのか？

告白すると、私は本作を読む以前、ある機会にこのトリックを耳にしていた。だから、死体発見シーンまで読み進んできて「あっ」と驚いた、とは書けないのだが、口頭でトリックのネタを聞いた時には、確かに「あっ」と声を発した記憶がある。

「そそ、そんな……」と胸中でうなりもした。ミステリファンとしてすっかりスレていた私だが、これまで似たトリックすら聞いたことがなかった。そのオリジナリティ、奇想天外さは今も保持されていて、本書にずらりと並んだ名トリック群の中にも類似のものはない。

実行可能性の優劣がトリックの優劣と関係しないことは、ミステリファンにとって自明のことだろう。本書で紹介した四十のトリックの中には随分と破天荒なものがたくさん含まれているが、断言してもいい。実行不能性において『ローウェル城』は他を圧倒している。これは純粋に紙の上でしか成立しないトリックなのだ。面白いことに、そのことは本作の瑕《きず》ではなく、勝利の証《あかし》である。

作中に探偵局に属する《星の君》なる探偵が登場して、密室講義を行なう場面も見逃せない。

《星の君》は、カーや乱歩の分類を参考に（ミステリの作中人物が自己言及的にミステリを語るあたり、やはり本作もメタ・ミステリである）、密室を（A）完全な密室、（B）不完全な密室、（C）錯覚によって密室と思われたが、実は密室ではなかった、の三つに大きく分けた後で、それぞれについて悉《つぶさ》に検証していく。この過程は読み応《ごた》えたっぷりだ。今回の密室殺人に当て嵌《は》まるのはどのパターンか、と執《しっ》拗《よう》に検討していった探偵が最後にたどり着く答えはハズレなのだが、誠に味わいがあって、にやりとさせられた。また、どんな精緻《せいち》な分類さえこの密室トリックは捉《とら》え損ねるぞ、という作者の自負も窺《うかが》える。

著者紹介
小森健太朗　こもり・けんたろう（一九六五〜）
大阪府生まれ。東京大学文学部卒。一九八二年、処女作『ローウェル城の密室』が史上最年少の一六歳で、第二八回江戸川乱歩賞最終候補作となる。八六年からコミケに参加。幻想・推理文学サークル「それぞれの季節」主宰。作品に『コミケ殺人事件』『ネヌウェンラーの密室』『神の子の密室』『眠れぬイヴの夢』『駒場の七つの迷宮』『ムガール宮の密室』があり、訳書にコリン・ウィルソン『スパイダー・ワールド』などがある。

作画POINT

荒唐無稽。なんでもあり。だがこの作品は実に面白かった。面白かったが、これもまた〈絵描きを悩ませたベスト5〉の一つで、実際けっこう悩まされた。だが、その原因は僕の力量不足にあり、作品に責任はない。非現実の写実感、つまりこの作品には必要なシュールっぽさが僕の画風では表現できず、ごく平凡なスケッチになってしまったのは、我ながらなさけない。

これはきっと、有栖川氏は勿論、読者をもそうとうがっかりさせたことだろう。

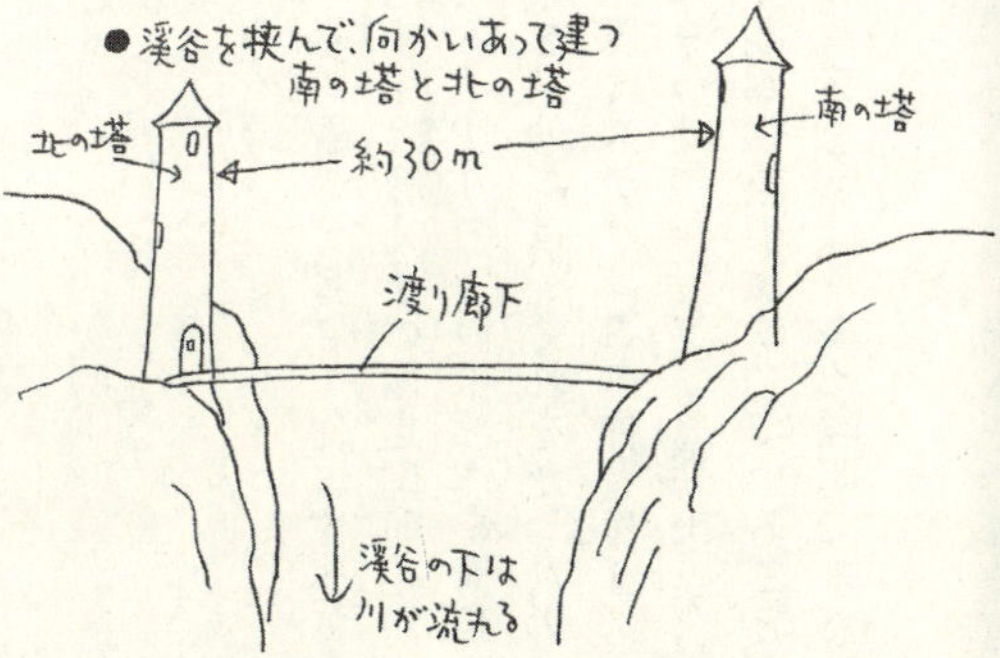
●渓谷を挟んで、向かいあって建つ
南の塔と北の塔
北の塔
約30m
南の塔
渡り廊下
渓谷の下は
川が流れる

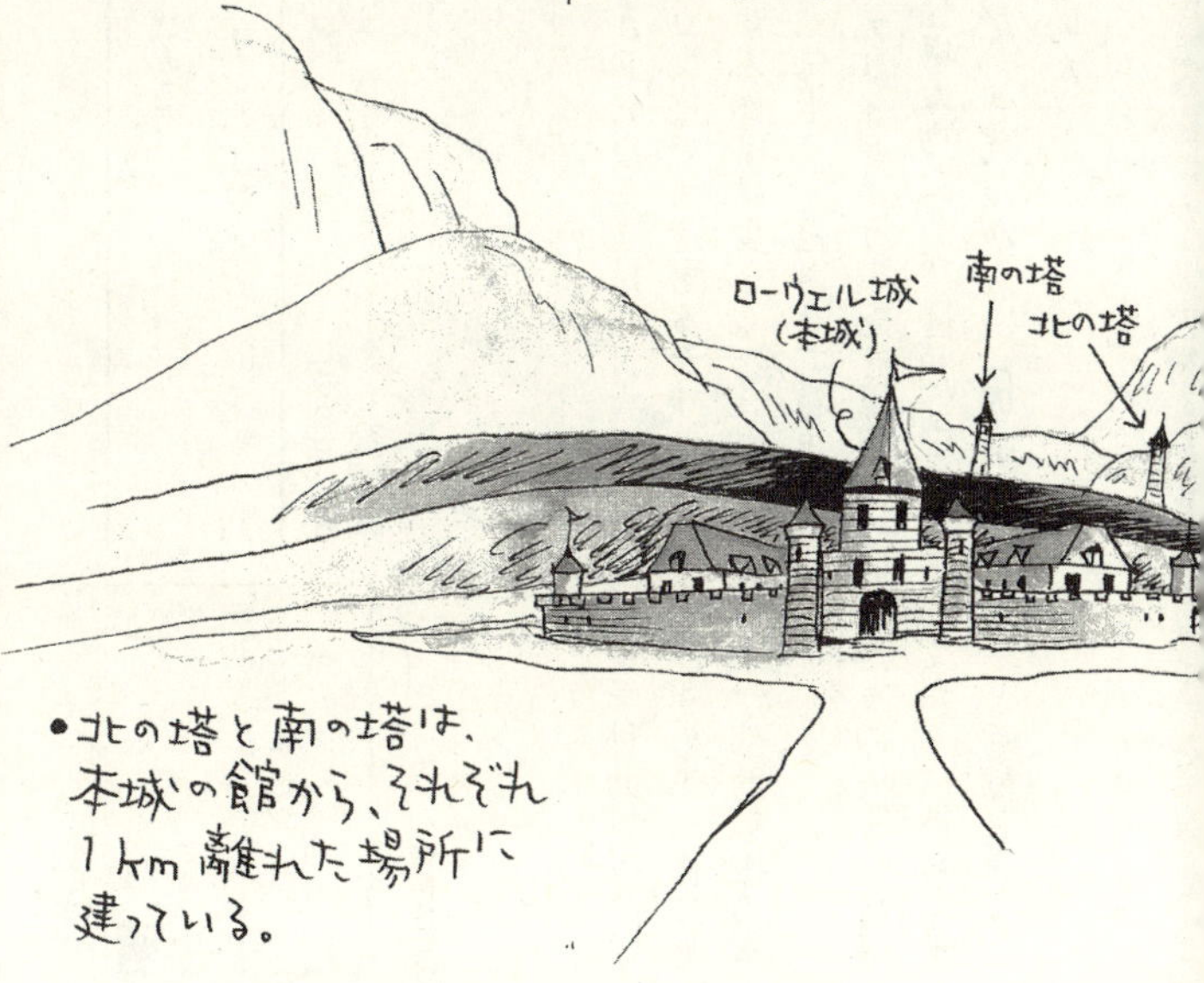
ローウェル城
（本城）
南の塔
北の塔
●北の塔と南の塔は、
本城の館から、それぞれ
1km離れた場所に
建っている。

すべてがFになる（一九九六）

トリックの破壊力はシリーズ・ナンバーワン

Hiroshi Mori
森博嗣

講談社文庫

森博嗣《もりひろし》のデビュー作『すべてがFになる』は、N大学工学部建築学科助教授の犀《さい》川創平《かわそうへい》と教え子の西之園《にしのその》萌絵《もえ》がコンビで活躍するシリーズ（十部作）の第一作にあたる。切りのいい十部作を構想する作家は少なくないが、某大学工学部助教授の本業を持つ森は、それをたったの二年半で完結させてしまった。

森ミステリ（この作者はミステリィという表記を採用しているが）の大きな特徴の一つは、〈いわゆる理系〉の登場人物たちが作品の中核を占めており、彼らの世界観が物語に反映していることだ。それがゆえに〈理系ミステリ〉と呼ばれる（この言葉を私はうまく説明できないが）。

もう一つの顕著な特徴は、シリーズ全作に広義の密室トリック〈消失トリックを含む〉が扱われていること。そう聞くと、まるで作者はディクスン・カーもどきの密室狂いのようだが、カーのようにショーとして密室トリックを披露している気配はなくて、物語の根底にある考えに読者を接近させる契機としてトリックが援用されているかのようなのだ。

しかし、別段こうした行き方は変わったものではない。そもそも、始祖ポーの「モルグ街の殺人」で描かれた密室殺人は、分析というものの例証だった。本格ミステリの本質はどうで、どうあるべきか、森が熱く考えているとは思えないが、「薬味にばかり凝る人がいるけれど、要はうどんが作りたいんでしょ」ぐらいのことは言うかもしれない。それにしても、こうも密室という〈空間の問題〉を指向するのは、作者の専門が建築であることに関係しているのだろうか？

『すべてがFになる』の話に入ろう。三河《みかわ》湾に浮かぶある島に、真賀田四季《まがたしき》の研究所があった。彼女は幼少の頃から天才であったが、十四歳の時、突然に両親を殺害して世界中を驚愕《きょうがく》させた。裁判では無罪となり、以来、両親の遺産と関係財団によって孤島に建てられた真賀田研究所にこもり、外界との一切の接触を断って仮想現実などの研究に没頭している。十五年間、自分の部屋から一歩も出ていないのだ。

西之園萌絵はカメラの映像を介して四季との面会を果たすが、それに飽き足らず、大学の建築学教室の仲間や犀川助教授に研究所のある島でのキャンプを提案した。島にやってきた萌絵は、理由を作って犀川とともに四季を訪ねていく。研究所は丘の上にある「要塞《ようさい》のような建物」で、「二階建てくらいの高さがあったが、窓がないので階数はわからなかった」。実際には地上一階、地下二階で、屋上にはヘリポートがある。二人は所長の山根《やまね》に案内をしてもらう。ワゴンロボットが動き回る所内には、監視システムが張り巡らされていた。

ここ一週間、四季は外部との交信を断っているという。病気ではないか、と懸念《けねん》されるのだが電子的なロックが何故か解除されない。どうにかトラブルが復旧したので、犀川と萌絵は所長らと地下の四季の部屋に向かった。その時、照明が急に明滅を始め、彼らの眼前で十五年間閉ざされていた黄色いドアが電子ノイズとともに上に開き始める。中にはさらにガラス窓がついたアルミ製のドア。それがスライドして開くと、暗がりの中で何か白いものが回転していた。やがてこちらを向き、部屋から進み出てくる。それは、ウエディングドレスを着てワゴンロボットにのった死体だった。

これほどショッキングな死体登場シーンも珍しい。本のあらすじ紹介で言及されていなかったら、ここで書いてしまうことをためらっただろう。この死体に遭遇した所長らは、当然のように四季は自殺したのだと思う。ロボットをプログラムしてから体をワゴンに固定し、自ら命を断ったのだ、と。だが、それはあり得ない。死体には、両手と両足がなかったのである。さらに、彼女の部屋を監視していたビデオを再生してみると、出入りした者は一人もいなかった。

犀川らは四季の部屋を調べてみる。手前は本棚が一面を支配した広い応接室（誰も入ったことはない）。奥のドアを開くと［細長いロビーのような空間］に出る。そこには三つのドアが並んでいた。仕事部屋、倉庫、寝室だ。寝室は内側から施錠《せじょう》されている。その中にいたのは錠を開け閉めできる小型のロボットだった。もちろん、それは犯人ではない。そして、仕事部屋のあるパソコンの画面には〈すべてがFになる〉と書き込まれていた。このトリックの破壊力はシリーズ・ナンバーワンだろう。よくぞこんなことを、という大業かつ荒業である。結末を暗示する言葉が、早い段階でぬけぬけと提示されているのもうまい。いや、それどころか読者は一ページ目を読む前からヒントを与えられていたことを、本を閉じた時に知る。

トリックは素晴らしいが、いつか自分も似たようなことを思いついた気がする。それは『F』が達成した地点よりはるかはるか手前の思いつきなので、「俺だって思いついていた」と言いたいのではない。「あんなことがトリックに使えるとは。自分なら冗談にしかできなかった」と感嘆しているのである。この着想を最初に作品化したのが森だったことはミステリにとって幸いだ。

ところで、蒸し返すが〈理系ミステリ〉とはどういうことなのだろう？　ふた桁《けた》の足算すら苦手な私に理解不可能なだけかもしれないが、森ミステリのどこが〈理系─的〉なのか判《わか》らない。作中の理系の人々は確かに理系的教養に秀《ひい》でているけれど、ノリは文系と大して違わない。私の見た犀川助教授は、クールでマイペースでややシニカルな現代のインテリというところだ。センスの違いを感じる箇所もあるが、そんなものはコーヒー党と紅茶党の区別に近い好みのレベルで、これなら私にとっては、フォークソング派かロック派かという区別の方が重大なくらいだ。

有用でなかろうと研究というものは面白ければそれでよい、という犀川の主張にしても、理系を文系に引き寄せるものだし、古今の文系の名探偵が「犯人をつきとめるプロセスにこそ興味があって、逮捕された後のことは知らないよ」という態度をとりがちなことにも通じている。またミステリとしての発想や構成にしても、「文系の自分とはまるで違う」と思えない。それは、理系と文系の波がぶつかって打ち寄せる想像力の浜辺が本格ミステリだからであろうか？　人間を理系と文系に二分して語るよりも、不思議を愛するか否《いな》かで分類する方が、私には納得がいきそうだ。

本作の趣向とは異なるが、監視カメラを欺《あざむ》くトリックでは吉村達也《よしむらたつや》『ニュートンの密室』、山田正紀《やまだまさき》『阿弥陀《パズル》』が面白い。

著者紹介

森博嗣　もり・ひろし（一九五七〜）

愛知県生まれ。一九九六年、『すべてがFになる』で第一回メフィスト賞を受賞しデビュー。『冷たい密室と博士たち』『笑わない数学者』『封印再度』『夏のレプリカ』『有限と微小のパン』などの犀川助教授シリーズ、『黒猫の三角』『赤緑黒白』などのVシリーズの他に『そして二人だけになった』『スカイ・クロラ』などがある。

モニター(画面)には、「すべてがFになる」と書き込んである
すべてが
Fになる

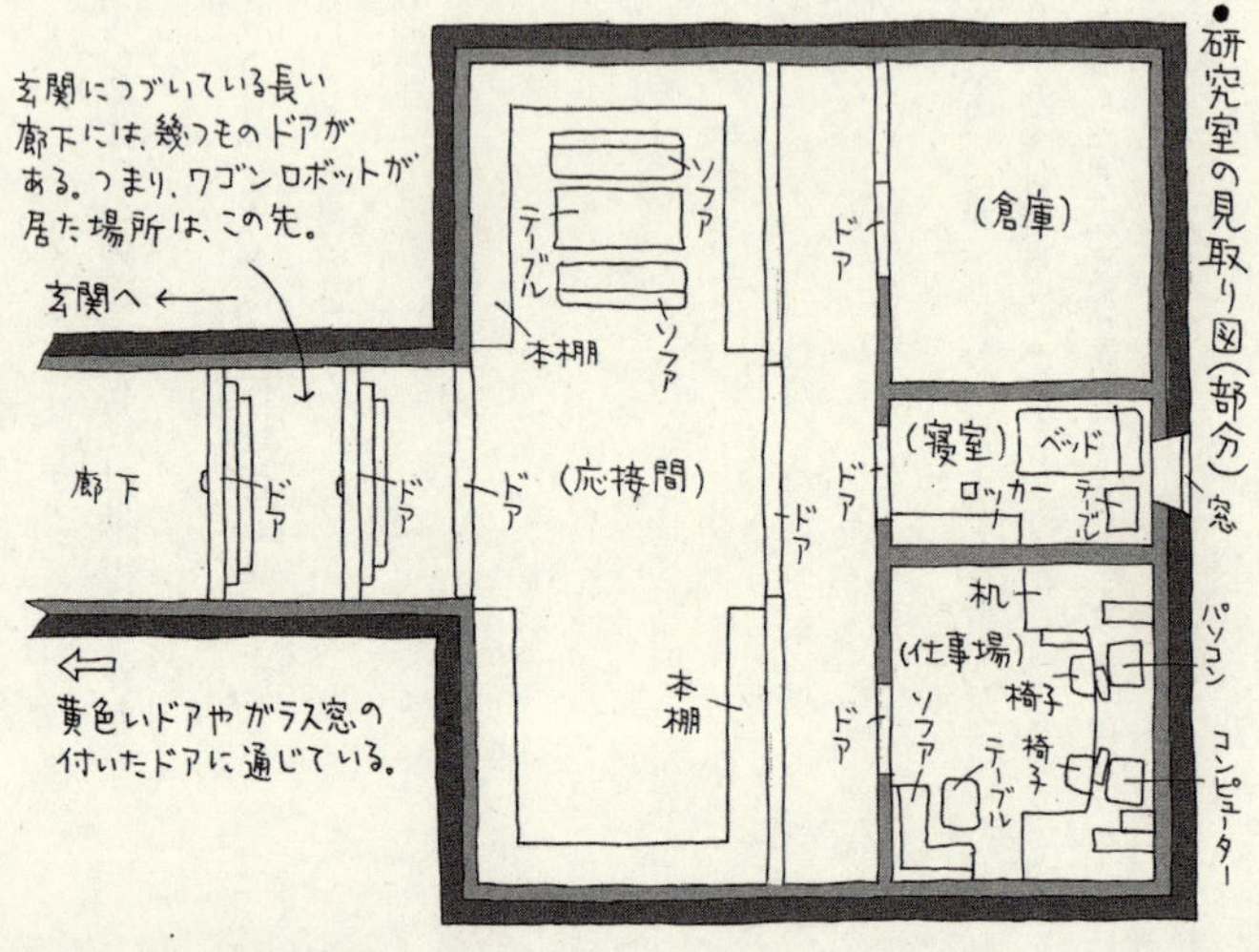
●研究室の見取り図(部分)
玄関につづいている長い
廊下には、幾つものドアが
ある。つまり、ワゴンロボットが
居た場所は、この先。
玄関へ
廊下
ドア
ドア
ドア
ソファ
テーブル
ソファ
本棚
(応接間)
ドア
本棚
ドア
(倉庫)
ドア
(寝室)
ベッド
ロッカー
テーブル
窓
ドア
机
(仕事場)
パソコン
椅子
椅子
ソファ
テーブル
コンピューター
黄色いドアやガラス窓の
付いたドアに通じている。

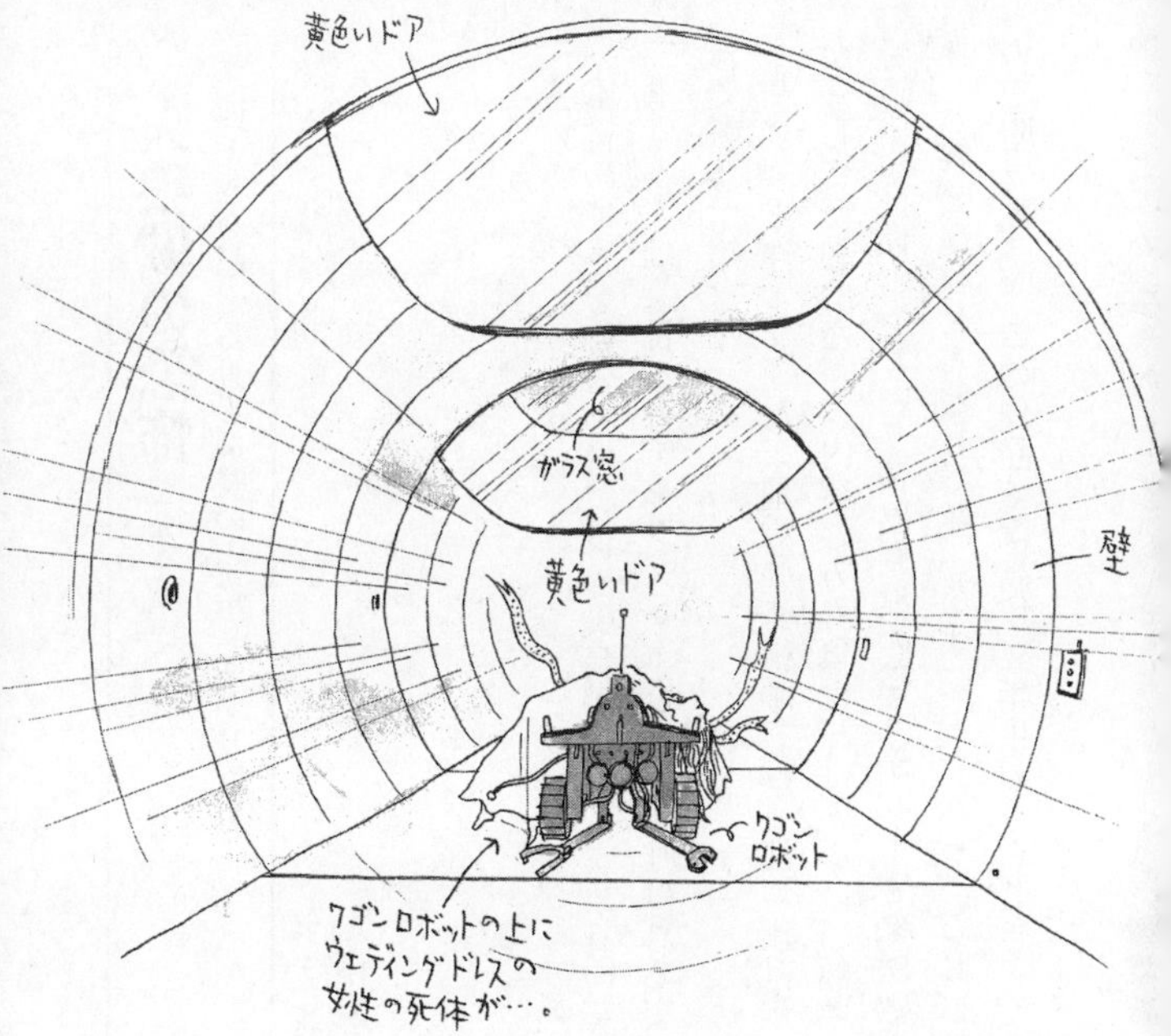

作画POINT

映画化を計算したような作品で、映像的には、イメージの湧き易い作品世界だったが、これまた『ローウェル城の密室』同様、これをイラスト化するのは僕の画風では無理がある。それでもなんとか具体化してみたが、人物はともかく、ワゴンロボットなるもののお粗末さには自信喪失である。

だがモノは考えようで、この仕事のお陰で、下手なプロ野球チームのセリフではないが、苦労した分「あしたに繋がる」だろうし、苦労した分、少しは絵が上達したように思われ、その点では感謝している。

人狼城の恐怖（一九九八）

四千枚を超える世界最長の本格ミステリ巨編

二階堂黎人
Reito Nikaido

★講談社文庫

本書の掉尾《とうび》を飾るのは、世界最長の本格ミステリ巨編『人狼城の恐怖』。作者の二《に》階堂《かいどう》黎人《れいと》は〈日本のディクスン・カー〉と呼ばれる資格を持つただ一人の現役作家だろう。

デビュー作となった『地獄の奇術師』は、江戸川乱歩の通俗長編を思わせる題名からして反動的だが、内容の方も負けてはいない。顔中に包帯を巻いた〈地獄の奇術師〉（自称！）という神出鬼没の怪人が、十字架屋敷なる邸宅に住む資産家・暮《くれ》林《ばやし》一族を殲滅《せんめつ》せんとして跳梁《ちょうりょう》するのだから。これに挑むのが、明智小五郎ならぬ二階堂蘭子《らんこ》。この作品では高校三年生のうら若き乙女だが、近来稀《まれ》に見る自信家

――生意気系の名探偵である。蘭子は、密室から楽々と消え失《う》せる〈地獄の奇術師〉が繰り出すいくつものトリックを見破り、最後に犯人の正体を白日の下に暴《あば》き出す。

作者はこの後、『吸血の家』『聖アウスラ修道院の惨劇』『悪霊《あくりょう》の館《やかた》』と作品のスケールとパワーを増幅させていくが、二階堂ミステリの特徴はデビュー作に鮮明に顕《あら》われているようだ。まず第一に〈密室〉を核とした不可能犯罪への耽溺《たんでき》。第二に、自分への確信に満ちた威風堂々たる名探偵のヒロイズム。第三に、ケレン味たっぷりの舞台装置と波乱に富んだストーリー展開。黄金期本格ミステリ（わけてもディクスン・カー）と江戸川乱歩作品に対する限りない愛情と敬意に立脚して作者は筆をふるっており、反動的であること・オーソドックスであることは彼の誇りである。

確かに、袋小路で立ち尽くす危機を常に胎《はら》んだ本格ミステリには実験精神が不可欠だが、それだけでは駄目だ。みんなが前衛に走り、オーソドクシーがおろそかになったら、本格は立ち腐れてしまうだろう。

色紙に「トリック命」と書いてみせる二階堂は、当代のミステリ作家きってのトリック・メーカーだ。あるインタビューで彼が「トリックはすぐ浮かぶ」「掃いて棄《す》てるほどある」と語っていたのを読んで、私は畏怖《いふ》の念に駆られた。それがはったりでないことは、実作で証明ずみなのである。だから、「とにかくトリックで驚かせてくれ。四の五の言わずに、どかんとキメてくれ」と熱望するファンには、二階堂ミステリが絶対にお薦めだ。

『人狼城の恐怖』は、そんな作者の文句なしの（現時点での）代表作である。世界最長と先に紹介したが、その長さは原稿用紙にして四千枚を超えているそうな。この作品は〈ドイツ編〉〈フランス編〉〈探偵編〉〈完結編〉の四部に分かれており、足掛け三年にわたって刊行された。そのような刊行形態をとったのは、〈完結編〉が出る前に、読者が与えられたデータで真相を推理して楽しむ（あるいは、やきもきして苦しむ）ことができるように、という意図だったそうで、その着想からして画期的だ。また、驚嘆すべきは〈完結編〉すなわち探偵による謎解きにあてられた分量が一千枚に及ぶということ。山のように積み上がった謎を蘭子が解いても解いても終わらない解決編を、読者はページをめくるのももどかしく一気に読了することだろう。

あまりに長大で、細かなあらすじ紹介をする紙幅はないから、ごく手短に書く。深山の奥、ドイツとフランスの間の渓谷を挟んで向かい合った双子の城（銀の狼《おおかみ》城・青の狼城）に集まった人間たちが、同時に、それぞれ片っ端から殺されていく、という物語だ。その様子が〈ドイツ編〉〈フランス編〉として描かれているので、この二冊はどちらを先に読んでも効果が変わらない。二つのグループを襲う大量殺《さつ》戮《りく》はまさに嵐のようで、手が飛ぶ、足が飛ぶ、首が飛ぶ。まるでスプラッター・ホラーという場面も頻出する。人狼伝説・ハーメルンの笛吹き男・ナチの人体実験などのオカルティクなガジェットも満載。そして、やたらと密室で事件が起きる。いくつトリックが出てくるかバラして興醒《きょうざ》めになるのを避けるために書かないが、未《み》曾《ぞ》有《う》の数、とだけ記しておこう。

さて、怒《ど》濤《とう》の密室殺人群から何を選ぶか、というのは難問だった。本作を読んで間もなく、作者と電話で話したことがあって、「自分ではどの密室トリックが一番気に入ってるの？」と尋ねてみた。返ってきた答えは、なるほど、と頷《うなず》けるものだった。トリックがプロット全体と有機的につながっていて、作者がそれを挙げた理由はとてもよく判《わか》る。しかし、本書における私のチョイスはソレではなくコレだ。〈フランス編〉の中のシャリス夫人殺し。すごいよ。

何者かに殴打《おうだ》され、昏倒《こんとう》していた夫人が寝室に運ばれる。命に別状はなかったので、手当てをすませた医師たちが廊下に出てすぐ、室内から断末魔の悲鳴が聞こえた。医師らが慌《あわ》てて部屋に入ってみると、夫人は首を引きちぎられて死んでいた！

頭部は窓の手前に無造作に投げ出されたように転がっていたが、「分厚い石で囲まれた狭い部屋」から犯人の姿も凶器も消えている。犯人はベッドの下にも、チェストや戸棚の中にも隠れられなかったし、暖炉では火が燃えており、「煙道の入り口には鉄格子《ごうし》がはまっている」。窓の鎧戸《よろいど》は死体発見時に開いていたのだが、「鉄棒がはまっているから、誰も出入りなどできない」。

私はこの場面を読んだ時、「ちょっと待ってよ」と呟《つぶや》いた記憶がある。たった一瞬で人間の首を引きちぎって密室から消えるだなんて、「推理小説でも不可能だ」と思ったのだが、〈完結編〉を読んでみると、これができるのだ。しかも、そのトリックを解明するためのデータが、あらかじめ目立つ形で与えられていたことを知って感動すら覚えた。この伏線は抜群にうまいよ、だって……と書けないのが残念。

それにしても、何と恐ろしい密室殺人だろう。もしも私がこんな場面に遭遇したら、悲鳴を上げるだけではすまずに発狂してしまいそうだ。作中人物たちが魔物のしわざだ、妖魔《ようま》だ、サタンだ、と恐慌《きょうこう》を来《きた》すのも無理はない。そう、密室殺人というのは〈面白いもの〉ではなく、〈恐ろしいもの〉だったのだ。パリのアパルトマンの階上から聞こえてきた母娘の悲鳴と何語とも知れない無気味な叫び—密室殺人の原点であるポーの「モルグ街の殺人」は〈恐ろしい物語〉だったではないか。〈密室〉は今なお輝きを失っておらず、私たちを戦慄《せんりつ》させることができるということを、『人狼城の恐怖』は証明してくれたのである。〈密室〉は不滅だ。

著者紹介

二階堂黎人　にかいどう・れいと（一九五九～）

東京都生まれ。中央大学理工学部卒。一九九二年、『地獄の奇術師』でデビューし、推理界の注目を集める。二階堂蘭子を主人公にした『聖アウスラ修道院の惨劇』『悪霊の館』、水乃《みずの》紗杜瑠《さとる》シリーズの『軽井沢マジック』『宇宙神の不思議』など、スケールの大きな本格長編を発表。当代きってのトリック・メーカー。

●シャリス夫人の部屋
こちらに
洋服かけがある

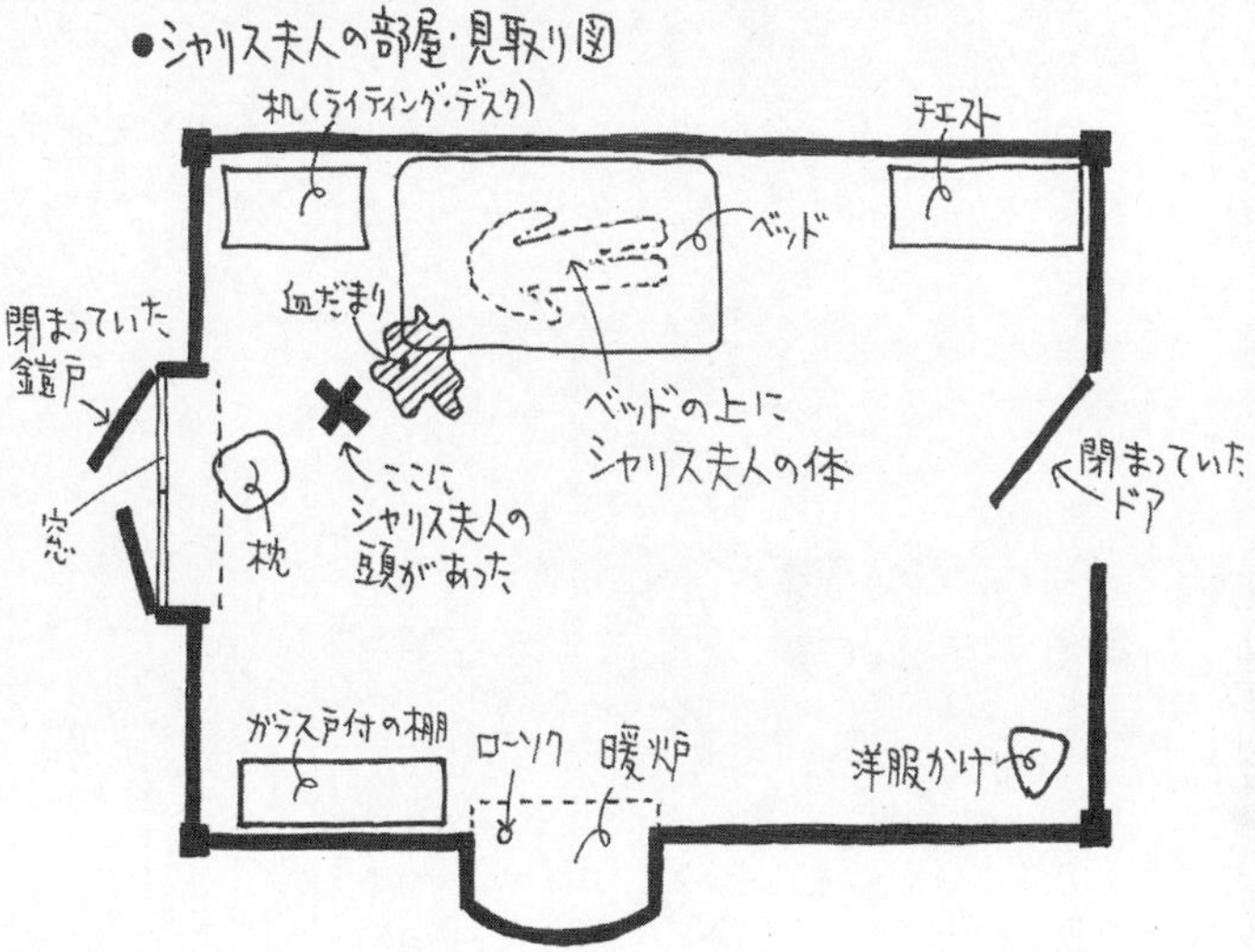

作画POINT

二階堂黎人は好きな作家だが、この作品は知らなかった。だから本読みも楽しかった。それにこの作品は比較的絵にしやすく、描写されていたので、読後すぐにイラストを仕上げることができた。

しかし、だからといって〈絵描きを悩ませなかったベスト5〉に入るほどラクだったわけではなく、けっこう思案を繰り返した作品ではある。

文庫版特別編

スウェーデン館の謎（一九九五）

オープンエアの白い密室

有栖川有栖
Alice Arisugawa

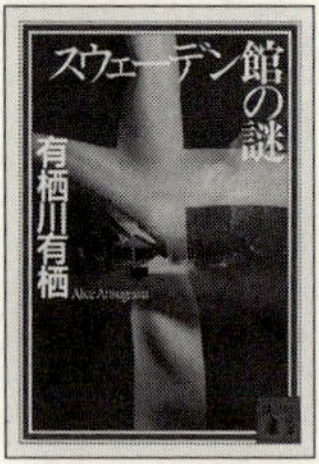

講談社文庫
角川ビーンズ文庫

本書の単行本が出てほどなく、「ダ・ヴィンチ」誌のＩ氏から連絡があった。同誌の密室ミステリ特集（二〇〇〇年十一月号）で、『密室大図鑑』の紹介をしてくださる、と言う。

「つきましては、磯田さんに新しいイラストを一枚描き下ろしていただいて、それにコメントをしてもらいたいんです。イラストにする密室は、有栖川さんの作品から磯田さんに選んでいただきます」

「はあ。それは正直なところ、うれしいですね」と私は答えた。

編者の慎《つつし》み（?）として、本書では自分の作品を紹介することを控えたのだが、実は私も密室ものを結構書いている。その中から磯田さんが選んでくださったのが、長編『スウェーデン館の謎』だった。他の四十本と肩を並べるのも面映ゆいが、でき上がったイラストは素敵だ。そこで、新潮文庫版のボーナス・トラックとして、ここで紹介させていただくことにした（原画どおりカラーでないのがちょっと残念）。なお、再録にあたって磯田さんの手直しが加わっている。

さて、スウェーデン館というのは、裏磐梯《うらばんだい》に建ったログハウスで、特別の謂《いわ》れがあるわけでもなければ、異様な外観をしているわけでもない。その名の由来は、ただそれがスウェーデン製の輸入住宅であることと、童話作家である主人の妻がスウェーデン人だというだけのことだ。

朽ちた木の柵《さく》に囲われた家で、［屋根の勾配からすると、二階は広いロフトになっているらしい。風格が出てきたパイン材の飴色《あめいろ》に、カラーコロニアル葺《ぶ》き屋根のスカイブルーと窓枠の黄色の取り合せがやや不自然に見えたのだが］、語り手は［あの青と黄色はスウェーデンの国旗に使われている色だ］と気づく。［庭も雪で白一色になっていたが、ところどころに低い木が植わっている。柿や栗などの果樹らしい。夏場にはバーベキューパーティが開けそうなテーブルとベンチが一角にしつらえられてい」て、［その向こうには離れらしきものも見えている。どうやらそれも物置きなどではないらしく、ステンレスの煙突が屋根から突き出していた」。

死体が発見されるのは、雪が降り積もった庭の離れ。検視の結果、警察は他殺と断定するが、庭に遺《のこ》っているのは被害者と死体発見者のものらしき足跡だけで、犯人が出入りした痕跡《こんせき》は一切なかった、という古典的な足跡トリックものである。海外の巨匠が書いたある有名な作品の状況と類似している、と気づいた読者がいるかもしれない。作者はそのバリエーションを狙《ねら》ったわけではないのだけれど、知らず知らずのうちにそうなってしまっていたのだ。処女雪のごときトリックというのはなかなか見つからないものだ（嘆息）。

本作の中でも微妙な表現があるのだが、足跡ものミステリでは「夜半から激しく降った雪が明け方に上がった。だから、その間に誰かがつけた足跡は消えてしまったはず」という推論がよく出てくる。しかし、それはほとんど嘘と言ってもいい。たとえ雪が何時間か降りしきっても、足跡というのはそんなに簡単には消えないのだ。雪国の優しいミステリファンは、承知の上で目をつぶってくださっているのだろう。

現時点で私が書いた密室ものは、長短編を合わせると両手両足の指で数えるほどある。特に語るようなこともないが、足跡トリックものがやや目立つのが特徴か（本作の他に、「人喰いの滝」「蝶々《ちょうちょう》がはばたく」「天馬博士の昇天」「雪華楼殺人事件」）。この作家はどうやら二次元の密室が好きらしい。本人は「自分はほんの少しだけ閉所恐怖症だから、金庫みたいに堅牢《けんろう》な密室のことを頭に描くよりもオープンエアの密室の方が考えやすい」と証言しているが、実のところは、鍵《かぎ》・錠や建築物の構造に対して知識が不足しているため、ついつい「海岸の砂浜や積もった雪の上に犯人の足跡がない」という状況を安直に考えてしまうのであろう。プロならば、もっと勉強して欲しいものだ。

●スウェーデン館 外観

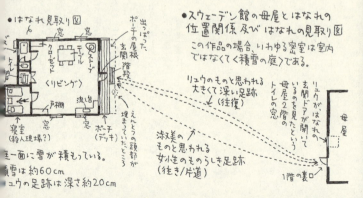

●スウェーデン館の母屋とはなれの位置関係及びはなれの見取り図

この作品の場合、いわゆる密室は室内ではなくて〈積雪の庭〉である。

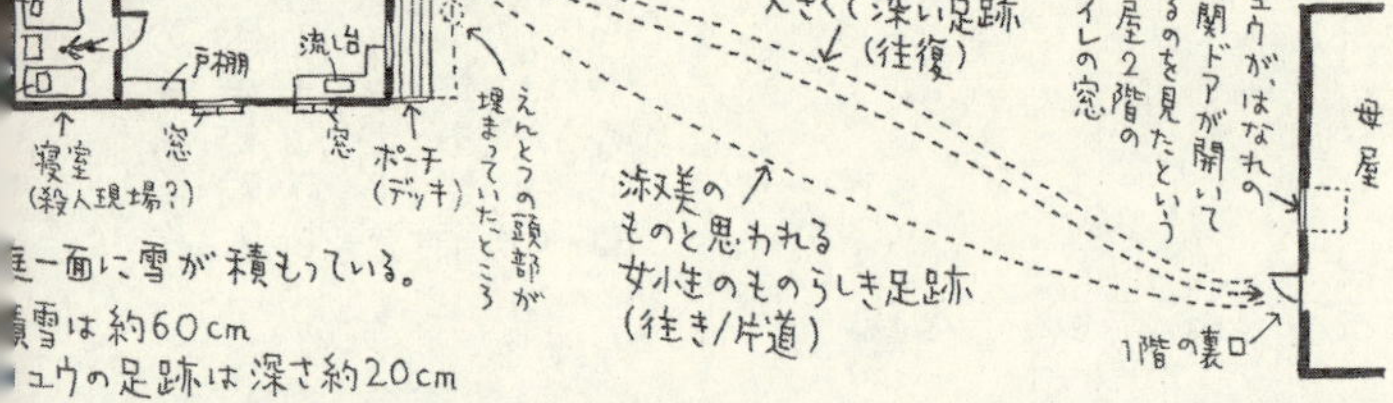

庭一面に雪が積もっている。
積雪は約60cm
リュウの足跡は深さ約20cm

作画POINT

この絵は、元々の本には収録されていなかったもので、現代書林版の『有栖川有栖の密室大図鑑』が発売された直後に、雑誌「ダ・ヴィンチ」誌上で、有栖川氏が制作秘話としてのインタビューを受けられたときに、ひとつの記念として、著者ご本人の作品もイラストで具体化しようということになり、その記事用に描き起こしたものです。以下、同誌上に画家のコメントとして寄せたものを原文のまま転載します。

『密室大図鑑』の絵を担当し、四〇編もの密室を描いたのだが、よく考えればご本人の作品は含まれていなかったのだ。それでこの機会に『スウェーデン館の謎』の図解を描くことになった。彼の数ある作品から僕の好みで選ばせてもらったのだが、密室といってもこの作品は、いわば室外が密室となっているため、方向音痴の僕としては位置関係を把握するのに、こんなに苦労した作品も珍しい。それにしても、方向音痴が推理をする妨げになるとは、当然とはいえ知らなかったなあ(汗)。

あとがきに代えて……

現代書林版の『有栖川有栖の密室大図鑑』が新潮社から文庫版として出版されることになったのを機会に、当時のいきさつを記したいと思います。

実は当初、現代書林の編集部からこの本のイラストを依頼されたとき、いかに大好きな作家、有栖川有栖さんの著作とはいえ、内容が内容だけに、これら40編を読みこなす時間やイラスト制作に必要な日数を考え、きっぱりとお断りしたのでした。

にもかかわらず、「これは有栖川さんご自身が、磯田さんにお願いしてほしいとおっしゃるもので……、お会いしていただくだけでもダメでしょうか」との説明に、内心光栄のあまりどぎまぎしながら、「では、お会いしてご挨拶《あいさつ》だけでもさせてください」と、某ホテルでの初対面に臨みました。ご指名いただいた礼儀としても直接お目にかかり、お礼とお詫《わ》びをするのが筋というもの、と思っていたからです。

「有栖川です。本日はお忙しいでしょうにお時間を割いていただき……」

「磯田です。今回は光栄にも私をご指名いただき……、実は半年間ほどお時間をいただければ、なんとかできそうなものですから……」

大スターのごとき作家を前に、ぼくはもはやお断りするために来たことすら忘れ、実に意志薄弱、大いにやる気まで出てくる始末なのでした。その結果が、締め切り地獄に突入して半年、これだけの量の仕事が半年でできるはずもなく（笑）、さらに悪戦苦闘の半年を経て、ようやく出版に漕《こ》ぎ着けたのでした。そして今また、この新潮文庫としての改版に向け、修正加筆に勤《いそ》しみながら、有栖川氏のこの労作をお手伝いできている幸せに、画家冥利《みようり》を実感しているのです。

それにしましても、この本をお求めになる読者は、当然ながら本格ミステリのファンが多く、またまた「見取り図の窓の位置が左右逆ではないか」など、ぼくの多くの読み違えや誤解等、ご指摘あるいは叱咤《しつた》激励を頂戴《ちようだい》することでしょうが、どうか皆さん、もしも何か見つけられましたら、ご一報ください。

ただし、願わくばお手柔らかに……（笑）。

磯田和一

参考文献

本書を執筆するにあたり、引用や参照をした資料をここに挙げて感謝の意を表します。とりわけ、森英俊氏とロバート・エイディー氏のご高著にはお世話になりました。

どうもありがとうございます。

『ミステリーの魔術師　高木彬光・人と作品』有村智賀志（北の街社）
『探偵小説のプロフィル』井上良夫（国書刊行会）
『幻影城（正・続）』江戸川乱歩全集15（講談社）
『探偵小説四十年』江戸川乱歩（沖積舎）
『探偵小説の「謎」』江戸川乱歩（現代教養文庫）
『ミステリーの仕掛け』大岡昇平・編（社会思想社）

『探偵小説論　Ⅰ・Ⅱ』笠井潔（東京創元社）
『探偵小説百科』九鬼紫郎（金園社）
『英国鉄道物語』小池滋（晶文社）
『教養としての殺人』権田萬治（蝸牛社）
『趣味としての殺人』権田萬治（蝸牛社）
『江戸川乱歩　日本探偵小説事典』新保博久・山前譲・編（河出書房新社）
『推理小説の詩学』Ｈ・ヘイクラフト・編／鈴木幸夫・訳編（研究社）
『黄色い部屋はいかに改装されたか？』都筑道夫（晶文社）
『死体を無事に消すまで』都筑道夫（晶文社）
『世界の推理小説・総解説』中島河太郎・権田萬治・監修（自由国民社）
『乱歩と東京』松山巌（ＰＡＲＣＯ出版→ちくま学芸文庫）
『世界ミステリ作家事典［本格派篇］』森英俊（国書刊行会）
『ニューウエイヴ・ミステリ読本』
山口雅也・監修／千街晶之・福井健太・編（原書房）
『映画秘宝Ｖｏｌ．４　男泣きＴＶランド』（洋泉社）
『名探偵ポオ氏』ジョン・ウォルシュ／海保真夫・訳（草思社）

『クイーン談話室』エラリー・クイーン／谷口年史・訳（国書刊行会）
『ジョン・ディクスン・カー〈奇蹟を解く男〉』
ダグラス・G・グリーン／森英俊・高田朔・西村真裕美・訳
『エラリイ・クイーンの世界』
フランシス・M・ネヴィンズJr.／秋津知子・他訳（早川書房）
『Locked Room Murders and Other Impossible Crimes』
Robert Adey（Crossover Press）

創元推理文庫版のためのはしがき

修正した箇所が若干あるが、内容は新潮文庫版とほとんど同じである。海外作品で新版が出たものについては、引用文を差し替えた。

どうせなら今世紀に入ってから書かれた密室ものをいくつか選び、増補版として出すのも面白かったかもしれないが——。

イラストをお描きいただいた磯田和一さんが二〇一四年に七十一歳で永眠なさったため、かなわぬ夢と化した。磯田さんと一緒に作った本をなるべくそのままの形で残したい、という気持ちもあり、ご紹介した作家のその後の情報の加筆もキャサリン・エアードのものだけに留めている。

現代書林からオリジナル版を上梓したのが一九九九年だから、ちょうど二十年前。二〇〇〇年に本格ミステリ作家クラブが発足したり、日本人作家のミステリの紹介が海外で進んだり、色々なことがあったが、新本格ミステリの逸品である法月綸太郎の「緑の扉は危険」はともかく、戦前に書かれた甲賀三郎の「蜘蛛」や大阪圭吉の「燈台鬼」がよもやアメリカで英訳されるとは。こういうグローバル化は手放しで愉快だ。

「名探偵だの密室だの、本格ミステリを面白がっているのは日本のファンだけ」と言われた日は遠く去り、海外でも日本のＨＯＮＫＡＫＵに注目する動きがあるし、イギリスのディテクションクラブ会長でもあるマーティン・エドワーズによる『探偵小説の黄金時代』はアメリカ探偵作家クラブのＭＷＡ賞（研究・評伝部門）を受賞し、邦訳も出版された。〈密室〉は、やはり滅びないのだ。

不可能犯罪ものを中心に世界の本格ミステリを翻訳出版しているアメリカのジョン・パグマイア氏が拙著『孤島パズル』を手掛けてくださった際、電子メールでやりとりを交わした。ある時、「友人のマーティン・エドワーズが『有栖川有栖の密室大図鑑』を入手したがっている」と言うので、「おやすい御用」とばかりに郵送したら、後日エドワーズ氏から「日本語の本文が読めないのが残念ですが、素晴らしい本です」と丁寧なお礼のメールが届き、うれしくなった。磯田さんのイラストを堪能してもらえたのだろう。

磯田さんは、東京創元社から『書斎曼荼羅／本と闘う人々１・２巻』『東京〈23

区」でてくちぶ』や、ひらいたかこさんとヨーロッパを旅して描いた『グリムありますか』『アンデルセンください』といった素敵なイラスト紀行を共著でお出しになっていたから、本書が創元推理文庫の一冊になることを「へー、そうなんや。ええやないの」と喜んでくださるのではないか。独りよがりかもしれないが、そう思っている。

新潮文庫版の〈はじめに〉では、磯田さんを始め、解説者の山口雅也《やまぐちまさや》さん、新潮文庫編集部の青木大輔《あおきだいすけ》さん、飯島薫《いいじまかおる》さん、校閲の金作有美子《かねさくゆみこ》さんへの謝辞を記していた。ここにあらためてお名前を挙げて深謝するとともに、創元推理文庫版に中身の濃い解説を寄せてくださった松浦正人《まつうらまさと》さん、校閲で大変お世話になった大須賀敏明《おおすがとしあき》さん、そして最良の形に仕上げていただいた東京創元社編集部の神原佳史《かんばらよしふみ》さんに篤く御礼申し上げます。きっと、この文庫版が終着点です。

二〇一九年二月十八日

有栖川有栖

密室ミステリへの招待状

松浦正人

　誰も出入りできないはずの部屋で起こった殺人事件。いったい何があったんだろう。当惑し怯えつつも、ひたいをあつめて仮説をくみたてては崩し、あるいは冴えたひらめきが局面を一変させて……ついに、鮮やかな真相にたどりつく。こうした顚末を魅力的に語った作品のことを、ミステリの世界では密室（locked room）ものといいます。いま手にとっていらっしゃる本の巻頭におかれた〝はじめに〟という文章にあるとおり、そもそも世界最初のミステリとされるエドガー・アラン・ポオの「モルグ街の殺人」（創元推理文庫『ポオ小説全集3』ほか所収）に禍々《まがまが》しい影を落としていたのがこの謎でした。以来、現代にいたるまで数えきれないくらいの密室ものが書かれてきたのですが、その面白さの勘どころを個々の作例に即して、初心者にはわかりやすく、年季のいった読者にも新鮮な興味をかきたてながらつづったえてくれる、すこぶるつきの腕利き案内人《ガイド》が、本書『有栖川有栖の密室大図鑑』なのであります。

ここには、本格ミステリ作家にして読み巧者の有栖川有栖が選《え》り抜いた、海外と国内から二十作ずつ、あわせて四十作にのぼる密室ミステリの傑作が紹介されています（これは一九九九年に現代書林からA5判ソフトカバーで出版された初刊本の段階です。二〇〇三年に新潮文庫入りしたとき、『スウェーデン館の謎』が追加されて四十一作という現在の陣容になりました）。古典的な名作の誉れ高いものから近年の収穫まで、長編も短編もおなじ土俵にのせられならんださまは壮観で、この骨格だけをとってみても満足度は充分です。

けれども、それがすべてではないんですね。各編に添えられた有栖川の解説文に目をとおすと、たとえば『八点鐘』のモーリス・ルブランには、ほかにも上質な連作短編集があること、そのなかでも「女王の首飾り」（創元推理文庫『怪盗紳士リュパン』ほか所収）には、十歳か十一歳のころに遭遇してどきどきさせられたことが報告されていますし、『名探偵が多すぎる』の項目を読めば、トラベル・ミステリの名手が一筋縄ではいかない多彩な才能の持ち主であり、誘拐ものの系列の『ミステリー列車が消えた』（新潮文庫）などは鉄道ものに大胆なトリックがかけあわされて、トニー・ケンリックの『スカイジャック』（角川文庫）につうじる秀作らしいぞ、と知ることができます（トニー・ケンリックって誰だ？　と思われたかた、探索してみましょう）。つまり、ひとつの項目を手掛かりにして、あの作品この作家と、興味のおもむくままに読書をひろげていくことができるように工夫されているわけで、ガイドブックとしての値打ちは見かけ以上に高いのです。

そして、忘れてはいけません。

本書の『大図鑑』たるゆえんは、絵描きで物書きの磯田和一が、項目ごとに見ひらき二ページにわたって密室の図解を敢行している点にあります。種明かしはしないことを基本に（強いていえば「十三号独房の問題」に、描かないほうがよかったあるものが……気持ちはわかりますけど）、事件現場や周辺の状況がいろいろな手法で描きおこされているんです。間取りや位置関係がのみこみづらいときに重宝することはもちろんですが、「ジェミニー・クリケット事件」の透視図からは、作品にふさわしく、ただならぬ気配がつたわってきませんか。『帽子から飛び出した死』の墨地に白抜きの線画というアイディアも、いかがわしい迫力にみちたあのこてこての小説にぴったりです。かと思えば、『はだかの太陽』のベイリ刑事とロボットのダニールには、手書きのコメント《キャプション》とも巧まざるユーモアがにじんでいて、なんともチャーミングでした。おお、どうだったかしらんと、すぐにも再読したくなりましたよ。

地味ながら見落とせないのが、建物の外観あるいは屋内を情景ごとスケッチしてきたかのような自然なイメージ画の数々です。いうまでもなく、それぞれの場所は原作者の想像の産物。描写が足りないこともあるでしょうし、そこで発生する奇怪な事件や、犯人らの強烈な思念も手伝い、読み手にデフォルメされた印象が残ることだって少なくありません。それをもともとの姿にもどしてやるような磯田のやわらかなタッチは、ときに新鮮な感動を呼びます。『エンジェル家の殺人』の項目をごらんください。遺産相続をめぐってふたつに引き裂かれた一族という主題と、その点を体現する屋敷の構造のため、エキセントリックで極端な建物と憶《おぼ》えていたのですが、それが落ち着いた雰囲気をまとった屋敷となって静かにたたずんでいることに感嘆させられました。これなら、どこかにいまも建っていて不思議はない（余談をひとつ。翻訳事情にかんする有栖川の言及に発奮したかのように、作者ロジャー・スカーレットの長編は、その後、完訳版による紹介が出そろいました。『猫の手』が新樹社から、『ビーコン街の殺人』、『白魔』、『ローリング邸の殺人』が論創社から単行本で刊行されています）。

「投票ブースの謎」の項目はどうでしょう。選挙の投票所となった理髪店のある一角と店内の情景が、資料を活かして見事に息を吹き返しています。作者のエドワード・D・ホックは、短編ということもあり、こまごまと描写をしたりしない人です。こんどはどんな密室かな、とこちらも事件に目がむかいがちで、場所については書き割りのごとく理解してしまうきらいがあります。これはもったいない話です。本編をふくむサム・ホーソーン医師シリーズには米国の時代と社会を写しとっていく歴史クロニクルの側面があり、本国の読者は、ときやところのイメージを懐かしく思い描いているはずなのです。当地の人間にとっては自明の、とくにことわらなくても浮かぶイメージ、それを共有することは実のところむずかしい。磯田のふたつの絵は、米国人が読むようにホーソーン先生の活躍を楽しむための、貴重なきっかけとなるのではないでしょうか？

磯田の仕事をたどっているうちに、想像力が活発になってきました。そこでといってはなんですが、本書における有栖川有栖の仕事について、あらためて考えてみたいと思います。さきほどは豊富な情報という観点からもっぱらお話ししました。

図鑑である以上、それは大事なポイントです。けれども、密室ミステリの傑作を四十作リストアップして洞察きらめく解説文を執筆する長い長い行程に、なにがしかの想いがこめられていたのなら、その痕跡をさがしてみたい。探偵しよう、というわけです。

まずは本書のエピグラフを思い出してください。マルセル・エイメの『壁抜け男』は早川書房から出ている〈異色作家短篇集〉の一巻で、出典はその表題作。いうところのミステリではなく、奇想天外でありながら小市民的な夢想を描いた名編です。壁を通り抜けられる奇妙な能力にめぐまれた謹厳実直な三級役人が、それを悪戯《いたずら》につかう快感にめざめ、どこへでも自在に侵入しては不可能な盗みをくり返すさまに、いわくいいがたい可笑《おか》しみそして悲しみがたたえられているものの、謎解きミステリやトリックと直接の縁はありません。にもかかわらず『密室大図鑑』の入口に掲げるのですから、そこにはなんらかのメッセージが託されていそうです。想像するに、それは密室トリック中毒に対してあらかじめ解毒剤をほどこそうとする意思であり、この夢想を愛するという囁《ささや》きだったのではないでしょうか。

どういうことかといいますと、一九八九年発表の第二長編『孤島パズル』(創元推理文庫)で有栖川は、探偵役の江神二郎にこう嘆かせています——「ポオの『モルグ街の殺人』を初めて読んだ時の戦慄はまだ覚えてる。けれどその後、それこそ何百もの密室殺人にミステリの中で遭遇してきた中で、手品に手並みの巧《うま》い下手はあったけど、読むほどに興奮を忘れていかんかったか？　何人もの推理作家によって繰り返し繰り返し開かれる回転ドアのような密室。密室は着せ替え人形になってしもうた。（……）俺らがしびれたのは『密室』なるものであって手品やない」。密室ミステリがたんなる方法の問題に退化することを悲しんでいるのがよくわかる一節です。

これはその場かぎりの発言ではなく、一級建築士の安井俊夫と組んで二〇〇八年に刊行した対談本『密室入門！』（メディアファクトリー。メディアファクトリー新書への移行時に『密室入門』と改題）でも、まえがきで〝〈密室〉という夢想をテーマに、建築家とミステリ作家が縦横に語り尽くした〟と自註自解されていました。密室トリックの分類を縷々《るる》語っている章があるのに、安井による建築上の夢想のほうに重きをおいていたことが窺えます（実際、魅惑的な思いつきがつぎつぎと披露され、瞠目《どうもく》させられるのですが）。

注意しておきたいのは、この夢想が自由気ままなものとばかりはいえない、ということです。安井のそれは建築のリアリティをふまえているのでしょうし、壁抜け男の運命もまた、お読みになったかたはご存じのとおりです。思えば一九九二年の有栖川の第三長編『双頭の悪魔』（創元推理文庫）の解説で、郵便配達夫シュヴァルの宮殿に言及したくだりにふれて、巽昌章は〝作者がこのエピソードに託しているのは、いってみれば、地上の夢ということだ。単なる夢ではなく、この世界の、重力の支配する場所での夢。おそらく、有栖川有栖という作家を特徴づけているのは、この重力と夢のせめぎ合いである〟と書いていました。いまさらながら暗示的です。

それでは、有栖川による密室ミステリ四十作の選定に、こうした地上の夢想は反映しているのでしょうか。しているとしたら、どんなふうに？

解説子の意見を申しあげれば、国内ミステリの「D坂の殺人事件」から『本陣殺人事件』にいたる最初の五作のならびに、その気配をとりわけ強く感じます。どうしてだろうと自問してみると、鍵のかけられた部屋といった定式化された密室のイメージから遠いのが第一のポイントのようです。もともと日本の家屋が開放的で密閉しづらかったという事情もそこにはあるでしょう。それゆえ多様な場で密室的な情況がもくろまれたという事情も。けれども、徹底的に閉じようとすれば閉じられたはずの英国風の異人館を舞台にした「完全犯罪」においてさえ、施錠されていないドアをとおって、いずれ殺人現場となる部屋に人がのぞきにいき、直前には、いないはずの男の含み笑いがひびいてくる、というありさまです。そうなのでした。これらの作では、殺人者が出入りできない要件こそおさえられているものの、その場で得体の知れない異常事態が進行しているという点がめだった特徴となっています。わけのわからないことが進行しているという情況そのものが、激しく想像力をかきたて、異様な夢想へと人をいざなう——密室の元祖である「モルグ街の殺人」とおなじ力学が、ここには働いているのです。

　第二のポイントは、そうしてかたちのうえでは閉じられていない仮想の密室のひとつひとつが、隠さなければならないなんらかの想いを封じこめた場となっていること。きわめて個人的な性情もあれば、時代の思潮にかかわる観念もありますが、事件の解決ではその封じこめられていた昏いものが白日のもとにさらされて、強烈な印象を残すんです。これは海外の作品にはあまり見られない特色で、チェスタトンが例外をなすぐらいでしょうか。鍵をかけて他人の出入りを拒むことができず、ふすまや障子の陰にひっそりと身をひそめているしかなかったこの国では、密室というものがどこか抽象性をおびて、見せるわけにはいかない観念や夢想の秘め床として根をはったのかもしれません。ことに第二次世界大戦に敗北するまでの日本にはその傾向が色濃く、「D坂」以下の五つの密室はそれをひそやかに映し出しているような気がします。

探偵はこれぐらいにしておきましょう。つきあわせてしまって恐縮でした。

有栖川有栖と磯田和一のコンビが、苦労しながらもきっと楽しんだだろうすばらしい仕事に心からの敬意を表しつつ、最後にボーナス情報を書きとめて稿を閉じたいと思います。なにかといいますと、有栖川が本書の刊行後に、傑作四十作を補完するというより増補する意気込みで発表した密室ミステリのリストがふたつあるんです。どちらにも作品ごとに紹介文が書き添えられていますので、興味のあるかたには本体を探求していただくとして、本稿では作品のデータのみをご紹介します。

ひとつめは、右でふれた『密室入門！』の巻末にしめされた以下の三作。カーター・ディクスン『爬虫類館の殺人』（創元推理文庫）、鮎川哲也「道化師の檻」（創元推理文庫『五つの時計』ほか所収）、泡坂妻夫「球形の楽園」（創元推理文庫『亜愛一郎の逃亡』所収）。

ふたつめは、二〇一〇年に有栖川の監修でまとめられた『図説　密室ミステリの迷宮』（洋泉社MOOK）が、一四年に『完全版　密室ミステリの迷宮』と改題増補されたときに作成されたリストで、海外と国内三作ずつが紹介されています。すなわち、マージェリー・アリンガム「ボーダー・ライン事件」（創元推理文庫『窓辺の老人』ほか所収）、ピエール・ボアロー『三つの消失』（晶文社『大密室』所収）、エドワード・D・ホック「古い樫の木の謎」（創元推理文庫『サム・ホーソーンの事件簿I』所収）、仁木悦子「弾丸《たま》は飛び出した」（中公文庫『粘土の犬』ほか所収）、笹健二『未明の悪夢』（光文社文庫）、北山猛邦『「アリス・ミラー城」殺人事件』（講談社文庫）。

以上、全九作。本書の四十作プラス1とあわせると、ちょうど五十作となります。どうか楽しんでくださいますように。

（二〇一九・二・一五）

検印
廃止

有栖川有栖の密室大図鑑

2019年 3月22日　初版
2019年10月11日　4版

著者　有《あり》栖《す》川《がわ》有《あり》栖《す》
　　　磯《いそ》田《だ》和《かず》一《いち》

発行所　(株)　東京創元社
代表者　長谷川晋一

162-0814/東京都新宿区新小川町1-5
電話　03・3268・8231-営業部
　　　03・3268・8204-編集部
URL　http://www.tsogen.co.jp
暁印刷・本間製本

乱丁・落丁本は、ご面倒ですが小社までご送付ください。送料小社負担にてお取替えいたします。

ISBN978-4-488-41408-5　C0195